中国社会科学院财经战略研究院报告
National Academy of Economic Strategy Report Series

中国经济体制改革报告2013

REPORT ON CHINA'S ECONOMIC INSTITUTION REFORM 2013

把改革蓝图付诸实践

PUTTING THE REFORM BLUEPRINT INTO PRACTICE

高培勇 夏杰长 / 主编

经济管理出版社

ECONOMY & MANAGEMENT PUBLISHING HOUSE

图书在版编目（CIP）数据

中国经济体制改革报告2013：把改革蓝图付诸实践/高培勇，夏杰长主编. —北京：经济管理出版社，2013.12

ISBN 978-7-5096-2884-3

Ⅰ.①中… Ⅱ.①高… ②夏… Ⅲ.①中国经济—经济体制改革—研究 Ⅳ.①F121

中国版本图书馆 CIP 数据核字（2013）第 304049 号

组稿编辑：申桂萍
责任编辑：申桂萍　梁植睿
责任印制：黄章平
责任校对：张　青

出版发行：经济管理出版社
　　　　　（北京市海淀区北蜂窝 8 号中雅大厦 A 座 11 层　100038）
网　　址：www.E-mp.com.cn
电　　话：（010）51915602
印　　刷：三河市延风印装厂
经　　销：新华书店
开　　本：720mm×1000mm/16
印　　张：16.75
字　　数：283 千字
版　　次：2013 年 12 月第 1 版　2013 年 12 月第 1 次印刷
书　　号：ISBN 978-7-5096-2884-3
定　　价：58.00 元

出版前言

　　中国社会科学院财经战略研究院始终提倡"研以致用"，坚持"将思想付诸实践"作为立院的根本。按照"国家级学术型智库"的定位，从党和国家的工作大局出发，研究院致力于全局性、战略性、前瞻性、应急性、综合性和长期性经济问题的研究，提供科学、及时、系统和可持续的研究成果，将此作为中国社会科学院财经战略研究院科研工作的重中之重。

　　为了全面展示中国社会科学院财经战略研究院的学术影响力和决策影响力，着力推出经得起实践和历史检验的优秀成果，服务于党和国家的科学决策以及经济社会的发展，我们决定出版"中国社会科学院财经战略研究院报告"。

　　中国社会科学院财经战略研究院报告由若干类专题报告组成。拟分别按年度出版发行，形成可持续的系列，力求达到中国财经战略研究的最高水平。

　　我们和经济学界以及广大的读者朋友一起瞩望着中国经济改革与发展的未来图景！

中国社会科学院财经战略研究院

学术委员会

2012 年 6 月

序　言

读者面前的这本书，是中国社会科学院财经战略研究院完成的第二本中国经济体制改革报告。

聚焦于中国经济体制改革的大事与大势，并对其做跟踪研究，是我们在组建财经战略研究院之初立下的一项任务。围绕这项任务，在 2012 年，我们曾以"建设成熟的社会主义市场经济体制"为主题，完成了第一本报告——《中国经济体制改革报告 2012》。以该报告为基础，今年的报告——《中国经济体制改革报告 2013》，在中共十八届三中全会绘就了全面深化改革宏伟蓝图的特殊背景下，我们选择了一个颇具战略意义的主题——"将改革蓝图付诸实践"。

其实，早在 2012 年 11 月中共十八大召开前夕，我们就组织精兵强将，启动了一项重要课题——"中共十八大后若干重要领域的改革推进战略研究"。当时的考虑是，经过了长达 30 多年改革进程的洗礼，中国经济学界对于下一步该改什么、如何改，虽然不能说研究已经足够充分，但相对而言，一个更为紧迫、更加关键、更值得投入精力去做的事情是，该如何突破改革的藩篱，让已经经过反复论证并亟待推进的改革真正启动、落到实处。这意味着，在当前的中国，我们不仅需要关于改革方向、改革重点和改革内容的研究，而且需要关于改革的推进战略研究。注意到对于两个层面的研究供给并非均衡的现实，作为以财经战略研究命名、主要肩负财经战略研究任务的我们，不能不在兼顾两个层面研究的同时，将资源配置的天平向后一层面的研究倾斜。

这一年来，瞄准中共十八届三中全会文件的起草并与其进程相伴随，课题组不仅一直在跟踪改革方向、改革重点和改革内容的研究，而且着眼于各项改革任务的推进战略，一竿子插到底，将研究直接伸展至改革的行动路线、行动方案以及相关配套措施上，完成了一系列的研究成果。在这些成果的基础上，以中共十八届三中全会做出全面深化改革系统部署、工作的重点开始转向把改革蓝图变成现实的具体行动为契机，我们旋即启动并完成了读者面前的这一本报告。

本报告由一个总报告和九个专题报告所组成。总报告的基本立足点在于总体规划和顶层设计，从总体上提出全面深化经济体制改革的实施建议。各个专题报告，则着眼于经济体制改革各主要相关构成部分的改革推进，分别从财税体制改革、金融体制改革、流通体制改革、收入分配与社会保障体制改革、能源资源性产品价格体制改革、能源管理体制改革、住房基本制度改革、开放型经济体制改革和服务业体制改革等方面提出战略思路和实施建议。

虽经几番修订、数易其稿，但限于时间和水平，本报告并未完全达到令人满意的程度。不少内容有待于进一步细化，一些方面还需进一步深化。也可以说，在这个时候，本报告的出版和发布只能算是抛砖引玉之举。

我们静候来自各方面读者朋友的批评和指正。

高培勇

2013 年 12 月 12 日

目录

总报告

关于全面深化经济体制改革的实施建议

课题组*

中共十八届三中全会绘就了全面深化改革的系统蓝图，接下来摆在我们面前的最重要任务，就是通过实实在在的行动，把改革蓝图变为现实。这一方面要根据改革的总体规划和顶层设计，进一步细化好重大改革措施；另一方面要按照改革的时间表，以 2020 年在重要领域和关键环节改革上取得决定性成果为着眼点，进一步落实好重大改革行动。

与以往三中全会所做出的主要涉及某一方面改革的部署有所不同，中共十八届三中全会所通过的《中共中央关于全面深化改革若干重大问题的决定》（以下简称《决定》），是一个关于全面改革的系统部署。它囊括了包括经济体制、政治体制、文化体制、社会体制、生态文明建设体制和党的建设制度在内的几乎所有的领域，其中，经济体制改革是全面深化改革的重点。

之所以要把经济体制改革作为全面深化改革的重点，主要有四个方面的考虑：其一，生产力决定生产关系，经济基础决定上层建筑，发展仍是解决我国所有问题的关键；其二，社会主义市场经济体制还不完善，如何建设更加完善定型的社会主义市场经济体制任重而道远；其三，经济体制改革在全面深化改革中起着 "牛鼻子" 的作用，牵住了这个 "牛鼻子"，其他问题才有解答的基础，其他领域改革才能协同深化；其四，经济体制改革对其他方面改革具有重要的影响和传导作用，重大经济体制改革的进度决定着其他方面很多体制改革的进度。

这意味着，在当前这一场全面深化改革的战役中，经济体制改革是突破口，也是最重要、最关键的一仗。这更意味着，围绕把改革蓝图变为现实的实施方案

* 课题主持人：高培勇。执笔人：高培勇、夏杰长、冯永晟、吕凤勇、汪川、刘柏惠。总报告部分内容吸收了专题一、专题三、专题八的有关观点和内容，对这些专题报告的执笔人表示感谢！

的研究和设计，要从经济体制改革的实施方案入手——根据改革的总体规划和顶层设计细化经济体制重大改革措施，按照改革时间表落实重大经济体制改革的重大行动。

我们认为，正确处理四大关系、重点突破六大领域改革、精准谋划三大实施阶段，是确保全面深化经济体制改革目标落到实处的有力保障。据此形成的关于全面深化经济体制改革的一系列实施建议，可以简称为"463"方案。

一、正确处理四大关系

（一）政府与市场的关系：守护政府市场边界，发挥市场决定性作用

当前最前沿的经济学理论就是如何把政府和市场的作用结合起来，特别值得提及的代表就是 2012 年经济学诺贝尔奖颁发的"市场设计理论"（Market Design）。此前沿经济学理论认为，政府和市场非此即彼，二者之间的有效合作才是正确的方向。

我们党对市场在经济发展中的作用的认识是不断深化的。党的十四大提出"使市场在社会主义国家宏观调控下对资源配置起基础性作用"，党的十五大提出"使市场在国家宏观调控下对资源配置起基础性作用"，党的十六大提出"在更大程度上发挥市场在资源配置中的基础性作用"，党的十七大提出"从制度上更好发挥市场在资源配置中的基础性作用"，党的十八大提出"更大程度更广范围发挥市场在资源配置中的基础性作用"。这次《决定》将我们过去 20 多年所界定的市场在资源配置中的"基础性作用"修改为"决定性作用"，强调必须积极稳妥地从广度和深度上推进市场化改革，大幅度减少政府对资源的直接配置，推动资源配置依据市场规则、市场价格、市场竞争实现效益最大化和效率最优化。这一论述言简意赅，直指新一轮全面深化改革的灵魂所在，即要妥善处理政府与市场的关系。能否成功地做到这一点，将直接影响到中国特色社会主义制度建设的全局，关系到新阶段全面深化改革的成败。

在当前的中国，政府与市场关系的问题主要表现在以下八个方面：①政府与

市场边界不清晰，特别是各类壁垒林立；②市场监管方式混乱，行政不当干预过多；③权力资本化倾向突出，寻租借以滋生；④地方政府过度竞争，破坏市场竞争效率；⑤垄断性国有企业行为时有失范，危害市场竞争公平；⑥有关法规不能及时修订，旧标准难以严格执行；⑦经济政策稳定性较差，干扰市场主体预期；⑧要素市场管制过多，弱化了市场配置资源的作用。

为妥善解决以上问题，就需要寻求重点、突破难点，主要依赖体制改革作为引领，通过机制创新予以保障，不断转变政府职能和工作作风，持续完善市场体系和运行机制。具体而言，需要从以下几个方面着手：

(1) 划清政府与市场的边界，释放市场活力。这是处理好政府与市场关系的重点所在，也是政府职能转变的前提和依据。应在以下几个方面划清政府与市场的边界：①减少市场限入性壁垒，缩减行政审批范围；②破除垄断禁入性壁垒，适当增加垄断行业的竞争性；③禁止行政组织的市场化行为，取消政府部门负责的企业评比、标准制定和资格认定活动；④消除不公平待遇行为、严禁歧视甚至伤害其他所有制经济单位和其他地区企业的行为；⑤约束价格影响行为，价格调节要更加尊重市场规律；⑥限制增加企业成本的行为，减少政府收费并降低收费标准；⑦纠正政府缺位行为，引导各级政府逐步将主要精力转到社会保障和民生改善上来。

(2) 理顺市场监管关系，避免多头无序干预。在划定政府与市场边界的基础上，还要做到有效监管，重点是规范政府职能部门的监管行为，促进政府监管由"干预主义"向"监管治理"转变：①明确市场监管的边界，合理划分不同级别行政组织之间、同一行政组织内部职能部门之间、不同行政组织之间、不同区域行政组织之间的监管权限，推进信息共享，避免多头监管和重复监管；②防止政府部门过度监管，在设立监管时充分考虑监管设定的正当性问题，杜绝职能监管部门人员为了私利而过度强化监管；③推动分权式管理，倡导多主体监管，即引入第三部门中的非政府组织、非营利组织和公民自主组织等共同承担市场监管的重责；④实现由"管制式"监管到"服务式"监管转变，建立信息服务体系、法律政策支持服务体系、市场运行监测体系等，为社会提供高效、便捷和多样化的服务。

(3) 健全权力约束机制，杜绝贪腐和寻租行为。科学有效的权力制约和协调机制，是坚守政府边界、发挥市场决定性作用的根本保障：①合理设计行政部门人员的工薪待遇，弱化其贪腐意愿，推广退休年金制度，增加其贪腐违法成本；②有效约束行政自由裁量权，强化细化立法以减少行政自由裁量权存在的空间，扩大行政相对人的行政程序特别是行政复议的参与权，通过信息公开强化对行政执法人员的道德约束；③革新行政官僚体制，创新行政部门人员职务升降和辞退机制，增加各类违反规定、服务差劣等"小恶"行为的成本；④加大纪律监督和司法惩处，对一定职务以上党政干部亲朋经济犯罪实行连带审查制度，对滥用职权、贪污腐败行为 "零容忍"，杜绝"大恶"行为的发生；⑤切实推动并执行行贿人入罪制度，先尝试对被查处的严重贪腐案件行贿人入罪，逐渐扩展到一般行贿人；⑥加强对一定职务以上行政退休干部行为的约束，严格禁止其在退休一定年限内到企业任职或兼职，严格审查退休期间接受的大额收入或馈赠，根绝变相腐败的现象。

（4）**规范地方政府的过度竞争行为，防止集体非理性行为的发生。**地方政府的过度竞争行为将导致地方保护主义和经济干预主义，个体理性却导致全国集体非理性，不利于市场有序竞争，应加以规范：①改变政绩考核的 GDP 倾向，清除地方政府的 "企业化"倾向，根据不同地区采取"差异化"政绩考核方法；②推动事权与财权相适应的财税体制改革，增加地方政府第三产业税收的留成比例，促使地方政府从争抢重工业项目转到重视本地服务业发展上来；③严格清理地方政府的过度税收优惠和财政补贴政策，设定优惠上限，约束地方过度竞争，并促使地方政府更有效率地制定地方优惠政策；④破除地方保护主义，对地方政府明显袒护效益过差、污染严重、产品假冒伪劣的企业的行为，坚决实行追责制度。

（5）**加强对垄断性国有企业的监管，消除其对经营者和消费者的侵害行为。**大多垄断性国有企业都属于关系国计民生的行业，对于维护社会稳定具有重要作用，但由于垄断地位的存在和监管不到位，往往存在侵害经营者和消费者利益的行为，应进一步加强监管：①禁止垄断性国有企业打压行业竞争者，垄断性行业允许适度竞争有利于增强垄断性国有企业的危机感和服务意识，任何非正当打压行业竞争者的行为都应该被禁止；②禁止垄断性国有企业的不正当排他性交易，避免对供应厂商和需求厂商造成损害，维护广大上下游企业的经营利益；③禁止垄断性国有企业从事非主营业务，避免肆意扩张对其他经营者造成的损害以及可能带来的经营风险；④提升消费者就垄断性产品有关问题的谈判能力，完善消费者价格调整听证会制度，健全消费者投诉制度。

（6）**修订和完善相关法律法规，消除滞后性对严格执法带来的困扰。**适应时代要求的法律法规体系有利于规范行政部门人员和市场活动主体的行为，严重滞后则会带来无法可依、有法难依的问题，不仅会滋长行政执法部门滥用行政自由裁量权的风气，也会使市场活动主体行为陷入混乱，故而亟须对相关法律法规进行重新修订：①对现行法律法规进行全面梳理、修旧补缺，调整有关执行标准；②启动法律法规日常修订机制，广泛听取社会公开意见，及时对不适应发展需要的条款进行更正；③增强对部门法规制定和调整的监督，严禁任何部门因为部门利益而拖延调整陈旧条款行为的发生；④法律法规规定调整要兼顾市场经营主体的利益，避免任意或过度调整可能对其的造成的重大侵害。

（7）**维持经济政策的连续性，避免政策过度波动扰乱市场预期及削弱政府信用**。市场主体的投资消费活动是建立在对未来经济环境的预期上的，如果经济政策频繁变动，会降低政府信用，扰乱市场预期，侵害市场主体的经济利益，因此，维持经济政策的稳定非常重要：①制定经济长期发展规划，向市场公布未来相当长一段时期所鼓励和限制的行业目录以及相应的奖惩制度；②加强经济政策决策的事前论证，提高决策的科学性，降低经济政策因决策失误而不得不频繁调整的可能；③默认因前期政策执行不严格而出现的普遍性市场经营行为，这些行为虽然违规却合乎情理，应默认合规或采取措施适当微调，避免针对市场具体对象实施直接的行政干预和倒算，侵害市场主体的切身利益；④加强对地方政府招商引资行为的监督，严惩那些利用虚假优惠政策招徕企业投资，却又前倨后恭、关门打狗的不良招商行为。

（8）**积极发展要素市场，创造要素自由流动和市场定价的环境机制**。资源、土地、资金和劳动力是经济发展的基本投入要素，这些要素按照各自的边际产品定价才能够使资源配置达到帕累托最优状态，流动限制和价格管制必定对市场效率造成损害，特别是在中国由非均衡发展阶段转向均衡发展阶段时，要素的自由流动和自由定价显得更为迫切：①公共性资源产品价格实行定期调整制度，水、电、气、暖等资源性产品具有垄断性，仍然适宜政府定价，但要形成定期调整制度；②逐渐建设城乡统一的建设土地市场，特别是要对农村建设用地所有权确权，并从部分大城市郊区农村试行农村建设用地流转；③积极破除金融垄断和推行利率市场化，降低金融行业准入门槛，打破资金供给垄断，促进资金供给主体多元化，形成真正意义上的市场化利率，引导资金优化配置；④次序放开劳动力户籍限制，但需要继续增加对农村的补贴和提高农村养老医疗标准，加大中小城镇经济发展政策优惠力度创造就业机会，鼓励失业或过低收入农民工在家乡就近就业。

（二）中央和地方的关系：找准集权与分权的平衡点，发挥中央和地方两个积极性

中央与地方的关系是国家治理中的一个重要方面。只有处理好这对矛盾，才

能保障国家在一个稳定的内部环境中发展各项事业。其中，最为重要的又是在经济领域内利益的协调。

我们党历来十分重视处理好中央和地方的关系，毛泽东在 1956 年便提出要发挥中央与地方两个积极性。充分发挥中央和地方两个积极性，是国家政治生活和经济生活中的一个重要原则问题，直接关系到国家的统一、民族的团结和全国经济的协调发展。我们国家大、人口多，情况复杂，各地经济发展不平衡。赋予地方必要的权力，让地方有更多因地制宜的灵活性，发挥地方发展经济的积极性和创造性，有利于增强整个经济的生机和活力。同时，全国经济是一个有机的整体，中央必须制定和实施全国性的法律、方针、政策，才能保证总量平衡和结构优化，维护全国市场的统一，促进国民经济有序运行和协调发展。中共十八届三中全会也明确提出了"发挥中央和地方两个积极性"。

要正确处理中央和地方的关系，在集权和分权之间找到一个合理的平衡点，调动中央和地方两个积极性，必须从以下几个方面着手：

（1）**明晰各自的支出责任、履行的事权、财权以及可预期的财力。**按照《决定》精神，要适度加强中央事权和支出责任，国防、外交、国家安全、关系全国统一市场规则和管理等作为中央事权；部分社会保障、跨区域重大项目建设维护等作为中央和地方共同事权，逐步理顺事权关系；区域性公共服务作为地方事权。中央和地方按照事权划分相应承担和分担支出责任。中央可通过安排转移支付将部分事权支出责任委托地方承担。对于跨区或且对其他地区影响较大的公共服务，中央通过转移支付承担一部分地方事权支出责任。保持现有中央和地方财力格局总体稳定，结合税制改革，考虑税种属性，进一步理顺中央和地方收入划分。

（2）**既要允许地方因地制宜创造性地贯彻落实中央的政策，也要在赋予地方自主权的同时，强化责任约束，引导地方积极性。**在现代市场经济条件下，权力过于集中或权力过于分散均无助于中央政府与地方政府的职能的有机耦合，只有实行适当的中央集权——地方分权制才能为两者在市场经济中的职能作用的充分、高效、优质发挥提供有效的途径。中国是一个地域广阔、人口众多、地区差异很大的国家，各地在维护中央统一权威的前提下，适当地保护地方的利益并给予必要的自主决策权以便为地方政府作用的有效发挥创造基本的动力，创造性地贯彻落实中央政策，创造性地探索改革方案，是非常必要的。当然，这种创新，不是为所欲为，不能以局部利益损害整体利益，不能影响中央的权威，要在中央统一政令和责任约束的前提下，结合地方经济社会发展的实际情况，积极稳妥地探索和开拓某些新改革、新举措，中央则要对这些新改革、新举措给予方向性引导和把握。"强地方、弱中央"和"强中央、弱地方"都不是理想的模式，都会损害对方的利益和全局利益。

既然市场经济中分权与集权各有利弊，我们就不应该试图建立一个完全集权或者完全分权的体制，而必须扬长避短、取优补劣，充分利用集权和分权的各自长处，使分权和集权在社会主义市场经济中发挥其应有的功效，尽可能做到"集权有度、分权有效，各司其职"。具体而言，中央应坚持加强对全国经济社会发展的宏观引导、调控和管理，减少和下放具体管理事项，把更多精力放到制定战略规划、法规政策和标准体系上，维护国家法制统一、政令统一和市场统一。地方应确保中央政令畅通，在坚决贯彻执行中央方针政策和国家法律法规的前提下，搞好对本地区经济社会发展的统筹协调，强化执行力和执法监管职责，维护市场运行秩序和社会和谐安定，促进地方经济社会协调发展。鉴于近几年投资审批、产业政策、行业规划等权力主要集中在中央，今后一段时期，中央向地方适度放权恐怕是重中之重。中央要能把更多精力集中到事关长远和全局的重大事项上来，谋大局、抓大事。随着社会的发展，地方政府也承担着更多的社会管理责任，因而中央需要减少对微观事务的干预，增强宏观管理，严格事后监管。中央适度放权，最核心的一点就是对已列入国家有关规划需要审批的项目，除特定情况和需求总量控制外，在按行政审批制度原则减少审批后，一律由地方政府审批；对国家扶持地方的一些项目，国务院部门只确定投资方向、原则和标准，具体由地方安排。凡直接面向基层、量大面广或由地方实施更方便有效的生产经营活动审批，一律下放到地方。

（3）**组合发力化解地方债风险，缓解地方政府债务风险隐患，避免地方政府通过债务风险倒逼中央**。到 2012 年底，我国地方债务余额 11.6 万亿元。巨额的债务无疑是地方政府巨大的隐患，也是倒逼中央政府或者倒甩包袱的一个筹码，弄不好是一个影响中央和地方政府关系的"定时炸弹"。在发展和改革中有效及时清除这颗"定时炸弹"，是必须面对的一个难题。

杨伟民（2013）提出了五个很有借鉴意义的举措：①深化财税体制改革部分提到的"完善地方税体系"举措。"这既是完善税制的一个目标任务，也有利于防控地方政府债务风险"。他指出，如果地方有了自己的主体税，解决区域性公共服务、完成本地区负责的事权就有了基本的资金保障。②健全城乡发展一体化体制机制部分提到的"允许地方政府通过发债等多种方式拓宽城市建设融资渠道"。当前地方政府更多地通过"卖地"融资、贷款，要增加融资渠道，允许地方政府发行债务，必须在完善和修订相关财税法的基础上，通过公开透明方式把过去的隐性债务变成显性债务。③"研究建立城市基础设施、住宅政策性金融机构"。这意味着要成立新的金融机构，这一金融机构将主要针对城市基础设施和住宅，一定程度会缓解城市建设资金压力。④"允许社会资本通过特许经营等方式参与城市基础设施投资和运营"。这需要制定非公有制企业进入特许经营领域的具体办法。当前很多领域必须通过政府特许经营方式让其他资本进入。地方政府债务较多，一个原因就是政府承担的事情太多、负担太重，让民间资本、社会资本进入，等于给政府减压。⑤加快转变政府职能部分提到的"推广政府购买服务"。目前这一举措正在推进中，也会减轻地方政府的债务压力。

这些举措，应当作为化解当前地方债务风险的、可依寻的路径选择。

（三）城市和农村的关系：健全城乡一体化体制机制

我国是典型的城乡二元经济结构，即以社会化生产为主要特点的城市经济和以小生产为主要特点的农村经济并存的经济结构。我国城乡二元经济结构主要表现为：城市经济以现代化的大工业生产为主，而农村经济以典型的小农经济为主；城市的道路、通信、卫生和教育等基础设施发达，而农村的基础设施落后；城市的人均消费水平远远高于农村；相对于城市，农村人口众多等。这种状态既是发展中国家的经济结构存在的突出矛盾，也是这些国家相对贫困和落后的重要原因。发展中国家的现代化进程，可以说在很大程度上是要实现城乡二元经济结构向现代经济结构的转换。如何通过健全城乡一体化体制机制，形成以工促农、以城带乡、工农互惠、城乡一体的新型工农城乡关系，让广大农民平等参与现代化进程、共同分享现代化成果，是一个亟待解决的重要议题。

（1）**破解城乡二元体制**。改革开放以来，随着工业化和城镇化进程的加快，总体上看，城乡差距在缩小，但是在经济诸多领域，各类要素和资源向"城市集中聚集"态势依然很严重，农村基础设施落后，服务网络匮乏，缺乏连接农村与城镇之间需求与供给的纽带。必须按照《决定》的要求，通过体制机制改革和政策调整，促进城乡在规划建设、产业发展、生态环境保护、社会事业发展上的一体化，改变长期以来形成的城乡二元体制，实现城乡在政策上的平等、产业发展上的互补、国民待遇上的一致，让农村居民享受与城镇居民同样的发展成果，使城乡经济社会全面、协调、可持续发展。要在政府的主导和推动下，广泛动员社会力量和资源，尽快改变农村的落后面貌，使之跟上城市发展的步伐，构建城市与现代农村和谐相融的新型城乡形态。

（2）**积极有序推进新型城镇化**。目前，学术界和实际部门有个基本共识：新型城镇化是中国未来经济社会发展的最大的红利之一。倪鹏飞（2013）从两个方面进行了解释：一方面，新型城镇化通过非农产业与人口向城市聚集和转移，通过资源要素的合理配置，提高了资源的利用效率，深化了专业化分工，实现了企业内部的规模报酬递增。另一方面，人口和经济活动的空间聚集，促进了企业和居民相互间的交流与合作，降低了相关活动的交易成本，能够充分利用城市层面的外部规模经济，从而产生远高于专业化程度较低、经济活动相对分散的乡村型生产生活。另外，传统的乡村生活方式相对自给自足，加上传统农业增加值较低，农村购买力相对较弱，大量人口向城市转移能够加大有效需求，使消费这驾拉动经济增长的马车更加有力，经济增长的引擎更加强劲。

现在不是要不要推进新型城镇化，而是如何推动的问题。我们过去较多地从提高城镇化率讨论中国的城镇化道路问题。其实，中国特色新型城镇化道路绝不是一个简单的城镇化率不断提高的问题，而是一个如何实现产城融合、城市建设管理创新和农业转移人口市民化"三位一体"的问题。①要注重产城融合发展。我们对城市建设历来很重视，在地方政府追求政绩和短视行为的助推下，城市规模和摊子铺得很大，人口资源也较快聚集，但往往对产业发展、公共服务配套关注不够。这样做的结果，就是城市建设起来了，但由于没有产业支撑，城市建设即便起来了，也缺乏后劲和可持续性。现在不少地方出现所谓的"鬼城"，就是一个很沉痛的教训。②要积极推进城市建设管理创新。比如，要按照《决定》的要求，建立透明规范的城市建设投融资机制，允许地方政府通过发债等多种方式拓宽城市建设融资渠道，允许社会资本通过特许经营等方式参与城市基础设施投资和运营，探索建立城市基础设施、住宅政策性金融机构的可行性。③推进农业转移人口市民化，逐步把符合条件的农业转移人口转为城镇居民。户籍制度是我国二元结构的重要表现，要加快户籍制度改革，对于建制镇和小城市完全可以取消落户限制，中等城市落户限制也可以有序放开。当然，考虑到特大城市承载能力的问题，其户籍制度尚须严格控制。大致均等享受基本公共服务是公民应有的权利。要稳步推进城镇基本公共服务常住人口全覆盖，把进城落户农民完全纳入城镇住房和社会保障体系，在农村参加的养老保险和医疗保险规范接入城镇社保体系，力争尽早实现进城农民与本地市民基本公共服务的"无缝对接"。

（3）**积极稳妥推进农业经营方式和农村土地制度改革，释放农业生产力，增加农民收入和赋予农民更多财产权利**。农村土地制度和农业经营方式改革至今，有一些实践证明是成熟的，需要坚持下去，如家庭联产承包经营责任制。对此，

《决定》明确提出，要"坚持家庭经营在农业中的基础性地位"。近年来，一些地方通过土地流转鼓励其他经营方式的发展进展也不错，但并不意味着要动摇家庭经营在农业中的基础地位。同时，要按照《决定》的要求，积极发展农民股份合作，赋予农民对集体资产股份占有、收益、有偿退出及抵押、担保、继承权。现有土地制度已经不适应当前的形势，比如，当前中国农地市场还没有向城市资本开放，农地不能实现其资本职能。这导致当前中国农地价格严重低估。应该加快土地制度改革，否则平衡不了诸多矛盾。农村土地改革需要统筹研究、统筹考虑，不能一哄而上，搞"刮风"，更不是进行土地兼并，而是鼓励规模经营。

针对三类不同性质的土地，《决定》中提出的改革方向和重点是不一样的。第一类是关于承包地经营权，明确要在坚持保护耕地的前提下，"赋予农民对承包地占有、使用、收益、流转及承包经营权抵押、担保权能"。第二类是农村集体经营性建设用地，明确"在符合规划和用途管制的前提下，允许农村集体经营性建设用地出让、租赁、入股，实行与国有土地同等入市、同权同价"，通过这些措施鼓励农地进入金融市场，这客观上有利于土地的优化配置，提高农地利用效率，农地价格上升也有利于农民携带资本进入城市，实现市民化。第三类是农村宅基地，明确可以"选择若干试点，慎重稳妥地推进农民住房财产权抵押、担保、转让"。

（四）顶层设计与"摸着石头过河"的关系：双向互动、相得益彰

1978年改革开放以来，我国所走的以"摸着石头过河"为主要特点的改革道路，要么是先易后难，要么以增量改革带动存量发展。不可否认，这种改革道路，取得了初步的成效。但我国目前的改革则进入了攻坚期和深水区。这个时候，单纯靠"摸着石头过河"是行不通了，因为这时候许多原有的改革者已成为既得利益者，就有可能变成今天改革的阻力。显然，这时候单靠群众的首创精神是难以推进改革的，迫切需要突破利益固化的藩篱，进行顶层设计、统筹协调、整体推进、督促落实。一句话，现在之所以强调"顶层设计"，是因为唯有靠顶层设计才能更有效地推动改革。

顶层设计是出自系统工程学的一个概念，本意是指"自高端开始的总体构想"，后来从自然科学领域被移植到社会科学领域。所谓改革的顶层设计，就是要自上而下加强对改革全局的整体战略谋划。要实现2020年全面建成小康社会和确保到2020年国民经济和居民收入两个"翻番"的目标，就必须全面深化改革，坚决破除一切妨碍科学发展的思想观念和体制机制障碍，除了不折不扣地落

实既有改革政策外，还需要自上而下的总体规划，明确提出改革总体方案、路线图、时间表。

按照《决定》的要求，中央将成立全面深化改革领导小组，负责改革总体设计、统筹协调、整体推进、督促落实。这里最为重要的是第一条，即"总体设计"，主要是审定和审议重大的改革规划或者方案，比如财税体制改革这种重大改革，涉及各个方面的利益调整，应该由这样一个领导小组来决定。成立"中央全面深化改革领导小组"，表明中国改革更加注重顶层设计和"摸着石头过河"相结合。领导小组成立后，可以改变原来经济体制改革"单兵突进"的局面，政治改革、社会改革、文化改革等各方面改革将统筹考虑，全面推进。例如，目前众多国家部委都有改革任务，国家发展和改革委员会是经济体制改革很重要的部门，人民银行和银监会承担金融改革任务，财政部承担财政改革任务，"怎样统一协调，分工明确，这就是顶层设计机构要解决的问题"。当然，"中央全面深化改革领导小组"也面临压力和挑战。历经30余年改革，路上剩下的都是"硬骨头"。而且，领导小组面临的关键问题是超越利益格局，"怎样冲破既得利益阶层的阻力，这是最为艰难也是最为关键的问题。改革是中国最大的红利。从"摸着石头过河"到渐进式改革，我们的改革路径较多的是自下而上的推动，即便在强调更加注重顶层设计时，来自实践中的探索推动依然必不可少。也就是要坚持有效的改革路径，尊重人民的首创精神，尊重实践、尊重创造。实际上，我们经济体制改革的不少领域就带有"人民的首创精神"。在伟大的改革历程中，唯有坚持顶层设计与"摸着石头过河"的有机结合、双向互动，才能跨越改革的攻坚期和深水期。

二、重点突破六大领域改革

（一）完善市场机制和现代市场体系

经济体制改革的核心问题是处理好政府和市场的关系，使市场在资源配置中起决定性作用和更好地发挥政府作用。市场决定资源配置是市场经济的一般规律，健全社会主义市场经济体制必须遵循这条规律，要着力解决市场体系不完善、政府干预过多和监管不到位的问题。

完善市场机制和现代市场体制，可以分别来说。首先是，究竟该如何完善市场机制。

（1）**理顺价格机制是关键。**市场机制就是市场运行的实现机制。作为一种经济运行机制，它是指市场机制体内的供求、价格、竞争、风险等要素之间互相联系及作用机理。价格机制是市场机制的核心。关键是要建立起由市场决定价格的机制。在完全竞争市场或准竞争市场，价格是由市场供求关系决定的，就应都交给市场，政府不进行不当干预。即便是水、石油、天然气、电力、交通、电信等领域价格也不应由政府直接管理，要放开这些领域中竞争性环节的价格。政府定价范围要严格限定在重要公用事业、公益性服务、网络型自然垄断环节，提高透明度，接受社会监督。农产品价格也主要由市场供求决定，但在极端的季节或者严重通货膨胀时，政府可采取补贴或收购等方式平抑物价。完整的价格不仅包括商品和服务的价格，还包括资金和资源的价格，因此，不但要放开商品和服务价格，还要实现利率、汇率等要素价格的市场化。这样，才能形成能够反映资源相对稀缺程度的价格，通过交换引导资源流向最有效的地方。

（2）**明确产权是核心。**产权是所有制的核心和主要内容，包括物权、债权、股权和知识产权等各类财产权。产权明晰可以从三个方面理解：①排他性，即排除任何非产权所有者对产权的占有和使用；②可收益性，即产权所有者将以此受益或受损；③可交易性，即产权所有者以此进入市场，扮演市场主体的角色。正是这三重特性决定了产权建设的进程，是推进社会主义市场经济建设的前提和确保市场机制有效和完善的核心元素。要有效地发挥市场机制的作用，就必须健全归属清晰、权责明确、保护严格、流转顺畅的现代产权制度，确保公有制经济财产权和非公有制经济财产权不可侵犯，保护各种所有制经济产权和合法利益，保证各种所有制经济依法平等使用生产要素、公开公平公正参与市场竞争、同等受到法律保护。

接下来的另一个重要问题是，该如何完善现代市场体系？

我国市场体系还很不健全、很不完善。这主要表现在如下四个方面：①行政管理实行"条块"分割，有不少监管空白和盲点。市场体系建设由于涵盖范围广，涉及领域多，导致行政管理分散，与其相关的管理部门多达十几个，包括商务部、国家发改委、农业部、食品药品监督局、工商总局、质检总局、卫生和计划生育委员会、交通部等，每个部门基本上各管一段，既存在交叉重叠之处，也存在许多监管空白和盲点，尚未形成相互协调的管理体系。②法律体系不健全。

我国《反垄断法》在程序上明确了垄断行为的法律责任和救济途径，但是缺乏相应的配套法规，使《反垄断法》难以真正实施。同时，缺少维护市场竞争秩序的法律以及产业进入和退出机制，使得部分市场过度竞争，行业利润率不断下降。③城乡、内外市场分割。尽管我国市场体系逐渐发育成熟，但由于地方保护主义和行业保护主义仍然在某些地方和行业盛行，导致国内市场分割，流通企业很难实施跨区域经营与发展，地区市场、城乡市场以及内外统一的大市场格局至今无法实现，已经成为市场体系良性发展的重要制约因素。④市场秩序混乱。"诚信缺失"是我国市场面临的主要问题，尽管有关部门出台许多措施打击各类商业欺诈行为，但是未达到预期效果。目前，很多企业缺乏诚信，制假售假、以次充好等现象屡禁不绝，尤其一些著名企业屡屡曝出制售不合格产品，还有一些企业利用各种方式欺瞒消费者，损害消费者合法权益，极大地打击了公众的消费信心。

完善现代市场体系，依绍华（2013）提出须从以下几个方面着手：

（1）**创建新型管理体制**。建立高级别的监督管理体系，由国家发展和改革委员会、商务部、卫生和计划生育委员会、食品药品监督管理局（质量监督总局）、工商总局等主管部门组成流通产业监督与促进委员会，对市场体系进行综合管理。

（2）**完善市场立法体系**。完善《反垄断法》体系，制定相应的配套法规，消除流通发展中的体制性和政策性障碍，打破地域间行政性或行业性垄断。借鉴国外法案的做法，出台规范合同行为的法律和新型交易方式和交易行为法律，保护竞争、禁止不正当竞争行为的法律，制定适当的产业进入标准和退出政策，对新建大中型流通企业实行审批制度，确保大型商业企业数量与购买力水平及城市规模相适应，并且完善各种流通业态退出流通市场的监督机制。

（3）**建立统一市场**。清理和废除妨碍全国统一市场和公平竞争的各种规定和做法，严禁和惩处各类违法实行优惠政策行为，反对地方保护。规范各地方政府和各部门的利益行为，划定严格的责任界限，将推动流通企业跨区域发展作为激励政策之一，建立和完善区域利益共享和协调机制，以促进区域市场融合为切入点，逐步建立全国统一市场。同时，积极为外销企业创造进入国内市场的条件，帮助企业建立内销渠道，为企业在国内市场销售提供各种便利服务，推进大市场体系的形成。

（4）**提高信息化水平**。加大力度推进流通产业的技术革命，提高流通产业的科技含量：一方面，要采用推广先进的技术与经验，加快制定流通信息技术的规范和标准；另一方面，要兼顾不同的发展层次，如信息基础平台建设等，发挥流通产业在国民经济中的先导作用。

（5）**构建基础设施公共支撑体系**。借鉴国外经验，建立一批公益性基础设施，包括农产品批发市场、冷库、码头等，由政府统一规划，并提供配套服务，在土地征用、税收、贷款等方面给予减免和优惠，为流通企业提供更多的公共服务，从而降低流通成本。

（6）**改善商业信用环境**。建立行业诚信联盟，由行业组织制定统一标准，对违反企业进行严惩，重者驱逐出本行业，使"诚信"成为企业自律行为；建立独立的商业信用评价体系，通过制定商业信用标准、建立商业诚信档案数据库，形成公众监督氛围。

（7）**实行统一的市场准入制度，在制定负面清单的基础上，各类市场主体可依法平等进入清单之外的领域**。探索对外商投资实行准入前国民待遇加负面清单的管理模式。推进工商注册制度便利化，削减资质认定项目，由先证后照改为先照后证，把注册资本实缴登记制逐步改为认缴登记制。

（二）深化财税体制改革

财政是国家治理的基础和重要支柱，科学的财税体制是优化资源配置、维护市场统一、促进社会公平、实现国家长治久安的制度保障。财税体制是深化经济体制改革的重点任务之一。推进财税体制改革，须从以下几个方面着手：

1. 优化税制结构，形成合理的政府收入体系和稳定的宏观税负

这包括如下几个方面的举措：

（1）**在逐步减少间接税比重的同时，逐步增加直接税比重**。经济全球化决定了传统的发展中国家的税制结构以间接税为主的认识需要转变。在经济全球化背景下，人员境内外流动频繁，境外购物机会大量增加。这直接导致海外购物、网络购物、海外代购的流行，结果是居民消费增加了，但发生在境外，变成了其他国家或地区的外需，扩大内需的目标反而更难实现。因此，中国需要在降低间接税比重的同时，逐步增加直接税比重，以进一步优化税制结构。

（2）**在增值税制再造的基础之上，稳步推进"营改增"**。间接税内部结构也需要优化。与营业税相比，增值税更加倾向于"中性"，不会带来重复征税。营业税改征增值税（"营改增"）试点工作应按行业尽快推向全国。2012 年是营业税改征增值税试点的第一年，涉及上海、北京、江苏等九省市 102.8 万户试点纳税人。"营改增"既是税制完善的需要，客观上也具有减税效果，试点地区共为企业直接减税 426.3 亿元，整体减税面超过 90%。以中小企业为主体的小规模纳税人所获得的减税力度较大，平均减税幅度达到 40%。"营改增"受各地热捧，

有"税收洼地"因素，因此，不能仅仅因为愿意加入试点的地区越来越多，就对试点效果给出不太恰当的评价。试点是在不增加税负的前提下进行的，降低了试点行业中多数企业的税负。资本因此流入先行试点地区。先行试点地区得到更多的业务和资本，实际上不一定要真正付出税收减少的代价。只要试点尚未在全国铺开，那么先行试点地区就会得到或多或少的额外收益。其他地区为了减少先行试点地区税源吸纳的损失，最优策略是积极跟进试点。

（3）**调整消费税，优化消费结构，扩大消费需求**。现行消费税征收范围过广，税率过高。消费税制的设计过多地考虑对"奢侈品"消费的调节。这与对"奢侈品"的认识存在一定误区不无关系。中国奢侈品消费正处在炫耀性消费向生活方式过渡阶段。在这个阶段，消费奢侈品的不仅是高收入者，还包括中低收入者。特别是入门级奢侈品消费者中不乏中低收入者。消费税看似对富人消费课以重税，能起到促进公平的作用。但在开放条件下，富人消费转移到境外，调节收入分配的作用不易发挥。由于中低收入者同样也在消费不同档次的奢侈品，消费税反而可能起到逆向调节作用。消费税的税目税率也应做较大调整，主旋律是降低税负。降低消费税税负，可以将更多的消费留在境内，促进内需的扩大。

（4）**逐步建立综合与分类相结合的个人所得税制**。个人所得税很有前途，将在未来的税制结构优化中扮演重要角色。个人所得税调节收入分配的作用需要重视，需要照顾中低收入者。2012年，个人所得税占税收总收入的比重不到6%。目前的个人所得税是分项计征，未来个人所得税制应迈向综合所得税制。按家庭征收个人所得税更加公平，因为家庭是一个社会运行的基本单位，而现行个税征收机制不计算家庭人口、不考虑抚养赡养因素，从这个角度来说对那些家庭负担沉重的纳税人不公平。

（5）**加快房地产税立法并适时推进改革**。加快房地产税立法和改革步伐，减少房产建设和交易环节税费，清费立税，增加房产保有环节的税收。开展这一改革的前提是摸清家底和清费立税。2013年11月20日，国务院常务会议决定由国土资源部负责指导监督全国土地、房屋、草原、林地、海域等不动产统一登记职责，推动建立不动产登记信息依法公开查询系统。这一举措将对房地产税试点扩围与深入开展奠定基础。目前，房地产各环节税费繁多，必须把其中的部分收费取消合并才能实现在房产保有环节开征房地产税。

（6）**加快资源税改革，推动环境保护费改税**。资源税改革原为"十一五"的工作目标，但一直推进缓慢。2010年5月，新疆率先进行资源税费改革，将原油、天然气资源税由从量计征改为从价计征。财政部和国税总局会议修订通过的

《中华人民共和国资源税暂行条例实施细则》于 2011 年 11 月 1 日正式实施,此前"一刀切"的"从量计征"正逐步转向"从价计征"。不过,从新资源税的实施细则来看,"从价计征"并没有全面铺开,仅从石油和天然气开始,而煤炭仍"从量计征",有色金属行业的调整力度也是有限,仅涉及稀土矿资源。今后,要加大资源税改革的力度,扩大征收范围,并尽可能实施"从价计征"。在环境保护方面,我国过去也有相应的制度安排,其中一个主要的制度安排就是对主要污染排放物征收排污费。今后环境保护税费改革的一个主导方向是把排污费"改"成税收。

(7)规范税收优惠,合并或取消一些专款专用的税制。按照统一税制、公平税负、促进公平竞争的原则,加强对税收优惠特别是区域税收优惠政策的规范管理。税收优惠政策统一由专门税收法律法规规定,清理规范税收优惠政策。合并或取消一些专款专用的税制,比如,替代养路费的消费税、车辆购置税、车船税、城市维护建设税等税种应该合并。这些税种都与道路建设有关,在道路建设落后、汽车数量较少的时期有并存的必要。随着路网的逐步健全、车辆数量的增加,道路规模经济效应明显,再维持这种格局已无必要。车辆购置税、车船税、城市维护建设税应融入消费税,并大幅度降低税负。

2. 稳定政府支出规模,优化支出结构,增强公共财政的保障能力

杨志勇、张斌(2013)认为,政府支出规模应保持基本稳定,结构应加以优化,管理制度应进一步完善,以增强公共财政的保障能力。2012 年,公共财政支出占 GDP 的比重为 24%。综合考虑政府性基金支出、社会保险基金支出等因素,财政支出规模应保持基本稳定,而不宜再提高。保持一定的财政支出比重,可以更好地发挥国家在调控中的作用,提升国家能力,促进工业化、信息化、城镇化和农业现代化。

财政支出结构的优化,关键是要改变不合理的构成。人员经费、公用经费、项目经费结构应更加合理。要提高人员经费比重,压缩公用经费和项目经费,使得机关事业单位人员的工资收入与人力资本基本相称,形成良性循环机制。机关事业单位不同部门、不同岗位专业性不同,采取"一刀切"的薪酬制度不利于公共部门绩效的提高。为此,要进一步完善公共部门薪酬制度设计,改变目前总体上薪酬偏低导致多种行为扭曲恶果的现状。要加快政府职能转变,在此基础之上,加快大部制改革,根据行政职能优化部门组合和业务组合,提高政府部门效率,改善公共服务。财政支出应向改善民生公共服务支出的扩大上偏移。不仅要重视增加城市民生支出,更要增加农村的财政投入。城乡差距形成的重要原因之

一是城乡公共服务的差距。因此，在城镇化进程中，扩大在农村的公共服务投入势在必行，并最终促成城乡公共服务一体化。民生支出仍然有待扩大。特别是社会保障支出需要大幅增加。中国已经是一个人口老龄化国家，因此，无论是从改善老年人生存状况的角度出发，还是从未雨绸缪的角度出发，与老年人数量直接相关的养老保障和医疗卫生支出大量增加。随着老人的增多和社会保障制度的健全，社会保障支出占财政支出比重会越来越高，并成为财政最大的负担。社会保障制度建设应量力而行，将有效率的、可持续的社会保障制度建设列入目标。

3. 加快政府预算改革，健全政府预算体系，建立并完善政府财务报告体系
杨志勇、张斌（2013）从以下几个方面提出了实施建议：

（1）加快政府预算改革。从传统的视角来看，政府预算是政府的基本收支计划。它提供了政府活动的基本信息。规范化的政府预算制度应能最大限度地提高财政资金的使用效率，且政府预算资金的配置能为公众所接受，最大限度地提高社会福利。政府预算制度包括编制、执行、监督三方面的内容。政府预算的编制、执行和监督都应符合公共财政的要求。市场经济国家广为接受的现代政府预算编制五原则分别是公开性、完整性、可靠性、年度性和统一性。年度性与统一性比较容易达到。公开性、完整性、可靠性是预算编制中需要着重加以注意的。可靠性与完整性密切相关。不够完整的收支数字即使是准确的，也不足以全面反映政府经济活动。预算的公开性与完整性应特别强调。政府预算的内容除了极少数涉及国家机密的内容外，应及时向社会公布，使之处于公众的监督之下。符合上述五原则的政府预算，须经立法机构审批，才有法律效力。各级政府部门必须贯彻执行，非经法定程序不得改变预算收支数额与使用方向。预算监督应从合规性入手，逐步向绩效预算靠拢。基于中国目前的现实，应结合国家的法治化与民主化进程，逐步推进人大的预算监督工作。

（2）健全政府预算体系。应健全政府预算体系，加强全口径预算管理，实现公共财政预算、政府性基金预算、国有资本经营预算、社会保险基金预算等的有机衔接。在条件具备时，将政府性基金预算并入公共预算。国有资本经营预算的完善不仅仅要建立在国有资本分红比例的提高上，还应大幅度提高红利转入公共财政预算的比例。目前，国有资本经营预算资金基本上是在国有资本体系内部循环，只有大约5%的国有资本收益转入公共财政预算。这与国有资本的性质严重不符，不能充分体现"国有"权益。社会保险基金预算距离社会保障预算还有不小的差距。无论存在多少种政府预算，公共预算都应该在政府预算体系中处于核心地位。其他各种子预算之间的联系都必须通过公共预算，以保证政府预算体系

的统一，促进政府可支配财力的集中使用与有效监督。健全政府预算体系，还需要进一步推动政府收支分类改革，做好政府预算改革的基础工作。政府预算改革旨在增加财政透明度，借此提高公共资金的使用效率，提升公共服务效率。政府预算的编制除了年度预算之外，还应尽快建立和完善中国的中期预算和长期预算框架，以更好地推动政府预算工作。

4. 按照财权、财力与事权相匹配的原则，重构财政体制

杨志勇、张斌（2013）认为，为了更好地发挥中央和地方政府两个积极性，应按照财权、财力与事权相匹配的原则，划分事权与支出责任。过于笼统的事权规定，不利于事权财政支出责任的进一步细化，从而容易出现中央和地方、不同级别政府之间相互推卸责任的状况，影响分税制财政体制的效率。要按照《决定》的要求，适度加强中央事权和支出责任，国防、外交、国家安全、关系全国统一市场规则和管理等作为中央事权；部分社会保障、跨区域重大项目建设维护等作为中央和地方共同事权，逐步理顺事权关系；区域性公共服务作为地方事权。中央和地方按照事权划分相应承担和分担支出责任。中央可通过安排转移支付将部分事权支出责任委托地方承担。对于跨区域且对其他地区影响较大的公共服务，中央通过转移支付承担一部分地方事权支出责任。

完善转移支付制度，是重构财政体制之关键。建议取消税收返还，并入一般性转移支付；一般性转移支付的各项具体形式与均衡性转移支付进行整合，将各具体形式的转移支付作为一个因素在新的一般性转移支付公式中得到体现，以发挥一般性转移支付制度的合力。进一步增强专项转移支付制度的透明度，特别是决策的透明度，做好中央财政专项转移支付制度与地方政府预算编制的衔接工作，使得地方政府预算能够全面反映中央财政的专项转移支付。在保持分税制财政体制基本稳定的前提下，围绕推进基本公共服务均等化和主体功能区建设，优化转移支付结构，形成统一规范透明的财政转移支付制度。

（三）健全金融体制

根据中共十八届三中全会的要求，金融改革将以市场化改革为方向，以金融市场改革、金融机构改革、金融监管改革和金融国际化为重点领域，积极稳步推进。

1. 加速金融市场化进程

（1）建立强制性的存款保险制度。为了避免只有风险较高的银行才会选择加入的逆向选择问题，我国应采取强制性存款保险模式；同时，为了避免挤兑风

险，在参保范围上，国有商业银行、股份制商业银行、合作银行、城市信用合作社、农村信用合作社、邮储银行以及外资银行都将纳入存款保险体系；在保险赔付方面，可以采取限额保险制度，这既可以保护普通存款人的利益，又可以促使大额存款人积极参与到对银行的监督中来。

（2）**实现存款利率市场化**。目前，我国贷款利率限制已经放开，存款利率市场应遵循"先长期、大额；后短期、小额"的原则，具体步骤是：首先以市场化定价的可转让大额存单为突破口推进存款利率市场化，并减少受监管的存款利率期限数量，长期存款利率优先市场化，活期存款利率最晚市场化。在这一过程中，需要稳步推进金融市场基准利率体系建设，进一步发挥上海银行间同业拆放利率（SHIBOR）的基准作用，扩大其在市场化产品中的应用；不断完善中央银行利率调控体系，疏通利率传导渠道，引导金融机构不断增强风险定价能力，依托 SHIBOR 建立健全利率定价自律机制。

（3）**推动人民币汇率市场化改革**。汇率市场化改革从完善现有制度入手，不断增强人民币汇率双向浮动弹性，保持人民币汇率在合理均衡水平上的基本稳定。尝试建立人民币对新兴市场货币的双边直接汇率形成机制，积极推动人民币对新兴市场经济体和周边国家货币汇率在银行间外汇市场挂牌。在外汇市场发展壮大和汇率风险管理工具进一步完善的基础上，形成市场化的浮动汇率。

2. 完善金融市场体系

（1）**建立多层次的资本市场**。首先，应优化现有的资本市场结构，我国当前的市场由主板、中小板和创业板以及场外市场形成了"倒金字塔"结构，未来资本市场发展的重心应转移至创业板以及场外市场，从而逐渐形成"正金字塔"结构。其次，建立适合中小企业特点的发审制度，加快上市进程，应改革现行发行审核制度，适当放松财务指标要求，为具有自主创新能力的中小企业发行上市设立"绿色通道"。再次，应大力发展产权交易市场，完善非上市企业股份转让途径，可以考虑依托产权交易所的各类产权交易机构，积极采用拍卖、竞价等方式，充分发挥市场机制的作用。最后，应建立主板、中小板、创业板、新三板、产权交易市场之间的转板机制和市场退出机制，形成优胜劣汰的市场环境。

（2）**推动债券市场的快速发展**。我国债券市场仍主要实行规模控制、集中管理、分级审批的体制，要克服债券市场多头监管、效率低下的弊病，就必须取消我国行政化的审批和管理制度，使对债券市场的审批和监管向程序性审核过渡，由审批制转变为注册制。此外，债券市场发展离不开高效且良好的监管，为此需要继续完善债券市场信息披露机制、完善担保制度、改进我国信用评级制度。具体操作上，可以通过扩大当前合格的境外机构投资者（QFII）和人民币合格境外投资者（RQFII）试点，进一步向国外央行及国际组织开放债券市场，吸引全球顶尖机构投资者参与，以有助于我国建立完善的债券市场监管体制。

3. 推动金融机构改革

（1）**适度降低金融业准入门槛。**鼓励民营金融机构的发展，引导民营资本加入金融机构的建设，允许外资开展部分金融服务。考虑到中国金融业的现实情况，可以首先对社会资金开放小微金融和农村金融领域，鼓励民营资本通过入股、重组城市商业银行、农村商业银行或设立村镇银行、小额贷款公司和融资担保公司的方式进入小微金融和农村金融市场。

（2）**继续推进国有大型金融机构的产权改革。**国有大型金融机构需要全面推进公司治理改革，明确股东会、董事会、监事会与管理层的职责边界，强化董事会决策中心的地位，增强董事会在战略制定、风险管理、监督控制等方面的职能。公司治理的另一项重要内容是激励机制的完善，应改革只与短期业绩挂钩而和风险无关的薪酬制度，建立长期化的激励机制。此外，要大力改进金融机构的信息披露，规范信息披露的格式、内容、深度和广度，确立"实质主义"信息披露规则，增加金融机构违规成本，增强其经营透明度，保护投资者利益。

4. 促进金融对外开放

（1）**积极推动人民币国际化进程。**目前，人民币跨境使用主要以贸易结算为主，未来人民币国际化的目标将按照结算、计价和储备货币的顺序顺次达到一定的国际占有比例，即人民币在国际贸易中充当计价结算货币的基础上，扩大直接投资中人民币的使用，在金融市场的投融资开发人民币计价产品，并鼓励第三方国家和地区会将人民币纳入其官方储备。

（2）**稳步推进人民币资本账户开放。**人民币资本账户开放应以"渐进有序"为原则稳步推进，在具体步骤上，应先放开长期资本流动，再放开短期资本流动；在长期资本的范围内，先放开直接投资，再放开证券投资；在证券投资的范围内，先放开债券投资，再放开股票投资；在所有形式的资本流动中，先放开资本内流，再放开资本外流。预计未来我国会加快资本账户开放的进程，具体内容包括：在直接投资方面，减少外商投资的行业限制，扩大开放领域；允许和鼓励外资企业和国内企业进入企业并购重组领域；放宽外资进入的股权限制。在证券投资方面，进一步放宽对合格境外机构投资者与合格境内机构投资者在投资额度和投资范围方面的限制，并扩大境内外资企业在境内资金市场的融资范围，包括国内股票市场与债券市场；允许外资企业与外资金融机构扩大涉及国内企业、境内外资企业和国内金融机构在商业贷款和贸易融资方面的业务往来与合作。在金融机构准入方面，放宽对金融机构所有权的比例限制，允许多样化形式的外资金融机构进入。

（3）建设上海国际金融中心。借自贸区契机，将上海定位为以中国国内经济发展为依托、国际国内金融活动融合但以服务国内市场为主的功能型国际金融中心、人民币贸易结算中心和离岸人民币业务中心，提升上海的国际金融中心地位。为此，应积极促进上海自由贸易区的人民币结算，鼓励境内机构发行人民币离岸债券，并不断扩大其发行规模；同时，拓宽人民币回流渠道，包括允许以人民币境外合格机构投资者方式投资境内证券市场，鼓励发展多种形式的离岸人民币金融产品。最后，要将上海金融中心功能的发挥与"长三角"地区经济的一体化发展紧密联系起来，提升其对"长三角"地区乃至全国经济的辐射与服务能力。

5. 建立金融监管新范式

（1）**建立鼓励金融创新的金融监管模式。**推动金融改革，在微观层面上需要扩大金融机构业务和产品创新的自主权，对绝大多数产品应采取报备制；对于必须由监管机构批准的创新产品和服务，要简化审批手续，大幅度缩短审批时间。鉴于我国金融创新较为滞后的现实，应积极推动和鼓励产品创新，发展资产证券化、信用缓释工具、高收益债券等满足实体经济需求的基础性金融产品，以显著提高金融服务实体经济的能力。

（2）**协调对银行、证券、保险等行业的监管。**目前，我国的金融业已呈现实业金融化、金融综合化的趋势，而分业监管体制往往只对单一领域的机构和业务监管。为了让金融监管当局识别和管理金融创新中的风险，有必要从健全监管当局之间以及与宏观调控部门之间在重大政策与法规问题上的协调机制入手，最终建立起统一的金融监管体制。

（3）**建立宏观审慎的金融管理制度框架。**在金融大开放的格局下，建立适合国情的宏观审慎管理制度是维护金融稳定和保障金融安全的必然选择。未来，应联合"一行三会"成立宏观审慎监管小组，建立健全适合国情的系统性金融风险监测评估方法和操作框架。在事关整个金融体系稳定的问题上，既要有监管当局对单个金融机构的审慎监管，还要针对跨市场、跨机构、跨行业风险进行判别，并注意实施逆周期效应的金融调控政策。

（四）推进国有企业改革

从《决定》可以看出，中国对国有企业改革的认识已经跳出了产权论和市场论的狭义争论，进入了一个全面推进的新阶段。这一阶段的国有企业改革可以概括为：在明确国有经济定位的基础上，合理确定国有经济布局；通过国有资产管理体制改革推动建立国有资本有进有退、合理流动的新机制；进一步完善国有企业的现代企业制度，确保新机制的有效运行；不断践行国有企业的全民所有性质。

1. 明晰国有经济定位，合理调整国有经济布局

对国有经济定位的认识是不断深化和进步的。随着社会主义市场经济体制的不断健全，国有经济在保障国家经济秩序、经济安全和可持续发展方面具有不可替代的作用，国有经济的重点分布领域应集中于：①市场机制失灵的领域；②重大基础设施领域；③重点的前瞻性、战略性领域；④与国家安全相关的重点领域。

国有经济的布局视角应跳出控制产业的窠臼，以引导全社会范围内资本的合理配置为目标。以往过分强调"控制力"的理念往往容易导致国有企业在特定领域内具有不断做多做大，持续强化控制地位的激励，由此产生的结果是 A–J（过度投资）效应与成本效率不高并存，市场竞争受到排斥，从而形成国有企业一枝独秀而产业活力不强的局面。随着产业结构调整和产能过剩问题持续突出，国有企业的新一轮布局调整迫在眉睫。

对于部分原来定义为国有经济必须"绝对控制"和具有"较强控制力"的产业，如钢铁、煤炭、制造业、建筑、化工等，具备较好的产业基础，但面临严重产能过剩问题，国有经济应选择适度退出，为非公有制经济提供发展空间。在此过程中，国有经济应将精力更多地放在强化成本约束、改善经营绩效上，从而切实提高国有企业活力。

国有经济既要从一般性竞争产业退出，也要从网络型产业的竞争性环节退出，国有经济的控制力要体现在公益性、基础性、战略性和关键性产业内。国有经济的控制力要体现在：①对市场失灵具有较强的抵御和克服能力，能够在稳定市场秩序上发挥主导作用；②能够在提供基础设施服务上发挥基础作用；③能够引领产业发展、推动科技创新的中坚力量；④保障国家经济安全的坚强基石。

要突破单纯以经济效益指标衡量国有经济主导作用的樊篱，全面、客观地看待国有经济的影响力。国有经济的布局将进一步向公益性的公共服务领域倾斜，对国有经济的评价应坚持经济效益和社会效益结合，并侧重社会效益的标准。

2. 推动国有资产管理体制改革

调整国有经济布局的最大体制障碍在于，现行国有资产管理体制限制了国有

资本的流动性，主要表现为国有资本与国有企业捆绑，国有资本一旦投入企业便无法撤出，也难以转移。这就限制了国有资本在全社会范围内的配置效率，同时"只进不出"也助长了国有企业过分关注投资的倾向，增加了产业结构调整和解决产能过剩问题的难度。尽管国资委也在通过推动企业重组的方式来缓解这一问题，但并未带来国有资本的实质流动。

现行国有资产管理体制原本就是一种过渡性制度安排，在这种制度安排下，国有资本的公共管理、公共政策职能、国有资本运营职能及监督职能全部集中在国资委，职能界定不清晰，这就导致了国资委原本主要的"管资本"职能沦为"只管企业"。因此，推动国有资产管理体制从"管企业"为主转向"管资本"为主就成为主要的改革方向。

针对这一根本问题，下一步最关键的改革或许是通过建立公司制的国有资本管理运营机构（比如国有资本投资公司）将国资委的国有资本管理职能分离出来。该机构是按现代企业制度标准，根据《公司法》要求成立的市场独立法人，基本职责是负责调度国有资本在不同国有企业之间的配置，对于经营不善的国有企业，可以减少注资；对于绩效较好、有投资需求的企业，加大资本投入。

实际上，国有资本投资公司将成为改制后新的国有资本投资实体，承担了原来国资委的"管资本"职能，同时也需要监督考核所投资股份公司的资本经营绩效。国资委则负责监管国有资本投资公司的经营行为，但不直接干预公司的投资决策。监管的原则是国有资本投资公司经营目标、资本进退应遵循国有资本经营预算管理原则，符合国有经济的整体布局调整，体现政府意志和全民利益。

中央和地方都可以成立国有资本投资公司，但考虑到国有资产的规模、领域和质量差异等因素，要实现以上制度设想，必须要建立起严格的法律制度和财务制度，分层明确从中央到地方的各级委托—代理关系，形成有法律保障、可追溯产权责任的委托—代理体系。而这可能是最需要改革智慧的环节。

3. 推动国有企业公司治理结构改革

由于国有资产监管体制不合理，国有产权委托—代理关系不规范、缺乏明确的责任约束，尽管从1994年我国就已经在全国推广试行现代企业制度，但至今仍未建立完善的现代企业制度，特别是针对国有大型企业的治理结构，仍带有明显的政企不分色彩。完善国有企业现代企业制度面临的最大困难在于，现行国有治理体制仍存在天然缺陷，具有明显的旧体制特征，特别是在授权经营模式下，传统国有企业特别是大国有企业控股的下级公司，甚至是上市公司的治理结构也与真正意义的现代企业制度相去甚远。

具体表现在：改制企业（原有国有企业的下级公司或上市公司）无法完全摆脱原有国有企业的各种影响甚至是直接干预，由此导致原有治理结构下的各种弊端可能移植到新企业中，比如过度投资冲动、目标多元化、成本软约束等；此外，改制企业与原有国有企业的复杂关联关系可能为利益输送提供便利，形成滋生腐败的土壤；而且作为控股股东的国有企业往往具有直接干预上市公司业务的倾向，使上市公司丧失了商业独立性，扭曲了建立现代企业制度的初衷。

完善国有企业现代企业制度与推动国有资产管理体制是紧密相连的。只有在国家层面上将"管资本"与"管企业"的职能分离，才可能实现真正意义的政企分开，才能将国有资本与国有企业的捆绑关系解除，才能消除旧体制在国有企业治理结构上的"后遗症"，才可能建立起真正意义上的现代企业制度。

不断完善国有企业的现代企业制度，要将社会主义市场经济的基本特点和国有企业的基本定位紧密结合。从市场经济的基本要求出发，完善现代企业制度必须要坚持《公司法》的规定，切实将国有企业的董事会建设为公司的治理核心，并建立符合市场化要求的、权责匹配的选人用人机制，同时健全公司的约束机制；从国有企业的定位来看，公司的目标既不能过分重视资产规模的盲目扩大，也不能过分关注投资的利润回报，而是要将国有企业的公益、服务定位与市场经营实现有机结合，要比一般性企业更加注重社会效益和全民福祉。

4. 国有企业践行"全民所有"性质

伴随着国有经济布局的调整，国有企业也应不断践行全民所有的性质，让全体人民分享国有企业的利润，即国有资本增值的收益。为此，必须改变国有企业以往只缴税不分红的利益分配格局，探索建立国有企业向国家财政上缴企业资本收益的新机制。目前看来，将国有企业资本收益充实社会保障基金或许是最可行也最主要的方式，这不但是国有企业改革的重要一步，而且对于保障社会基金来源具有重要作用，充分体现了国有企业通过市场机制来践行社会主义性质的科学路径。目前，国际上国有企业利润上缴财政的比例大约在30%，中国提出将提高国有资本收益上缴公共财政比例，并到2020年达到30%。

据中信证券测算，2020年国有资本收益上缴财政的规模将达到12194亿元，占GDP规模的1%左右。这一方向无疑是正确的，但在条件允许的情况下，调整的步子可以而且应该再快一些。

（五）收入分配与社会保障体制改革

1. 社会保障制度改革是解决收入分配问题的有力手段

当前，我国存在严重的收入分配问题，表现在两个方面：一是国民收入分配格局失衡，居民收入比重偏低；二是居民内部收入分配不均，城乡间、地区间、行业间收入差距扩大。这两个问题之间的关系复杂，一些有助于缓解居民收入分配不均的政策，或许可能会恶化国民收入分配格局，而一些调整国民收入分配格局的措施，极有可能加剧居民收入差距。

这一局面是由多方面原因导致的。首先，经济发展阶段的影响。我国产业结构正由农业部门向工业部门转变，并维持在以工业部门为主的阶段，人均 GDP 水平已经到达经济发展水平与收入分配之间倒 "U" 型关系的低点区域，经济发展往往伴随着收入分配不均程度的恶化。其次，融入全球化的影响。日益深入的全球化发展使劳动与资本的议价地位发生变化，降低了劳动者报酬比重，对外贸易也加大了教育和技能回报率的差异，导致部分特定人群和地区边缘化。最后，我国特殊体制机制的影响。长期以来的"城乡分治"政策和地区差别政策拉大了城乡和地区间的收入差距。按劳分配和按要素分配结合的分配方式带来了要素和资源分配不合理的问题，凸现在最终分配环节。同时，改革不彻底导致的权力经济、腐败等现象，也恶化了居民内部收入分配差距。

调节收入分配的常用政策手段包括直接干预市场化工资收入、财税政策、体制机制改革三个方面。在初次分配中直接干预市场化工资收入的措施实施起来存在较多困难，且可能对经济发展带来不利影响，应该慎重选择改革的力度和时机。体制机制改革是一个逐步推进的过程，且其与收入分配调节效果之间还有一个传导过程，收效大小难以估测。综合来看，在上述复杂的背景下，要在尽量减轻对经济发展影响的同时，实现对国民收入分配格局和居民内部收入分配格局的调整，只能将主要着力点放在财税政策上。而这其中，以调整财政支出政策为基点推动社会保障制度改革，能够通过对个人生活和福利水平的直接提升而带动社会发展，并且社会保障本身包含的内容和实现形式丰富多样，能够为政策制定提供更广阔的选择余地，容易在社会中广泛推行，应该成为解决收入差距快速拉大问题的有效措施。

2. 社会保障制度存在的问题不利于弥合收入差距

改革开放以来，尤其是自 20 世纪 90 年代起，我国的社会保障事业取得了巨大成就，初步建立了与社会主义市场经济体制相适应的、多层次的中国特色社会保障框架。但是，当我们将社会保障体系建设纳入收入分配改革的范畴内加以考虑时，会发现还有很大的努力空间。这突出体现在以下方面：

（1）**社会保障制度还需加强调节机制的公平性。**①由于存在部门分割以及统筹层次低等问题，我国社会保障制度呈现碎片化的状态，与配套制度衔接不通畅，既阻碍了人口在地区间流动，也成为扩大地区间待遇差距的主要推手。②我国的社会养老保险和医疗保险都是两条轨道运行，机关事业单位独立于企业单位单独实行一套机制。这种"双轨制"模式在不同制度群体之间形成了不同的利益诉求，导致利益群体分化，加重了社会收入矛盾。

（2）**社会保障制度要更加注重资金的可持续性。**①从资金筹集看，我国社会保险缴费率偏高，五项社会保险缴费率之和相当于工资水平的40%左右，超过了大多数国家，但中国企业在2011年的养老金替代率为42.9%，仍远低于预期的58.5%，也低于国际上50%的警戒线。鉴于社会保险缴费的累退性特点，过高的社保缴费率破坏了社会保障的收入分配调节效果，长期来看难以维持，应积极需求新的资金扩充渠道。②从支付水平看，社会保障待遇未形成稳定的调整机制。养老保险个人缴费与待遇给付之间联系不紧密，缺乏规划性的安排，职工养老保险待遇完全切断了与个人账户收益情况的联系，连年提标，机关事业单位退休人员随同调标，对养老金造成了极大的压力。医疗保险的支付方式过于单一，无法对医疗卫生支出的飞涨形成有效制衡。这就难以形成有效的激励约束机制，不利于保险基金的持续运行。

（3）**社会保障制度仍需持续扩大保障范围。**①我国人口结构的变化导致传统的家庭养老难以为继，老年人的日常照料需求逐渐在社会中显现出来，城镇化和工业化进程的深入也催生出了传统的非缴费型社会项目难以瞄准的边缘群体，例如进城农民工和失地农民等。对这些人群的保障不足加深了社会收入分配不均等程度，迫切要求加快社会福利和社会救助体系发展。②在广大农村地区，受体制、管理水平和财力等多方面因素的制约，农村社会养老保险、最低生活保障、农村医疗救助、自然灾害生活救助等制度所覆盖的人群规模还比较小，抵抗风险的能力不强。

3. **以公平可持续的社会保障体系加快收入分配改革进程**

为了充分发挥社会保障在调节收入分配、促进社会公平中的作用，应着手推动社会保障由框架搭建向综合体系建设转变。在这一过程中极为重要的是在顶层设计中秉持公平的原则，消除身份和地位的差别，在调整缴费制度和保险待遇的基础上拓展资金来源，保持发展的可持续性。逐步实现社会保障制度全国"一盘棋"，推动收入分配改革尽快取得实质性进展。

（1）在养老保险方面：①完善个人账户功能，适度提高个人账户规模和比例，增强待遇与缴费之间的关系，使基本养老金根据个人账户积累额及记账利率的变化进行调整，形成稳定的自动调整机制，逐步建立起公平有序的养老金筹集和发放机制。②推进基本养老保险"并轨运行"，机关事业单位建立与企业一致的基本养老保险制度，由单位与个人共同缴费，实行社会统筹与个人账户相结合的筹资模式，基本养老金待遇水平与本人缴费年限、缴费水平挂钩。为实现平稳过渡，可以先对机关事业单位养老保险基金单独核算管理，再逐步与企业整合。③拓宽养老金筹资渠道，增强可持续性，延长退休年龄是必然选择，也可以考虑每年将一部分国有资产收益划入职工基本养老保险基金，扩充储备基金规模，还可以寻求以增值税、消费税等广税基的税种为支撑，为养老保险基金建立新的筹资渠道。④在基金保值增值方面，应当在完善法规、严格监管、保证安全的基础上，适当拓宽基金投资渠道，从利率相对优惠的定向国债，逐步扩展到投资央行票据，信誉较好的金融债、企业债等固定收益类产品，收益率应保持在高于 CPI 的水平。⑤以提高企业年金单位缴费的所得税税前扣除比例和递延征收个人所得税等方式，鼓励以企业和个人为主体发展多样化的养老保险方式，建立多支柱的养老保险体系。

（2）在医疗保险方面：①以保大病为基础提高基本医疗保险政策范围内住院费用报销比例，在基本医疗保险之外，继续完善城乡居民大病保险制度，在医保资金本来就已捉襟见肘的情况下，首先要覆盖贫困家庭，条件成熟时再逐步向中等收入家庭扩展。同时，逐步增加纳入大病保障范围的疾病种类，加强保障措施的力度。②逐步提高职工医保、城镇居民医保、新农合筹资水平，调整职工医疗保险筹资在企业和个人之间的分配，减轻企业负担，加强个人筹资责任。③消除制度间和地区间的差异，结合新一轮财税体制改革，探索机关事业单位公费医疗向职工医保转变的路径，将职工医保、新农合和城镇居民医保提高到省级统筹，完善各项医保之间、同一制度跨区域之间的衔接办法，实现医保关系的转移接续和异地就医结算，为劳动力合理流动和地区间均衡发展提供制度基础。④改变现行的按服务付费的支付模式，全面系统地开展总额预付、按人头付费、按病种付费等多种付费方式相结合的复合付费制度改革。在推行过程中，还要完善考核评估制度和临床路径等配套制度改革，通过各项制度综合发力，实现医疗保险费用在人群中公平且高效的分配。

（3）在社会福利发展方面，应以建设覆盖全民的发展型福利社会为总体目标，随着经济发展水平变动进行动态调整。对于社会中数量越来越多的空巢、高龄老人，应逐步完善以"居家为基础、社区为依托、机构为支撑"的三位一体的社会养老服务体系，财政对符合条件的老年人按月提供补贴，用于购买社会服务。对老年照料机构发展提供税收优惠政策，随着经济水平的提高，也可以考虑按床位对养老机构进行补贴。对于社会中的残疾人，应该逐渐从保证基本生活向增强生存能力转变，发展有针对性的残疾人职业培训项目，为残疾人的就业和独立生活提供支持。

（4）在社会救助方面，要实现部门间的配合，避免制度政出多门导致救助制度挂钩太多，防止救助对象获得过多收益，反而对边缘群体不公。对于有劳动能力的人员，通过政府补贴的方式将其纳入社会保险体系中，实现社会救助与社会保险的衔接，充分发挥社会保障体系的整体保障功能。

（六）以服务业对外开放为突破口，构建科学高效平衡的开放型经济体制

改革开放是发展中国特色社会主义的强大动力。回顾 30 多年的改革开放历程，改革与开放是相辅相成、共同驱动了我国经济持续增长。改革为开放创造体制基础和内在条件，开放为改革提供经验借鉴和活力源泉。只有以服务业对外开放为突破口，构建起科学高效平衡的开放型经济体制，积极融入经济全球化，才能为我国经济长远发展再造一个"开放红利期"。

1. 以服务业开放带动新的全面开放

自从我国加入世界贸易组织（WTO）之后，我国服务业开放就显得越来越重要，服务业理所当然地成为对外开放的重中之重。2012 年，服务业吸收外资占全国实际使用外资总额的 48.2%，连续第二年超过制造业。2012 年，中国服务贸易进出口总额比 2011 年增长 12%，达到 4715 亿美元，已经成为世界服务贸易第三大国。服务业开放力度还将呈现不断提升的趋势。那么，如何扩大服务业的对外开放，并以服务业的对外开放带动全面开放的新格局呢？

（1）适应社会需求变化加快服务业全面开放。在银行、证券、保险、电信、邮政快递等生产性服务行业进一步放开市场准入，取消经营范围限制；在教育、医疗、文化等社会服务行业扩大开放试点的同时，调整服务业用地、用水、用电政策，取消不合理的收费，通过提高社会服务业对外开放程度，改善国内居民生活福利，并为在华国际居民提供生活的便利度，从而优化投资环境。

（2）积极承接离岸服务外包。离岸服务外包具有附加值大、资源消耗低、环

境污染少、信息技术承载力高等特点，发展服务外包是推动产业结构转型、经济发展方式转变的突破口。要从提高人力资本水平、加强信息基础设施、改善商务环境、降低成本等因素着手提升离岸服务外包接包能力。

（3）加快实施双边与多边自由贸易区战略。中国（海南）改革发展研究院课题组（2013）认为，在"多哈回合"受阻、发达国家急于经济复苏的背景下，推进自由贸易区谈判已成为许多国家的现实选择。该课题组建议 2~3 年内，争取与海湾合作委员会、澳大利亚、挪威、南部非洲关税同盟、韩国等国家和地区的自由贸易区谈判取得实质性突破。这些意见很值得借鉴，近期要积极创造条件实施。

2. 努力构建共赢平衡的开放型经济新体制

共赢、平衡是科学高效开放型经济新体制的基本前提。赵瑾、冯雷、于立新等（2013）认为，可以从以下四个方面着手构建共赢平衡的开放型经济新体制。

（1）深化服务贸易体制改革，实现货物贸易与服务贸易平衡。比如：建立服务贸易核心管理机构，成立国务院服务贸易发展促进委员会，统筹规划中国服务贸易发展战略及体制改革方案，扭转服务贸易多头管理的混乱局面；高度重视服务贸易的引领带动作用，发挥服务环节在提升产品附加值过程中的作用，充分发挥服务贸易的知识溢出效应，以服务贸易来提升货物贸易的技术水平和附加值；推动服务创新与技术创新相结合，做到服务贸易与货物贸易并重、服务创新与技术创新并重，既要促进服务贸易与货物贸易自身的转型升级，又要推动服务创新与技术创新两者比较优势的动态演进与有效组合，使两者的协同作用发挥最大，最终切实推动服务贸易与货物贸易平衡发展。

（2）深化进口管理体制改革，实现进口与出口之间的平衡。比如：积极推进大宗商品进口管理体制的市场化取向改革，适当放开进口经营权，严格实行资质管理，稳定进口市场秩序，着力构建大宗商品国内流通体制，与进口管理体制改革对接，在流通体制上游环节保持相对集中的经营管理模式，在中下游环节有选择地引入市场机制，鼓励竞争以提高市场效率；适度放宽或放开高端消费品进口，扩大海南省实行免税购物的品种和消费额度，条件比较成熟时选择其他省区扩大这一特殊消费政策的范围。

（3）深化加工贸易体制改革，实现加工贸易与一般贸易平衡。建议调整相关机构，在商务部设立加工贸易司。加强加工贸易企业中自主品牌和知识产权的管理，做好有关统计工作；坚持举办每年一度的加工贸易产品博览会，搭建好国内外产供销的平台。

（4）深化投资体制改革，实现"引进来"与"走出去"的平衡。比如：加快实施"走出去"步伐，实现生产要素全球范围内的调剂与配置，确立中国在新的国际分工体系中的资本输出大国地位；深化利用外资体制改革，提高利用外资质量，全面优化招商引资环境，实行更加积极主动的开放战略，推动利用外资从注重规模速度向注重质量效益转变。

三、精准谋划三大实施阶段

（一）改革时序的总体考量

全面深化经济体制改革是一个巨大的系统工程，不可能一蹴而就，但必须有明确的路线图和时间表，一些重点改革领域要在各时间节点取得预期的改革成果。只有这样，才能到 2020 年在重要领域和关键环节改革上取得决定性成果，形成系统完备、科学规范、运行有效的制度体系，使各方面制度更加成熟、更加定型。

就总体看，可对未来七年的改革分为三个时间节点，积极渐进推进各项改革：

（1）改革全面启动期（2014~2015 年）。在这个阶段全面启动改革，先易后难，为改革攻坚奠定坚实的基础。

（2）改革攻坚期（2016~2018 年）。在这个阶段，敢啃改革的硬骨头，力求破解既有既得利益的掣肘，寻求改革的最大公约数。

（3）改革全面突破期（2019~2020 年）。在这个阶段，在巩固前期改革成果的基础上，在最艰难、最关键的改革领域和环节改革上取得决定性成果，形成系统完备、科学规范、运行有效的制度体系，使社会主义市场经济制度更加成熟、更加定型。

（二）重点改革领域的时间表

1. 完善市场机制和市场体系时间表

（1）第一阶段（2014~2015 年）。这一阶段的主要任务：①积极推动并完成那些时机已经成熟且具有十分紧迫性的制度改革，特别是关键领域的制度改革；②为那些重要领域且存在困难的制度改革进行试点或创造基础条件；③持续推动那些具有基础性、长期性的制度改革。

这一阶段的主要改革措施：①在市场机制方面，推进并完成水、能源、交通通信等资源产品的价格改革，完善农产品价格形成机制，在市场形成价格的基础上推动农产品价格补贴改革，推进并完成"营改增"改革和开征房产税，制定政府购买服务清单并组织实施；推进流转顺畅的现代产权制度建设，积极发展混合所有制经济；进一步简政放权，深化行政审批制度改革，形成科学有效的权力制约和协调机制。②市场体系方面：完成对国有企业功能的准确界定，有效破除各类行政垄断，完成负面清单制定，推动工商注册制度便利化；推进市场监管体系改革，实行统一的市场监管。在总结现有土地改革试点经验的基础上，试点农村建设性用地流转改，扩大土地制度综合试点范围；完成承包地、宅基地、林地等确权登记颁证，完成对农民土地等财产的确权；推进土地利用结构优化和存量建设用地进入市场改革；实施以公平补偿为核心的征地制度改革；规范地方融资平台、扩大地方自主发债范围。

（2）第二阶段（2016~2018年）。这一阶段的主要任务：①巩固和完善前期已经取得的改革成果；②集中精力攻坚克难推动并完成各类重要领域的制度改革；③继续着力推进那些基础性、长期性的制度改革。

这一阶段的主要改革措施：①在市场机制方面，重点突破政企和政资分开为主要内容的改革；打造完成平等使用资金、土地等生产要素和公平公正的竞争环境；健全协调运转、有效制衡的公司法人治理结构；继续简政放权，完善权力制约和协调机制。②在市场体系方面，冲破阻力开征遗产税，并完成财权与事权相适应的财税制度改革，完成农村建设性用地流转改革和户籍改革，推动城乡发展一体化，完成国有资本运营公司的组建工作，彻底破除各类行政垄断。重点形成城乡统一的土地市场；探索国有土地资本化经营模式；建立土地财产税制度，形成新的土地增值收益分配机制；形成多渠道的地方政府融资体系。

（3）第三阶段（2019~2020年）。这一阶段的主要任务：①巩固并完善前期实施的各项改革特别是重要领域的制度改革；②彻底完成那些具有基础性、长期性的制度改革；③从整体和全局审视检验既有的制度改革，并适当调整使之形成一个系统完备、运行有效的制度体系。

全面完成期的主要改革：完成以简政放权为主要内容的政府职能改革，健全和巩固权力约束和协调机制；完成各类价格形成机制改革；完成国有产权制度改革；建设成熟的竞争有序的市场体系，是使市场在资源配置中起决定性作用的基础；审视和检验体制改革的效果，调整部分改革措施，形成一个科学规范的制度体系。基本确立两种土地所有制权利平等、市场统一的现代土地制度和以规划和用途管制为手段的现代土地管理体制。

2. 深化财税体制改革时间表

财税体制改革牵一发而动全身，必须积极有序、分阶段、分步骤推进。

（1）第一阶段（2014~2015年）。这一阶段，要以税制改革为契机，以改进预算管理为突破，拉开财税体制改革的大旗。

通过部分税种改革，比如全面铺开营业税改征增值税、加快资源税改革、调整消费税征收范围、清理过多过滥的税收优惠特别是区域性税收优惠措施，优化税制，公平税负，稳定宏观税负。

作为财政制度的核心内容，预算管理体制改革宜早启动。这个阶段的预算管理制度改革的重点是要实施全面规范、公开透明的预算制度，清理规范重点支出同财政收支增幅或生产总值挂钩事项，一般不采取挂钩方式。清理、整合、规范专项转移支付项目，逐步取消竞争性领域专项和地方资金配套，严格控制引导类、救济类、应急类专项，对保留专项进行甄别，属地方事务的划入一般性转移支付。

（2）第二阶段（2016~2018年）。这一阶段，要继续深化税制改革，加快房地产税立法并适时推进改革，基本建立起以财产税为主的地方税体系。逐步建立综合与分类相结合的个人所得税制。基本完成消费税改革，调整消费税征收范围、环节、税率，把高耗能、高污染产品及部分高档消费品纳入征收范围。建立规范合理的中央和地方政府债务管理及风险预警机制。

继续推进预算管理体制改革，完善一般性转移支付增长机制，中央出台增支政策形成的地方财力缺口，原则上通过一般性转移支付调节。合理界定中央和地方政府的事权和支出责任，基本建立事权和支出责任相适应的制度，依据中央和地方事权和支出责任的动态变化，适时适度调整中央和地方收入划分。

（3）第三阶段（2019~2020年）。按照财权、财力与事权相匹配的原则，基本建成现代财政制度，为促进社会公平、实现国家长治久安提供制度保障，充分发挥中央和地方两个积极性。

3. 健全金融体制改革时间表

从改革的内在逻辑来看，未来的金融改革应采取国内改革优先对方开放的原则，首先推进利率市场化和金融机构改革，同时逐步扩大人民币汇率浮动区间，最后有序推动人民币资本账户的开放。

（1）第一阶段（2014~2015年）。这一阶段的主要任务：尽快推进存款保险制度，至 2015 年基本建成为覆盖广泛的强制性存款保险制度。存款利率市场应遵循"先长期、大额；后短期、小额"的原则，首先以市场化定价的可转让大额存单为突破口推进存款利率市场化，并减少受监管的存贷款利率数量，最终在 2016 年前后取消存款利率限制，实现以基准利率为参考的利率自由定价。按照"负面清单"的准入制度和扩大服务业开放的要求，为各类投资主体准入提供公平竞争的市场环境，在加强监管的前提下，允许具备条件的民间资本依法发起设立中小型银行等金融机构。

利率市场化又可按"三步走"目标推进。①近期，着力健全市场利率定价自律机制，提高金融机构自主定价能力，做好贷款基础利率报价工作，推进同业存单发行与交易，逐步扩大金融机构负债产品市场化定价范围；②近中期，注重培育形成较为完善的市场利率体系，完善央行利率调控框架和利率传导机制；③中期，全面实现利率市场化。

（2）**第二阶段（2016~2018 年）**。这一阶段的主要任务：以利率市场化改革为基础，人民币汇率应向着更具弹性的汇率制度调整，在 2018 年前后使人民币汇率能够根据市场供需自行调整，建成具有充分弹性的浮动汇率制度。发展普惠金融，适度放宽市场准入，支持小型金融机构发展。减少外汇管理中的行政审批，从重行政审批转变为重监测分析，从重微观管制转变为重宏观审慎管理，从正面列表转变为负面列表。

（3）**第三阶段（2019~2020 年）**。这一阶段的主要任务：谨慎对待资本项目开放进程，依据利率和汇率改革的进展情况，逐步放松对资本项目的管制并稳步扩大人民币境外使用范围，至 2020 年基本实现人民币的自由可兑换。转变跨境资本流动管理方式，以便利企业走出去。提升个人资本项目交易可兑换程度，进一步提高直接投资、直接投资清盘和信贷等可兑换便利化程度，在有管理的前提下推进衍生金融工具交易可兑换。

4. 国有企业改革时间表

国有企业改革千头万绪，许多方面都期待取得实质性进展。比如，国有企业从一般竞争性领域退出、健全公司法人治理结构、完善现代企业制度、鼓励非公有制企业参与国有企业改革，积极发展国有资本、集体资本、非国有资本等交叉持股、相互融合的混合所有制经济等。这些改革很难以精确的阶段划分，可能贯穿这七年改革的全进程。但国有资本收益上缴比例如何调整，在哪个时间节点调整到一个什么样的比例，是可以有一个具体时间节点的。

2010 年财政部发布《关于完善中央国有资本经营预算有关事项的通知》，从

2011 年开始将中央国有企业划分为四类，并相应地调整国有资本收益上缴比例，第一类资源类企业上缴比例由 10% 提高到 15%；第二类竞争类企业上缴比例由 5% 提高到 10%；第三类军工科研类企业上缴比例为 5%；中国储备粮管理总公司和中国储备棉管理总公司两家作为第四类企业免缴；烟草行业由于行业的特殊性从第一类企业中划出单列，上缴比例从 15% 提高到 20%。随着全面深化改革进程的深入，必须结合国有资本布局的优化调整，调整完善企业分类名录，并分三阶段稳步提高国有资本收益上缴比例。在形成科学稳定的国有资本收益上缴机制的基础上，预计到 2020 年将国有资本收益的平均上缴比例稳定在 30% 左右。

（1）**第一阶段（2014~2015 年）**。在适当扩充企业分类名录基础上将国有资本收益上缴比例普遍上调 5%。其中，第一类资源企业提高至 20%~25%；第二类垄断竞争性企业比例为 15%~20%（从原第二类企业中划出）；第三类一般竞争性企业比例为 10%~15%（从原第二类企业中划出）；第四类军工科研类企业仍为 5%；第五类政策性公司暂缓 3 年上缴或免缴；第六类烟草行业作为限制类行业可直接提高至 30%。

（2）**第二阶段（2016~2018 年）**。伴随国有资本布局的深入调整，完善企业分类名录，允许企业根据所处市场环境调整至其他分类；并将国有资本收益上缴比例普遍上调 5%~10%。其中，第一类资源性企业提高到 25%~30%，石油石化可率先提高到 30%；第二类垄断竞争性企业比例提升至 20%~25%；第三类一般竞争性比例提升至 15%~20%；第四类军工科研类企业提升至 10%~15%；第五类政策性公司提升至 5%~10%；第六类烟草行业进一步提高到 35%。

（3）**第三阶段（2019~2020 年）**。根据国有资本布局的调整成果，形成更加合理稳定的国企分类名目；并将国有资本收益的平均利润上缴比例稳定在 30%。其中，第一类资源性企业平均水平稳定在 30%，部分行业可以更高；第二类垄断竞争性企业比例提升至 25%~30%；第三类一般竞争性企业比例提升至 20%~25%；第四类军工科研类企业提升至 10%~15%；第五类政策性公司提升至 10%；第六类烟草行业提高到 40% 或更高。

5. 收入分配和社会保障制度改革时间表

（1）**第一阶段（2014~2015 年）**。这一阶段的主要任务：适度提高养老保险个人账户比例，强化个人账户功能，逐渐形成待遇和缴费之间稳定的自动调节机制；探索机关事业单位并入基本养老保险制度的方法与路径，在过渡阶段实行单独核算管理，保证机关事业单位职工退休后待遇不发生过大变动；在保险精算的基础上，统筹考虑社会承受能力和劳动力市场发展，研究延迟退休年龄的方法与步骤；拓宽养老基金投资渠道，由定向国债向信誉较好的金融债、企业债等固定收益类产品扩展，收益率保持在高于 CPI 的水平；在基本养老保险的基础上，鼓励以企业和个人为主体发展多样化的养老保险方式；加快医疗保险缴费信息系统建设，提高职工医保、新农合、城居保统筹层次；加大社区老年服务体系建设投入，增加社区的养老服务能力储备。

（2）第二阶段（2016~2018 年）。这一阶段的主要任务：实现基础养老金的全国统筹，中央政府负责基础养老金和个人账户养老金的发放，承担弥补基本养老金收支缺口责任，经办机构和人员一并上划；以精算平衡原则实现社保基金的自给自足，划清其与财政的边界；在降低企业养老保险统筹账户筹资负担的同时，探索建立以广税基的税种为支撑的养老保险基金筹资新渠道；在机关事业单位中全面推行基本养老保险制度，并在缴费比例和待遇水平方面向企业靠拢；在全国范围内推行渐进的延迟退休年龄政策；以税收优惠政策促进社会中广泛形成多种养老保险模式共同发展的养老保险体系；改革医疗保险支付方式，维护医保基金支出的公平性和可持续性；建立并完善各项医保之间、同一制度跨区域之间的衔接办法，实现异地就医结算；提高养老机构的管理和护理水平，承接社区，构成完整的养老服务体系，缓解医疗机构压力。

（3）第三阶段（2019~2020 年）。这一阶段的主要任务：实现基本养老保险制度在机关事业单位和企业之间的整合，建立统一的职工基本养老保险；逐步做实养老保险个人账户，增强养老金筹集和发放机制的公平性；建成多支柱的养老保险体系；实现社会保险关系的跨地自由转移和接续，形成全国统一的基本社会保险体系；形成以居家为基础、社区为依托、机构为保障的多层次全方位的社会化养老服务体系。

6. 构建开放型经济新体制时间表

改革开放以来，我国涉外经济体制改革迈出坚实步伐，初步建立了符合自身国情和世界贸易组织规则的开放型经济体制。但总体看，涉外经济体制改革进展不平衡，外贸体制改革更深入一些，利用外资和对外投资体制改革相对滞后；沿海地区开放型经济体制比较成熟，内陆地区相对滞后；企业改革步伐较快，政府职能转变和中介组织建设相对滞后。在未来的七年时间里，要构建起开放型经济新体制，必须积极渐进、分步推进。

（1）第一阶段（2014~2015 年）。这一阶段的主要任务：放宽外商投资市场准入，重点是推进金融、教育、文化、医疗等服务业领域有序开放，放开育幼养老、建筑设计、会计审计、商贸物流、电子商务等服务业领域的外资准入限制。

创新利用外资管理体制，最大限度地减少和规范行政审批，纠正"重事前审批、轻事后监管"的倾向，赋予各类投资主体公平参与市场竞争的机会，加速推进上海自由贸易试验区建设，特别是要加大金融对上海自贸区的支持力度，积累经验，稳步试点。抓紧打造中国—东盟自由贸易区升级版，进一步提升区内贸易投资自由化、便利化水平；积极推进中韩、中日韩、中澳（大利亚）、区域全面经济伙伴关系（RCEP）等自由贸易协定谈判，推动亚太经济一体化进程。扩大内陆地区对外开放。创新内陆加工贸易模式。推动内陆沿海沿边通关协作，实现口岸管理相关部门信息互换、监管互认、执法互助，扩大"属地申报、口岸放行"等改革试点，使内陆地区货物进出口逐步实现"一次申报、一次查验、一次放行"，提高口岸通行效率，降低通关成本。加快沿边开放，与相关国家共同建设"丝绸之路经济带"和"21 世纪海上丝绸之路"。

（2）第二阶段（2016~2018 年）。这一阶段的主要任务：在试点的基础上，选择若干具备条件的地方发展自由贸易园（港）区，为在全国推行这种管理模式积累经验。深化对外投资管理体制改革，放宽对外投资的各种限制，允许企业和个人发挥自身优势到境外开展投资合作，允许自担风险到各国各地区自由承揽工程和劳务合作项目，允许创新方式"走出去"开展绿地投资、并购投资、证券投资、联合投资等。统筹推进内陆地区国际大通道建设。加快建设面向东南亚、中亚、欧洲等地区的国际物流大通道，支持内陆城市增开国际客货航线，发展江海、铁海、陆航等多式联运，形成横贯东中西、联结南北方的对外经济走廊。改革行业商（协）会管理体制，把本不属于行政范畴的职能还给商（协）会，政府可以通过购买服务等多种途径予以支持。

（3）第三阶段（2019~2020 年）。这一阶段的主要任务：巩固和落实前期改革成果，积极参与和引领国际规则和标准制定，增强我国在国际经贸规则和标准制定中的话语权，在改革创新中培育参与和引领国际经济合作竞争新优势，在全球经济治理中发挥越来越重要的作用。

参考文献

［1］《中共中央关于全面深化改革若干重大问题的决定》，2013 年 11 月 12 日中国共产党第十八届中央委员会第三次全体会议通过。

［2］国务院批转发展改革委等部门：《关于深化收入分配制度改革若干意见的通知》（国发〔2013〕6 号）。

［3］国务院：《关于加快发展养老服务业的若干意见》（国发〔2013〕35 号）。

［4］国务院：《中国（上海）自由贸易试验区总体方案》，2013 年 9 月 27 日。

［5］周小川：《全面深化金融业改革开放　加快完善金融市场体系》，中国人民银行网站，2013 年 12 月 2 日。

［6］楼继伟：《详解财税体制改革思路》，新华网，2013 年 11 月 26 日。

［7］陈清泰：《自主创新和产业升级》，北京：中信出版社，2011 年 6 月。

［8］杨伟民：《全面深化改革的十大看点》，新华网，2013 年 11 月 15 日。

［9］厉以宁：《寻求国有资本配置新体制》，《中国社会科学报》，2013 年 5 月 9 日。

［10］吴敬琏、马国川：《重启改革议程:中国经济改革二十讲》，北京：三联书店，2013 年。

［11］林毅夫、蔡昉、李周：《现代企业制度的内涵与国有企业改革方向》，《经济研究》，1997 年第 3 期。

［12］张卓元：《中国国有企业改革三十年：重大进展、基本经验和攻坚展望》，《经济与管理》，2008 年第 10 期。

［13］高培勇：《财税体制改革应继续领跑全面改革》，《中国财经报》，2012 年 12 月 11 日。

［14］夏杰长、李勇坚：《深化我国服务业体制改革的战略思考》，《中共中央党校学报》，2013 年第 8 期。

［15］倪鹏飞等：《新型城市化：大国特征、结构效应与战略抉择》，中国社会科学院创新工程研究报告，2013 年 11 月。

［16］张祥：《转型与崛起：全球视野下的中国服务经济》，北京：社会科学文献出版社，2012 年。

［17］杨志勇、张斌：《财政体制改革战略研究》，研究报告，2013 年。

［18］赵瑾、冯雷、于立新：《深化涉外经济体制改革，实现多元平衡发展战略》，研究报告，2013 年。

［19］依绍华：《流通体制改革思路与对策》，《财贸经济》，2013 年第 5 期。

［20］中国（海南）改革发展研究院课题组：《改革跑赢危机的行动路线》，《经济参考报》，2013 年 6 月 17 日。

专题报告

专题一　深化我国财税体制改革的战略思路与实施建议

杨志勇　张　斌

　　1994 年，中国进行了一场影响深远的财税体制改革。这一改革奠定了当今财税制度的基本框架，为 20 年中国经济社会发展打下了坚实的基础，也创造了新中国成立以来财税制度基本保持稳定的时间纪录。改革开放已进行了 35 年，中国经济社会发展进入了新阶段，国内外经济社会形势的发展，决定着中国财税制度亟须一次根本性的改革。

一、财税体制改革的历史回顾

（一）1994 年以来的分税制财政体制改革

　　1994 年，中国财税体制进行了重大调整，全国统一实行分税制的财政体制①。分税制的原则和主要内容是："按照中央与地方政府的事权划分，合理确定各级财政的支出范围；根据事权与财权相结合的原则，将税种统一划分为中央税、地方税和中央地方共享税，并建立中央税收和地方税收体系，分设中央和地方两套税务机构分别征管；科学核定地方收支数额，逐步实行比较规范的中央财政对地方

---

　　① 1994 年通过的《中华人民共和国预算法》也明确规定国家实行分税制。

的税收返还和转移支付制度；建立和健全分级预算制度，硬化各级预算约束。"①
1994 年以后中国分税制财政体制改革的进展如下：

1. 财政转移支付制度的逐步规范化

1995 年《过渡期转移支付办法》出台，旨在不触动地方既得利益的条件下，通过增量改革的方式，由中央财政安排一部分资金，按照相对规范的办法，解决地方财政运行中的主要矛盾，并体现向民族地区倾斜的政策。1996 年和 1997 年，"过渡期转移支付办法"进一步规范化。中国改进了客观性转移支付的计算办法，以"标准收入"替代"财力"因素。标准收入的测算方法尽可能向"经济税基×平均有效税率"的规范做法靠近。1998 年，在保持过渡期转移支付办法总体框架的情况下，标准化收支的测算面进一步扩大，并针对财政数据口径的变化，对部分项目的测算方法进行了改进，标准收支测算结构日趋合理（项怀诚，1999）。2002 年开始，原来的过渡期转移支付概念不再沿用，为"一般性转移支付"所取代。一般性转移支付虽针对的是转移支付增量部分所进行的，没有从根本上改变财政转移支付制度的非规范性。但随着现实中中央政府将因制度调整的新增收入用于补助中西部地区和财政困难地区的举措经常化，财政转移支付制度的规范化程度正在逐步得到提高。2009 年，"财力性转移支付"改称"一般性转移支付"，原"一般性转移支付"改称"均衡性转移支付"。

此外，与各种改革措施相配套以及服务于特殊政策目标的专项转移支付制度也在发挥作用，并在不断的完善当中。

2. 税收分享改革

第一，所得税分享改革。2002 年，中国进行了所得税分享改革。中央保证各地区 2001 年地方实际的所得税收入基数，实施增量分成。企业所得税和个人所得税成为分成式共享税。2002 年，所得税收入中央与地方各分享 50%；2003 年之后，中央分享 60%，地方分享 40%。按照企业行政隶属关系划分企业所得税带来的行政干预弊端因此也逐渐减少。

第二，出口退税中央和地方负担比例的调整。2005 年出口退税中央和地方负担比例改为 92.5:7.5。地方负担部分出口退税，减轻了中央财政的负担。

第三，证券交易印花税中央和地方分享比例的调整。这一比例现已从 1994 年中央和地方（上海市和深圳市）各分享 50% 调整为现在的中央分享 97%，地方

---

① 《国务院关于实行分税制财政管理体制的决定》（国发〔1993〕85 号文）。

分享 3%。

3. 省级以下财政体制改革

1994 年改革方案未对省级以下财政体制建设作统一规定。各地根据当地情况，设计适合本地特点的财政体制。这种做法有利于多种财政体制之间的竞争，最终有助于形成符合各地情况的省级以下财政体制。

财政体制的"省直管县"和"乡财县管"改革在积极的探索之中。这种改革突破了一级政府一级财政的做法，对于减少财政级次，推进财政体制扁平化，提高财政体制效率，有着积极意义。

（二）1994 年以来的税制改革

为适应社会主义市场经济体制改革的需要，配合分税制财政体制改革的进行，1994 年中国进行了税制改革。这次改革全面确定了增值税在税制体系中的地位，统一了内资企业所得税制和个人所得税制；新的流转税制统一适用于内资企业、外商投资企业和外国企业（以下简称外资企业），取消对外资企业征收的工商统一税。改革之后，税制结构趋于合理。

1994 年以来的中国税制改革的主要内容有：

1. 所得税制改革

2008 年，中国实现了内外资企业所得税制的统一。新企业所得税制下，企业不分内外资，适用同一套税制，税率统一为 25%，内资企业获得了与外资企业公平竞争、共同发展的机会。新税制统一了税前扣除标准。从长远来看，新企业所得税法的实施有利于中国引进外资结构的转变，有助于提高引进外资的质量和水平。

1994 年税制改革之后，个人所得税制作了多次微调，如三次提高工资薪金所得减除费用标准、开展个人自行纳税申报工作等。

2. 货物和劳务税制改革

2009 年，中国实现了增值税的初步转型，即从生产型转为消费型。这对于进一步发挥增值税的中性作用有着重要意义，机器设备所含税金作为进项税额可得到抵扣，大大减轻了税负。2012 年，中国又开始实行营业税改征增值税（"营改增"）试点。随着"营改增"范围的扩大，增值税的中性税种作用将得到进一步发挥。这无论是对税制完善，还是经济结构的优化，都有着积极意义。

2006 年和 2008 年，中国消费税政策经历了两次调整。2006 年 4 月 1 日，中国对消费税税目、税率及相关政策进行了调整：新设税目"成品油"、"实木地板"以及大排量汽车大幅增税等发挥了税收在促进资源合理配置中的积极作用；新增高尔夫球及球具、高档手表、游艇等税目；从税目中剔除护肤护发品等已属于大众消费品范畴的商品。2008 年 9 月 1 日，中国又对汽车消费税作了调整[①]，以促进节能减排政策目标的实现，提高大排量乘用车的消费税税率，降低小排量乘用车的消费税税率。

1994 年以来，税制改革时所强调的出口退税零税率制度被财政因素和宏观经济政策所打破，出口退税率调整较为频繁。

此外，1998 年，中国开始农村税费改革试点。2000 年，农村税费改革在全国展开。2006 年，中国取消了农业税和农业特产税（保留烟叶税），向建立统一的城乡税制迈出了坚实的一步。另外，中国还对金融行业营业税制、资源税制等作了调整。

（三）财政与国有经济改革

财政与国有经济改革紧密联系。改革之初，国营企业财务是国家财政的基础。财政改革从对国有企业扩权让利开始。国有企业改革的每一步都与财政关系密切，国有企业利润分配就是其中重要的问题之一。从国有企业改革到国有经济战略性改组，财政制度改革伴随左右。

1. 税利分流和建立现代企业制度

1994 年，中国进行了税利分流改革，并致力于建立现代企业制度。税利分流是在"利改税"的基础之上，降低企业所得税率并取消调节税，实行不同形式的税后利润分配方案，并改所得税"税前还贷"为"税后还贷"。税利分流体现了国家的社会管理者职能与国有资产所有者职能的分离，有利于政府与国有企业分配关系的进一步规范[②]。

2. 国有经济的战略性改组

国有企业改革问题不能仅从国有企业个体的角度来探寻解决办法。问题形成原因是多方面的[③]，但最直接的原因是"有限的国有资本支撑过于庞大的国有经

[①] 财政部、国家税务总局：《关于调整部分乘用车进口环节消费税的通知》（财关税〔2008〕73 号）。

[②] 当然，这种思路也不是什么问题都没有。周小川和杨之刚（1991）就指出，税利分流改革还只是一种缺损型的改革思路，因为这种改革解决了税收分配问题，但没有从根本上解决税后利润的分配问题。

[③] 例如，市场经营环境的变化会给包括国有企业在内的各种各样的企业带来问题。对于市场中存在的非国有企业而言，如果无法经营，它们就只好破产倒闭，不在市场中活动。国有企业则不同，在很长一段时间内，经济绩效表现不好的国有企业不能关闭，也导致了国有企业问题的累积。

济盘子"（吴敬琏，2004）。国有经济战略性改组正是在这种看法的支撑下提上了议事日程。

近年来，国有经济布局和结构调整取得明显成效。国有企业在经济效益快速提升的同时，对经济社会发展的贡献进一步显现。国有经济的战略性改组思路，已经跳出就国有企业谈论国有企业问题的窠臼，改革思路更加开阔。国有企业的主导作用不再是提供财政收入，而是对整个国民经济的调控作用。未来国有经济改革仍面临着财政的公共化（现代化）与国有经济布局调整方向确定的挑战。

（四）政府预算改革

1994 年 3 月 22 日，全国人大八届二次会议通过《中华人民共和国预算法》，并从 1995 年 1 月 1 日起施行。预算立法已由行政法规上升到法的层面，加强了人大对政府预算行为的监督和制约。

1. 部门预算改革和国库集中收付制度改革

政府预算制度是国家财政最为核心的内容，相关改革难度最大。2000 年，中央部门所有的一级预算单位都试编了部门预算，其中教育部、农业部、科技部及劳动和社会保障部 4 个部门预算提交全国人大审议。部门预算改革提出了大预算原则，将预算内收支、预算外收支、基金预算收支全部纳入部门预算编制范围。预算编制初步细化，预算编制时间提前，预算工作的主动性得到加强。2001年，中央财政启动国库集中收付制度改革，建立以国库单一账户为基础、资金缴拨以国库集中收付为主要形式的国库管理制度。政府采购制度从 1996 年开始试点。1998 年，政府采购工作开始全面试点，之后大力推行。政府采购规模逐年扩大。

2. 政府收支分类改革

2007 年政府收支分类改革，是收支分类调整幅度最大的一次改革。改革旨在更好地对政府收入和支出进行分类，提高预算透明度。主要内容有三个方面：第一，建立新的政府收入分类。收入分类反映政府收入的来源和性质。第二，建立支出的功能分类。支出功能分类反映政府各项职能活动。第三，建立支出的经济分类。支出经济分类反映各项支出的经济性质和具体用途。通过分类，再结合部门资金使用情况，能够准确反映财政资金的来龙去脉以及资金走向。政府收支分类涉及整个政府预算的编制执行以及预算单位会计核算的全过程，是财政管理的一项非常基础性的工作，直接决定着财政透明度的高低。

从总体上看，政府预算透明度有待进一步提高，部门预算改革还有待进一步加快，公共财政预算、政府性基金预算、国有资本经营预算、社会保险基金预算之间的联系还有待加强，公共财政预算的主导地位还需要突出。国库集中收付制度还需要国家金库制度改革的配合。

二、现行财税制度存在的问题

（一）财税制度自身的可持续性遭遇挑战

1994 年财税体制改革确定的"提高两个比重"（提高财政收入占 GDP 比重和提高中央财政收入占全国财政总收入比重）的目标早已实现，财政调控能力特别是中央财政的调控能力已大幅度增强。国家之所以能够相对平稳地应对亚洲金融危机和国际金融危机，与财税改革奠定的基础不无关系。但是，地方财政财权和财力相对不足的问题，也一直在困扰着地方政府，在一定程度上也扭曲了地方政府的行为。特别是地方发展资金的匮乏与土地实质上的地方所有制相互配合，直接推动了以"卖地"收入为主要内容的土地财政的形成。当前房地产调控的僵局与此也不无关系。地方政府性债务规模居高不下所隐含的财政风险也与房地产市场有着密切的关系。要从根本上防范地方财政风险，土地财政模式亟须转变。这就要求有对应的分税制财政体制改革。

1994 年财税改革形成了财政收入稳定增长机制。但时至今日，财政收入的恢复性上涨已告一段落。财政支出压力上升与财政收入增长乏力并存，本身就是财政风险的体现。这亟须进一步合理界定政府与市场的关系。政府如何从市场取得税收收入、非税收入、政府性基金，国有资本收益如何分配，财政支出如何进行，都会直接影响政府与市场关系的规范化，影响市场在资源配置中决定性作用的发挥。35 年的经济增长奇迹，仍未改变中国作为发展中国家的现实，也未改变社会主义初级发展阶段的国情。未来十年，发展仍是国家的重要使命。财税改革可以为十年经济增长带来新动力，促进经济再上新台阶。财税改革不仅仅是财税制度可持续性的要求，同时也是规范政府与市场关系的需要。

（二）新"四化"建设对财税改革提出了新要求

工业化、信息化、城镇化和农业现代化（新"四化"）需要政府力量的支持，需要财税改革的支持，需要相匹配的财税制度。建立与新"四化"相匹配的财税制度，这绝不能简单地理解为财政资金的投入或者税收的优惠。新"四化"的推动过程，同时是经济结构的优化过程，是社会发展水平不断提高的过程。工业化和信息化程度的高低直接决定着经济增长质量。城镇化不仅能为未来多年中国经济发展提供新动力，还是缩小城乡差距、推动城乡一体化的重要举措。"三农"问题的解决需要在新"四化"背景下统筹进行。农业是国民经济的基础，但是，农业生产率亟待提高，农业现代化才能把更多的农村劳动力从农业中释放出来。在新"四化"实现过程中，财税制度改革需综合配套，科学设计，来为新"四化"提供推力和保障。

中国还需注意增长红利的全民共享问题。没有形成一个社会共享经济增长红利的合理机制，就没有社会发展，经济增长势必难以持续。跨越"中等收入陷阱"是新"四化"推动过程中必须面对的问题。摆脱这个陷阱，同样需要财税制度支撑，仅从经济视角来看财税改革是不够的。财税改革的深化不能忽视社会发展新动力的形成。

（三）政府改革的加快需要财税改革的跟进

财政是国家治理的基础和重要支柱。政府改革进程的加快，需要财税改革的跟进。政府改革如无财税改革的配套，一些改革措施就可能无法进行下去，财政透明度就是其中一个重要方面。财政透明度建设过程，是财政监督力度增强的过程。随着财政透明度的提高，行政管理体制和政治体制改革都会水到渠成。财政收支代表政府活动，财政收支行为的规范化，意味着政府行为的规范化。财税改革必然要不断地突破既有制度约束，推动政府行为的进一步规范化，推动行政管理体制和政治体制改革新动力的形成。

（四）全球化对财税改革提出了新要求

开放的中国既可以收获全球化红利，也必须面对更多的国际竞争。全球化意味着一国财税制度的选择不能只考虑自身因素。立足国情固然必不可少，放眼世界创新制度也不可或缺。

传统税收理论认为，发展中国家只能选择以间接税为主的税制结构，这种看法正遭遇全球化的挑战。间接税高税负不仅难以保证发展中国家获得高税收收入，反而可能导致税源流失。

财税国际竞争力是国家竞争力的有机组成部分。有竞争力的财税制度，必然与高效率政府相匹配，必然与政府以尽可能低的成本提供优质公共服务相呼应，即一方面公共服务好，另一方面税负又尽可能低。资本和人才竞争力的高低也与财税制度密切相关。较重税负不仅会导致税源转移和税收流失，且不利于宏观经济稳定。过重的个人所得税，会导致一部分税收居民外迁，更重要的是，可能使国家在全球人才竞争中处于不利地位。国际税收竞争意味着财税改革不能墨守成规。恶性国际税收竞争自然应该反对。合作的世界要求良好国际税收竞争秩序的形成，要求各国加强国际税收事务的合作与协调。全球化还要求一国财政政策的选择要注意国际间的协调，而协调的基础应当是与规范的市场经济相适应的现代财政制度（公共财政制度）。

三、财税体制改革方案设计

（一）财税改革的总体目标

财税改革的目标是建立与成熟的社会主义市场经济体制相适应的现代财政制度（公共财政制度）。财税改革担负着国家治理现代化和国家发展的重要历史使命，需要不断地为经济增长和社会发展提供新动力。改革已经进行了 35 年，社会发展更需要制度的稳定性预期。改革应有时限，不能无休止地进行下去。财税改革也不例外。财税改革目标实现后，政府与市场关系应真正规范化，政府内部的资源配置应进一步优化，现代财政制度（公共财政制度）应从此进入稳定期。

（二）再造政府收入体系，优化税制结构，形成合理的政府收入体系

1. 税制结构应从以间接税为主逐步转向以直接税为主

经济全球化决定了传统的发展中国家的税制结构以间接税为主的认识需要转变。中国税收收入中，仅增值税、消费税、营业税和关税四种间接税占税收总收

入的比重就超过了70%。所有这些税收，都会通过税负转嫁的形式，对物价产生影响。增值税是中国第一大税种，提供了超过40%的税收收入。亚太地区的增值税税率一般为5%或10%。中国增值税基本税率为17%，在亚太地区属于较高水平。此外，中国在普遍征收增值税的基础上对部分商品课征消费税。这种选择性的消费税征收范围较广，税率较高，进一步提高了不少商品的实际售价中所含的税收比例。在经济全球化背景下，人员境内外流动频繁，境外购物机会大量增加，直接导致海外购物、网络购物、海外代购的流行，结果是居民消费增加了，但都发生在境外，变成了其他国家或地区的外需，扩大内需的政策目标反而更难实现。因此，中国需要降低间接税比重，以进一步优化税制结构。

以直接税为主的税制结构实现方式有多种。基于当前税负状况，提高直接税名义税负之路不宜选择。实际上，如果仅仅是改变税制结构，那么降低间接税比重，直接税比重自然就会相应上升。如果直接税征管条件改善，在不提高直接税名义税负的前提下，直接税也有上升的空间。

2. 在增值税制再造的基础之上，稳步推进"营改增"

间接税内部结构也需要优化。与营业税相比，消费型增值税更加中性，不会带来重复征税。"营改增"试点工作（交通运输业和部分现代服务业）已按行业推向全国。现行增值税制的基本框架是1994年改革确立的，之后经历了生产型增值税向消费型增值税的转型。但转型还不够彻底，能够用于抵扣的固定资产进项税额范围有限。现行增值税制还不是真正意义上的消费型增值税，除了机器设备外的大部分固定资产所对应的进项税额还不能扣除，这在很大程度上妨碍了增值税中性作用的发挥。基本税率选择17%，与当时国家扭转财力困局有密切关系，现在国家财力状况已发生变化。现行增值税制主要是适应制造业发展需要而设计的。为此，"营改增"更需要增值税制的再造。"营改增"试点行业新设11%和6%两档税率，也导致增值税税率过多，影响中性作用的发挥。

（1）科学评估"营改增"试点效果。2012年是营业税改征增值税（"营改增"）试点的第一年，涉及上海、北京、江苏等九省市102.8万户试点纳税人。"营改增"既是税制完善的需要，客观上也具有减税效果，试点地区共为企业直接减税426.3亿元，整体减税面超过90%。以中小企业为主体的小规模纳税人所获得的减税力度较大，平均减税幅度达到40%。"营改增"减税效应已得到发挥。

"营改增"受各地欢迎，有"税收洼地"因素，因此，不能仅仅因为愿意加入试点的地区越来越多，就对试点效果给出不太恰当的评价。试点是在不增加税负的前提下进行的，降低了试点行业中多数企业的税负。资本因此流入先行试点地区。先行试点地区得到更多的业务和资本，实际上不一定要真正付出税收减少的代价。只要试点尚未在全国铺开，那么先行试点地区就会得到或多或少的额外收益。其他地区为了减少先行试点地区税源吸纳的损失，最优策略是积极跟进试点。但是，当全国铺开试点之后，这种效应就会消失。对先行试点地区是正和博弈，而对于全国普遍试点来说，负和博弈的出现也未尝不可能。

评估"营改增"试点效果，还需测算减税规模。这不仅要看试点行业减了多少税，还要看增值税一般纳税人可以通过试点行业所提供的增值税专用发票增加了多少进项税额。前者测算的是试点地区所付出的直接成本；后者测算的就不局限于试点地区，因为其他地区也可据以抵税。只看试点地区的减税规模，那么改革的成本就有可能少计。非试点地区也要付出减税代价，这直接促使它们跟进改革。

"营改增"影响经济结构。先行试点地区试点行业税负相对较轻，可以吸引更多的投资者，从而促进产业升级。从总体上看，"营改增"有助于经济发展方式的加快转变。但对试点效果的评估需要慎重。不能简单地用一个地区或几个地区的试点数据来判断试点可在多大程度上促进经济结构优化。受税收洼地消失影响，地区数据外推全国数据，可能会出现错误。

（2）"营改增"扩大试点的冲击需全面认识。"营改增"试点必然会对既有的增值税制带来冲击。试点采取了一些过渡性办法来应对，以减轻试点所可能带来的税负上升。为税负上升试点企业提供税收返还或其他财政补贴，需判断企业税负是否真正上升。企业税负上升如仅仅以短期税负变化来判断，则可能导致不同时期税负分布不均的企业实际税负较轻，带来新的税负不公平问题。况且，税收征管附带税收返还或财政补贴也不应是正常税制运行的表现。

少数行业的企业可以自主选择是否适用小规模纳税人管理办法，以保证试点后税负不上升。这的确可以做到企业税负不上升。但如此下去，增值税制所强调的征管链条完整性的问题就无法解决。而且，如果只是要降低企业税负，营业税税率下调同样可以降低不进行"营改增"试点企业的税负。试点似有"绕远路"之嫌。

增值税征管较为规范。这决定了即使名义税负不变，一些中小企业的实际税负也可能上升。"营改增"试点至少不应影响中小企业发展。征管的规范可以保证纳税人税负公平，这只能通过降低税率来加以解决。

全面试点之后，试点地区还能否承受减税负担就是一个必须面对的问题。特别是中西部地区本来财力就较为紧张，能否承受减税负担是必须考虑的问题。

"营改增"后各行业税负应大体均衡，应用 5~10 年的时间，大幅度降低增值税基本税率，从 17%下调到 10%左右，低税率从 13%下调到 5%左右。

3. 消费税减税促消费

现行消费税征收范围过广，税率过高。消费税制的设计过多地考虑对"奢侈品"消费的调节。这与对"奢侈品"的认识存在误区不无关系。中国奢侈品消费正处于炫耀性消费向生活方式过渡阶段。在这个阶段，消费奢侈品的不仅有高收入者，还包括中低收入者，特别是入门级奢侈品消费者中不乏中低收入者。消费税看似对富人消费课以重税，能促进公平。但在开放条件下，富人消费更容易转移到境外，调节收入分配的作用就不易发挥。由于中低收入者同样也在消费不同档次的奢侈品，消费税反而可能起到逆向调节作用。消费税的税目税率也应作较大调整，主旋律是降低税负。降低消费税税负，可以将更多的消费留在境内，促进内需的扩大。

4. 一些专款专用的税制应合并或取消

替代养路费的消费税、车辆购置税、车船税、城市维护建设税等税种应该合并。这些税种都与道路建设有关，在道路建设落后、汽车数量较少的时期有并存的必要。随着路网的逐步健全、车辆数量的增加，道路规模经济效应明显，再维持这种格局已无必要。车辆购置税、车船税、城市维护建设税应融入消费税，并大幅度降低税负。

5. 个人所得税改革应致力于提升国家竞争力

个人所得税很有前途，将在未来的税制结构优化中扮演重要角色。个人所得税调节收入分配的作用需要重视，需要照顾中低收入者。2012 年，个人所得税占税收总收入的比重不到 6%。未来个人所得税制应迈向综合所得税制。

逐步提高直接税比重不必走税负进一步提高的路。从税率来看，中国个人所得税税率已不低，进一步上调的空间不大。相反，从国际税收竞争的现实出发，中国应大幅度地下调个人所得税税负。工资薪金费用减除标准的设定要充分考虑中低收入者的基本生活费用，并随物价上涨而相应上调。个人所得税的设计还要有利于中等收入阶层的壮大。现有的最高边际税率所适用的收入水平偏低，不利于中等收入阶层的发展。工资薪金所得的最高边际税率应大幅度下降到 25%，并相应下调其他档次税率。劳务报酬实质上的 20%、30%和 40%的税率也应相应下调，最高税率也应设为与工资薪金所得相当的 25%。个人所得税税负下降，并不见得税收收入就会下降。

个人所得税收入增长空间有两个：一个是随着人民收入水平的提高，个人所得税的税基自然会随之扩大；另一个是随着税收征管条件的改善，个人所得税的税基也会扩大。现金交易范围的缩小，反洗钱力度的加大，不同部门间信息交换的顺畅，可望为个人所得税的增长提供必要的支撑。

其他国家和地区能够用比中国税负轻得多的个人所得税制筹集比例更高的个人所得税收入，中国也完全可以做到。税负下降，对于作为发展中国家的中国意义更是非同凡响，一些流失到海外的税源就可能回归，目前一些富人移居海外的局面就可能得到扭转。

6. 个人住房房产税改革必须采取谨慎的措施

逐步提高直接税比重，房产税（房地产税）是经常被提及的一个税种。未来，房产税也会在地方税收收入中占据一定地位，但个人住房房产税的开征应谨慎。房产税可以为地方公共服务融资，但目前条件还不具备。技术条件只是一方面。技术条件只是房产税开征的必要条件，相对容易实现。在间接税税负仍然较重，房价中土地出让金所占比例较高，房地产各种税费还在收取的条件下，直接向个人征收的房产税还是暂缓为宜。社会能否接受应该是转型期的中国最需要考虑的问题。个人住房房产税开征的社会条件是最需要考虑的问题。房产税不宜定位为一种调节收入分配的税种。全世界都没这么定位，中国没有必要独创。房产税改革的推进可以考虑先从商业地产房产税可征收方法的改进入手，即根据评估值征税，以获取征管技术经验。如要在近期内推出个人住房房产税，可以考虑先对小产权房征收，小产权房也因之具有合法地位。这么做容易得到小产权房业主的拥护。同时，这还有利于扩大房地产供给，缓解房价上涨压力。总之，房产税不必为推出而推出，更应在考虑其目标定位和可能遭遇的问题上谨慎行动。

7. 行政性收费与政府性基金制度改革应加快

行政性收费和政府性基金收入保证了政府职能的实现。特别是具有专门用途政府性基金支撑了相关事业的发展。现实中，行政性收费与政府性基金，与税收相比开征门槛较低，但对于人民来说，它们与税收一样，都要求人民资源的让渡。因此，应该严格限制政府收入权限，加强收费和基金管理立法约束。关于一些类似税收的附加，如教育费附加和地方教育附加，应设定时限，或并入税收制度，或予以取消。政府取得收入的形式，应综合权衡，充分发挥税收、行政性收费、政府性基金等不同形式收入的特点，以实现政府收入结构的合理化。

8. 加强政府收入立法

加快税收立法，现有的税收条例、暂行条例应尽快上升为法律；加快收费和基金立法，并增加约束力。法治社会必然对政府施加一系列约束条件。政府要从人民那里获得资源，就需要承担对应的义务。现实中，某些政府部门取得具有专门用途的收入后，就将收入视为"私房钱"的状况需要得到改变。相应的财税制度再造亟待进行。

（三）稳定政府支出规模，优化支出结构，增强公共财政的保障能力

政府支出规模应保持基本稳定，结构应加以优化，管理制度应进一步完善，以增强公共财政的保障能力。2012年，公共财政支出占GDP的比重为24%。综合考虑政府性基金支出、社会保险基金支出等因素，财政支出规模应保持基本稳定，而不宜再提高。保持一定的财政支出比重，可以更好地发挥国家在调控中的作用，提升国家能力，促进工业化、信息化、城镇化和农业现代化。

财政支出结构的优化，是指在保持财政支出总量基本稳定的前提下，改变不合理的构成。人员经费、公用经费、项目经费结构应更加合理。要提高人员经费比重，压缩公用经费和项目经费，使得机关事业单位人员工资收入与人力资本基本相称，形成良性循环机制。机关事业单位不同部门不同岗位专业性不同，采取"一刀切"的薪酬制度不利于公共部门绩效的提高。为此，要进一步完善公共部门薪酬制度设计，改变目前总体上薪酬偏低导致多种行为扭曲恶果的现状。探索官邸制，将更有效地提高相关财政支出效率。要加快政府职能转变，在此基础之上加快大部制改革，根据行政职能优化部门组合和业务组合，提高政府部门效率，改善公共服务。

不利于市场效率与公平竞争的财政补贴应尽快取消。近年来，竞争性领域的企业得到大量财政补贴，这在应对国际金融危机时有一定的必要性。但在任何情况下，需要评估补贴的成本与效益。现实中，大量上市公司竟然要靠财政补贴才得以维持盈利的状况必须尽快改变。对企业长期进行补贴，或对企业的不对称补贴，并不具有可持续性。这最终只会保护落后，不利于市场活力的提高和统一市场目标的实现。

创新型国家建设需要增加财政在教育和科技上的投入。财政性教育经费已大幅提升，但教育服务仍然不能令人民群众满意。义务教育择校，家庭负担沉重；义务教育因教育资源优化配置，家庭附带支出大幅增加，甚至带来教育致贫的结果。巨额的大学教育投入，并没有给中国带来世界一流大学，相反，差距仍然不小。这说明，教育不仅是财政投入增加的问题，而且必须尊重教育规律。否则，

财政资源只会被浪费。科技投入已大幅增加，但科技水平除了在若干领域有所突破外，中国距离创新型国家的要求还有很大的差距。科技投入的目标不应该只是盯在科技论文上。近年来，中国科技论文数量快速攀升，但引用率低，这是错误导向的结果。科技投入应有意识地引导具有原创性的基础研究，更加注重中长期科研成果和创新能力的提升。

财政支出结构调整还应表现在改善民生公共服务支出的扩大上，包括城市民生支出的扩大和农村财政投入的增加。城乡差距形成的重要原因之一是城乡公共服务的差距。在城镇化进程中，扩大农村公共服务投入势在必行。中国已是一个人口老龄化国家，因此，无论是从改善老年人生存状况，还是从未雨绸缪的角度出发，与老年人数量直接相关的养老保障和医疗卫生支出大量增加。随着老年人的增多和社会保障制度的健全，社会保障支出占财政支出的比重会越来越高，并成为财政最沉重的负担。社会保障制度建设应量力而行，将有效率的可持续的社会保障制度建设列入目标。

财政支出安排上应进一步加强财政部部门和专业部门之间的分工合作，合理划分权限，优势互补，优化财政支出管理体制。预算二次分配权应得到有效的监督。

（四）建立现代国库管理制度，提高国库资金管理效率

加快国库集中收付制度改革，建立现代国库管理制度，提高国库资金运作效率，核心是发挥财政部门在国库管理的中心作用。国库制度，必须与一国财政制度相适应，必须与国库管理现代化的理念相适应。政府部门中，在国库管理中起主导作用的只能是财政部门。否则，本末倒置问题极易出现。

建立国库集中收付制度，是促进我国国库管理现代化的重要举措。国库集中收付制度改革之后，预算执行管理制度发生了根本性改变。财政资金支付通过商业银行先支付、人民银行再清算的模式，大大提高了财政资金的支付效率和透明度。中央国库现金管理在保证财政资金安全和库款正常拨付的前提下，为财政资金的增值探索了一条新路。

国库现金管理中应该发挥财政部门的主动作用。现代意义上的国库与传统意义上的国家金库不同。根据国际货币基金组织（IMF）的定义：国库不仅仅指国家金库，更重要的是指财政代表政府控制预算执行，保管政府资产和负债的一系列管理职能。控制预算执行、保管政府资产和负债，在政府组成部门中，唯有财政部门才具备此种功能，财政部门在相关事务中必须应处于绝对的主导地位。如

同时有其他部门介入，那么这势必导致职责不清，管理效率低下。为此，当前的国库管理制度必须改革。

在特定条件下，如发达国家在市场经济发展的初期，再如计划经济国家，与原始的、初级的国库管理制度相适应，中央银行经理国库有一定的合理性。但是，随着市场经济的发展，国库资金在央行保留少数余额后存入商业银行，甚至在货币市场进行短期投资，已是常事。在这样的背景下，随着国库集中收付制度的建立，再强调央行经理国库就不合时宜。央行代理国库的定义更符合央行的实际。央行经理国库条件下，财政资金的大进大出，势必对基础货币的投放和回收造成巨大冲击，从而影响货币政策币值稳定目标，这很可能干扰货币政策的运行。例如，当财政需要大笔资金支出，而央行根据货币政策的要求需要紧缩银根，二者出现矛盾时，承担国库职能的央行只能执行预算政策，这样，央行货币政策的相对独立性就会受到严重干扰。

国库现金管理需要保证财政资金的正常拨付，需要保证财政资金的安全。财政资金正常拨付必须建立在准确的财政收支预测基础之上。缺少准确的财政收支预测，就无法估计所能动用的国库资金规模。与央行相比，财政部近水楼台，在财政收支预测上具有绝对优势。这是财政部应该在国库管理中发挥主动作用的又一原因。现金管理是在保证政府支出不受影响的前提下，提高财政资金的使用效益。准确的财政收支预测，是国库现金管理的前提条件之一。

国库集中收付制度并不排斥财政专户。财政专户是为管理核算部分具有专门用途的资金，由政府在商业银行及其他金融机构开设的银行账户。国际上许多发达国家如美国、澳大利亚也是这样做的。财政专户的开设，有利于补充国库单一账户在操作技术上的不足，对一些特定资金的收支进行妥善处理和有效监管。财政专户更不意味着腐败，对于现实中存在的极个别问题，应通过加强各项制度建设来解决，而不应该因噎废食。

（五）加快政府预算改革，健全政府预算体系，建立并完善政府财务报告体系

1. 加快政府预算改革

政府预算改革是财政改革的一部分，需按现代财政制度建设的要求进行。从传统的视角来看，政府预算是政府的基本收支计划，它提供了政府活动的基本信息。规范化的政府预算制度应能最大限度地提高财政资金的使用效率，且政府预算资金的配置能为公众所接受，最大限度地提高社会福利。政府预算制度包括编

制、执行、监督三方面的内容。政府预算的编制、执行和监督都应符合现代财政制度的要求。

市场经济国家广为接受的现代政府预算编制五原则分别是公开性、完整性、可靠性、年度性和统一性。年度性与统一性比较容易达到。公开性、完整性、可靠性是预算编制中需要着重加以注意的。可靠性与完整性密切相关，不够完整的收支数字即使是准确的，也不足以全面反映政府的经济活动。预算的公开性与完整性应特别强调，政府预算的内容除了极少数涉及国家机密的内容外，应及时向社会公布，使之处于公众的监督之下。政府的所有收支经济活动，都应该在政府预算中得到反映。

符合上述五原则的政府预算，须经立法机构审批，才有法律效力。各级政府部门必须贯彻执行，非经法定程序不得改变预算收支数额与使用方向。预算监督应从合规性入手，逐步向绩效预算靠拢。基于中国现实，应结合国家的法治化与民主化进程，逐步推进人大的预算监督工作。

2. 健全政府预算体系

应健全政府预算体系，加强全口径预算管理，实现公共财政预算、政府性基金预算、国有资本经营预算、社会保险基金预算等的有机衔接。在条件具备时，将政府性基金预算并入公共预算。国有资本经营预算的完善不仅要建立在国有资本分红比例的提高上，还应大幅度提高红利转入公共财政预算的比例。目前国有资本经营预算资金基本上是在国有资本体系内部循环，只有约5%的国有资本收益转入公共财政预算。这与国有资本的性质严重不符，不能充分体现"国有"权益。社会保险基金预算距离社会保障预算还有不小的差距。

无论存在多少种政府预算，公共预算都应该在政府预算体系中处于核心地位。其他各种子预算之间的联系都必须通过公共预算，以保证政府预算体系的统一，促进政府可支配财力的集中使用与有效监督。

健全政府预算体系，还需要进一步推动政府收支分类改革，做好政府预算改革的基础工作。政府预算改革旨在增加财政透明度，借此提高公共资金的使用效率，提升公共服务效率。

政府预算的编制除了年度预算之外，还应尽快建立和完善中国的中期预算和长期预算框架，以更好地推动政府预算工作。

3. 立足中国国情，建立政府财务报告体系

政府预算的改革应立足国情，建立并完善包括政府资产负债表、现金表等在内的政府财务报告体系，以全面反映政府财务状况。

中国政府拥有大量国有资源、国有土地与国有资产，不同于西方国家，不能简单地套用西方国家的有关指标来评判中国的赤字规模与负债状况。缺乏充分的政府资产负债信息，必然导致政府债务负担问题的争议。

政府的资产负债情况关系到财政的可持续性问题。中国政府资产负债表的编制涉及许多技术难题。大量的国有资源和国有土地缺少市场交易价格，很难对它们进行估价。而且，国有资源存在的形式决定了要对国有资源的数量进行统计都有不低的难度。可以先从简单处着手，先行统计行政事业单位国有资产信息、经营性企业国有资产信息、政府投资的基础设施资产信息等。

政府的负债也不仅仅是政府所发行的公债，还包括大量或有负债、隐性负债。这些负债与直接负债不同，但都可能转化为未来政府的负担，而传统的政府预算是难以将此涵盖在内的。同时，还应借助现金流量表，可以对政府现金流进行评估，更直观地把握国库资金的运作效益状况。

（六）按照财权、财力与事权相匹配的原则，重构财政体制

1. 明确划分各级政府的事权和财政支出责任，加紧改革技术攻关

财权与事权相匹配，解决的是财政激励问题；财力与事权相匹配，解决的是现实财务不足问题。为了更好地发挥中央和地方政府两方面积极性，应按照财权、财力与事权相匹配的原则，划分事权与支出责任。

过于笼统的事权规定，不利于事权财政支出责任的进一步细化，从而容易出现中央和地方不同级别政府之间相互推卸责任的状况，影响分税制财政体制的效率。全面重构财政体制中的技术难题应通过抓紧攻关，借鉴他国经验，总结我国改革的经验、教训，立足国情来加以解决。在经济社会转型期，短期内要清晰划分中央和地方的支出责任，难度较大。在职能尚无可能划清的条件下，只能取中短期之策。职能暂时难以划清，但可以保持各级政府职能的相对稳定性和确定性。按照财权、财力与事权相匹配的原则，确定中央和地方财政关系。政府职能一旦调整，支出责任一旦变化，就必须有对应的财权和财力调整跟上。

2. 建立分税与分租、分利相结合的财政收入划分体制

取消增值税、企业所得税、个人所得税收入存量归属的规定，实行真正的共享。增值税、营业税和其他税种的划分应在全方位财税体制改革框架中统筹规划，以免再现零敲碎打被动改革的局面。

（1）**提高增值税收入地方分成比例。** 当前增值税分享比例需要调整。应取消税收返还，取消税收收入增长中央和地方不对称分成比例的做法，取消"营改

增"试点行业税收收入归地方的规定，规范中央和地方共享制度，同时提高地方分成比例。地方分成比例提高应能充分体现制度规范后地方减收需补偿的因素，还要考虑地方可支配财力不足需增加财力的因素。

（2）**将消费税改造成中央和地方共享税**。现行制度中，消费税是中央税。但实际上，消费税收入与税收返还有关，一开始就不是纯粹的中央税。再加上成品油税费改革之后，养路费转换而来的消费税绝大部分需要返还给地方，消费税的共享税属性已经较为明显。共享税可以有两种设计思路：一是按消费税税目设计分税方案；二是按总收入确定分税方案。前者可以更好地适应不同地方税目不同的实际情况，后者则易与财权财力总体分配格局的调整对应起来。此外，当前消费税主要在生产和批发环节征收，如能进一步将部分消费品的征税环节前移至零售环节，并将消费税收入作为地方税收入，也可作为一个选择项。消费税在零售环节征税，并将税收收入留在地方，可以鼓励地方政府刺激地方消费。如采用这种方案，那么相应地，增值税收入地方分成比例就可以适当下调。

（3）**房地产税与国有土地收益制度的改革**。未来，房地产税在地方税收收入中的地位还会进一步上升。对个人自用住房开征房产税，更需要的是税负承担环节的转移，即将住房在开发购买环节的税负转移到持有环节。以目前持有环节几乎没有税负就要增加持有环节税负的说法欠妥。这只会加重本来就负担很重的购房自住者的负担，与改善住房民生之公共政策目标相悖。房地产税不能取代土地出让金，但是，土地国有制决定了国有土地收益应该在改善公共服务中发挥作用。一般地，与土地私有制国家相比，中国的房地产税税率应该更低。

（4）**应赋予地方一定税权，包括税收立法权和税率调整的权限**。中国是单一制国家，但时下对于单一制的理解有一些误区。实际上，单一制国家与联邦制国家集权与分权趋势在不断地改变。总体上看，世界上出现了单一制国家分权化、联邦制国家集权化的现象。这样，固守单一制国家就不能给地方税权，也是不合适的。以部分单一制但领土面积较小的国家的地方税收占比较低为理由，不赞成构建与完善地方税系也是不妥的。作为大国，中国的最优政府间财政关系需在现实中不断地磨合优化。特别是对个人自用住房全面开征房产税之后，如不赋予地方税权，则可能导致政府某些改善公共服务导致房价上涨的举措不受居民欢迎，因为居民很可能认为公共服务的改善抵不过房地产税负担的增加。

建立中央和地方、地方各级财政之间的分租与分利体制，进一步完善财政收入划分体制。中国拥有大量国有土地、国有资源和国有企业（经济），和许多市场经济国家相比，具有特殊性。大量的租金收入、产权收入、分红收入的管理需要进一步规范化，且应纳入财政收入划分体制，规范管理，减少因收入主要归地方所带来的对中央财政宏观调控的负面影响，减少因收入监管不足所带来的收入分配不均问题。

特别是国有资源产权收入和资源税收入如长期大部分留在地方，对于国家的长治久安非常不利。应通过科学测算地方政府标准支出，进一步完善财政转移支付制度，尽快扭转这种局面。

3. 进一步完善公共服务均等化政策目标体系

中国在义务教育、医疗卫生、养老保障等多个方面已有公共服务均等化目标。但现有目标的设定较为分散，各具体目标之间、具体目标与总体政策目标之间的衔接问题尚未明确，不利于财政资金合力的集中发挥。因此，需进一步完善公共服务均等化政策目标体系，在总体目标的基础之上，分别制定各项基础公共服务的均等化目标。同时，确立地区间公共服务均等化水平的评价标准，确定公共服务均等化的时间表，以加快公共服务均等化进程。

由于各地公共服务提供成本的差异，公共服务均等化并不意味着相同的公共服务支出水平。人口流动性的增强，还会影响流出地与迁入地公共服务均等化目标的实现。公共服务均等化目标的实现还应与户籍制度改革联系起来。

4. 重构财政转移支付制度

取消税收返还，并入一般性转移支付；一般性转移支付的各项具体形式与均衡性转移支付进行整合，将各具体形式的转移支付作为一个因素在新的一般性转移支付公式中得到体现，以发挥一般性转移支付制度的合力。进一步增强专项转移支付制度的透明度，特别是决策的透明度，做好中央财政专项转移支付制度与地方政府预算编制的衔接工作，使得地方政府预算能够全面反映中央财政的专项转移支付。在保持分税制财政体制基本稳定的前提下，围绕推进基本公共服务均等化和主体功能区建设，优化转移支付结构，形成统一规范透明的财政转移支付制度。

5. 正式启动地方债制度，增强地方政府财政的硬预算约束

正式启动地方债制度，是分级财政制度的内在要求。分税制财政体制的含义之一就是地方财政应该是相对独立运行的。这样，地方财政收大于支或收小于支，都是可能出现的结果。而当地方收不抵支时，正式制度又不赋予地方举债权，地方政府只能采取变通的办法，形成各种各样的政府性债务。

从目前来看，地方债总体上不会带来财政危机，但这并不意味着地方债就不会带来财政风险。相反，如果地方债问题没有得到恰当的处理，那么本来完全可

以应对的风险就可能酿成一场无法应对的金融风险。

地方债问题的形成相当复杂。它是在地方缺乏发债权的前提下发生的。根据现行预算法的规定，如非特别批准，地方政府不能举债。这也就造成实质上的地方政府债务以各种各样的形式表现出来，甚至因此有了一个中国式的地方债术语——"地方政府性债务"。

由于地方政府一般情况下不能直接举债，地方政府举债除了国家转贷、财政部代发、部分国际组织贷款等之外，大量是以企业（项目公司、学校、医院等各类融资平台）为债务人的商业银行贷款、政策性银行贷款、企业债券、其他金融机构贷款。这里的企业与地方政府有着千丝万缕的关系，其中许多是由地方政府为了某个（类）项目实施的需要直接出资成立的。

以公司形式存在的企业是独立法人，是地方政府性债务的直接债务人。公司若能以自己的收入自行清偿债务，那么此类债务就不会构成地方政府的负担。只有当这些公司不能清偿债务时，地方政府性债务才有可能转变为地方政府的债务负担。可见，改善公司治理结构，提高公司经营效率，保障公司的正常运行是地方债风险防范的重要一步。

时下，一些公司的现金流遭遇政策风险。在制度不太规范的条件下，一些公司特别是高速公路公司或其母公司想方设法延长收费时间，以获取最大的投资回报。常见的措施如将还贷收费公路变成经营性公路。但在清理公路收费工作中，这样的公司就面临着收入断流的风险。多收费，对经济的长期健康发展是不利的；不收费，可能直接危及这些公司的生存，带来地方债风险。此中，不得不进行权衡取舍。是由地方政府承担相应的还款任务，还是由企业自己负责到底，经常要具体问题具体分析。特别是一些公司已经上市，政府与企业的关系实际上已经较为规范，是否还需要创造出新的政企关系值得怀疑。此类公司的债务是有可能成为债权人负担的。

有的承载地方政府性债务的公司存在先天不足。这类公司在成立伊始就面临着现金流严重不足的问题。西部地区不少地方冷冷清清的车流，意味着高速公路自身所能产生的现金流也无法满足贷款偿还的需要。如果允许持续收费，利息偿还尚可能维持。如果连收费都被取消了，那么这就完全可能成为地方政府的负担。一般情况下，根据商业规则，银行或其他金融机构是不会贷款给这样的公司的。因此，这类贷款背后常常有地方政府力量的支持。此类债务对地方政府的影响是直接的。

面对形形色色的地方政府性债务，地方政府往往很难准确把握自身的债务负担。即使现在有了总体数据，但是或有债务在多大程度上会转换为地方政府的直接债务，还是一个未知数。对于银行来说，地方政府是否承担最后的还款职责，也直接关系到银行资产的安全与否。

承载地方政府性债务的项目公司自身缺乏支付能力，是公司的原因，还是地方政府的原因？或者，二者都有。哪种该由地方政府负责？只有政府原因导致的，才应该是政府负责的债务。言易于行，企业亏损财政补贴问题解决起来就困难重重。改革之前，国有企业亏损都能得到财政补贴。但改革之后，企业政策性亏损是财政该补的，经营性亏损只能由企业自己负担。道理清楚，实际操作困难。两种亏损混杂时，谁又能准确区分呢？即使是企业自身应负责的能说清，作为国有企业自身又能有多大的本事负担亏损呢？可见，即使是企业自身造成的地方政府性债务负担，要解决起来也是非常困难的。

作为主要债权人的银行又应在其中扮演什么角色呢？如果银行放贷不是自主作出的选择，那么银行理应不承担责任。但是，银行的自主权又该如何界定？特别是政策引导下的银行放贷，银行又该负多大责任呢？如果银行的相关放贷都不用负担任何风险，那么这只会助长银行的"软预算约束"问题。如果考虑到融资平台贷款的大量发生与积极财政政策的落实有关，那么，至少对银行不能太苛刻。中国式的"政银关系"，决定了商业银行在政企博弈中的不利地位。化解地方性债务风险，需要的是多种经济主体统筹起来系统解决。

化解地方债风险还必须处理好非营利性机构的债务问题。地方政府性债务的融资主体不同，对债务的承担能力不同。企业之间有偿债能力的差别，公立高校、医院等非营利性机构的现金流就更成问题。这样的债务，最终还是要靠政府来偿还的。当前只能面对现实，但在化解债务的同时，需要特别注意高校和医院的"软预算约束"问题。如为政府应承担的支出责任，就应主要通过政府直接融资来解决资金缺口问题。当然，高等教育和医疗卫生事业的跨越式发展还可以借助引进社会资金的形式。地方政府融资来源可考虑通过地方所属国有资产、国有企业等变现的方式来加以解决。

在目前体制下，地方政府性债务信息不充分，财政风险易低估。特别是地方政府纷纷成立金融办等机构，审批发债的部门又不用承担还债的责任，这更加剧了地方财政风险。为此，财政部门应在地方债的形成过程中扮演重要角色，以充分掌握相关债务信息。

地方政府性债务如向地方财政转移，而当地方财政无力还债时，出于维护社会稳定的考虑，债务风险很可能转嫁给中央政府。与其如此，不如在规范已有的地方债,特别是地方融资平台的基础之上,正式启动地方债制度,允许地方政府发债。由国情所决定,地方政府发债宜选择日本模式,不宜选择美国模式。地方政府发债总额应得到上级政府直至中央政府的批准,以统一公债市场,防范财政风险。

需要说明的是,地方政府融资涉及的问题特别复杂。从总体上看,地方政府支出还是应该靠税收,而不能依靠债务融资。公共产权融资也只能适可而止,否则很容易影响地方政府的可持续性。

四、财税体制改革战略选择:全方位推进

财税改革应该有大视野,跳出财税部门改革的框架。所有与政府收支有关的制度,均为财税改革的对象。只要属于国家财富管理范畴,就是财税改革的内容。宏观税负的确定要和非税收入负担,要与政府性基金负担等统筹兼顾。宏观税负水平的确定还可与国有资本收益分配结合起来,让国有资本收益为社会发展作出更大贡献。政府收入的取得要结合国家法治化和民主化进程。政府各种收入的取得都应基于法律,而不论是税收还是其他收入形式。

1994 年以来,财税改革一直都在进行,但仅有零敲碎打的改革是远远不够的。它很难形成合力,亟待全方位突破。全方位财税改革是一个"空前大问题"。财税改革是在前期改革成功的基础之上主动进行的,不同于财政危机背景下的被动改革。全方位财税改革还涉及政府机构设置和功能配置问题,这是财政管理效率提高的需要。一家企业尚且不能有多个财务部门,一个国家自然也不能有大大小小多个行使财政部类似收支功能的部门。财税改革应致力于完善国家财富管理制度,形成国家财政的合力,以更好地服务于成熟市场经济体制建设。中国财税改革的有利之处还表现在国有资本收益和国有资源管理制度创新也能够以为财税改革提供必要支撑。

全方位财税改革不等于激进式改革,它所强调的是改革的联动性。改革一旦条件成熟就应推行。如今,财税改革目标已越来越清晰,改革所需的知识储备已越来越充分。全方位改革的进程从而有望加快。

财税改革的顺利推行,需要形成新共识。财税制度要有可持续性,必须科学

设计，避免因改革带来新的不公平，避免改革造成新的效率损失，避免改革对宏观调控的负面冲击。财税改革，必须摆脱政府部门收入"想要就可以有"的逻辑，必须改变支出"想给就可以给"的逻辑，必须摆脱改革纯由政府决定的理念。财税改革必须做明细目标后稳步推进，按照现代社会运作逻辑行事。

财税改革不仅是技术问题。公众支持是财税改革顺利推行不可或缺的条件。也就是说，财税改革还需从公共政策视角出发，考虑人民群众的接受程度。只有在法治化和民主化进程中，财税改革才具有可持续性，财税改革的目标才有可能得以顺利实现。

专题二　深化我国金融体制改革的战略思路与实施建议

王朝阳　汪　川

一、新时期中国金融体制改革的背景与环境

（一）新时期中国金融体制改革的基础和背景

改革开放 30 余年来，中国金融业取得了巨大的发展成就，金融机构综合实力显著提升，金融市场功能日益增强，金融基础设施日趋发达，金融宏观调控更加完善，金融对外开放与合作不断深化，这些因素为未来改革奠定了良好的基础。2011 年，中国金融业生产总值合计 25901.93 亿元，约占国内生产总值 472881.6 亿元的 5.5%，接近改革开放以来的历史最高值；同时，金融业增加值占第三产业增加值的比重在 2009~2011 年基本稳定在 12%。这些数据表明，推动金融体制改革，进一步提升中国金融在全球范围内的影响力的基础是具备的。

当然，与发达国家相比，中国金融业的发展水平仍有待进一步提高，除在总体水平、人力资本、激励机制和对中小企业的扶持等方面存在明显差距外，还存在内部行业结构不合理、区域结构不协调等现象。特别是，中国金融区域布局的中心与外围发展不对等，地区之间同质化竞争明显，差异化互补不足，并且在金融基础设施、金融监管与创新环境等方面也需要进一步优化。就目前来看，我国宏观经济形势很不乐观，经济运行中的诸多矛盾反映出现行金融体制与经济发展要求出现了较大的偏差。诸如货币发行量增加，但难以进入实体经济领域；金融供给和需求之间难以对接，特别是民营企业在获取资金方面的成本普遍偏高；民

间金融活跃，高利贷等各类不规范金融活动大行其道；中国金融发展规模日益扩大，但在国际上的影响力和竞争力仍然不强等，这些问题都揭示出：现行金融体制亟须改革。

推动中国金融体制改革并不仅仅是立足于国内的形势和问题，更是着眼于国际经济和金融治理的要求。国际货币基金组织（IMF）是第二次世界大战后成立的国际金融治理领域的重要机构，其职责是监察货币汇率和各国贸易情况、提供技术和资金协助，确保全球金融制度运作正常。IMF治理的一个重要方面体现在配额和投票比例中，其合法性和有效性取决于成员运用投票权的制度框架，每个成员的投票权和贷款权由它的注资份额决定。在投票权上，目前排在前五位的依次是美国（16.75%）、日本（6.23%）、德国（5.81%）、法国（4.29%）、英国（4.29%），中国以3.81%的投票权比例排在第六位。应该承认，这种架构是以第二次世界大战后的经济秩序为基础，已经不能反映当前的国际经济格局，特别是与新兴和发展中经济体的经济地位不符。但当前仍然维持的一个客观现实是，美国作为国际货币基金组织最大注资国，仍拥有高达16.75%的投票权，对国际货币基金组织的决议具有否决权。作为世界第二大经济体和新兴发展中国家的代表，中国也有责任在促进国内金融体制改革的同时，致力于推动国际金融治理的完善。

（二）新时期中国金融体制改革的国际国内环境

党的十八大报告明确指出："综观国际国内大势，我国发展仍处于可以大有作为的重要战略机遇期。"在这样一个大的判断下，中国金融发展的机遇与挑战共存，可以从国际和国内两个方面说明如下。

从国际环境来看，中国金融发展的机遇表现为：①金融危机之后，发达国家经济增长前景不明确，一些老牌的资本主义国家深陷债务危机，在国际经济治理中的控制力和话语权有所削弱。②发展中国家和新兴市场经济体地位上升，在国际经济和金融事务中扮演越来越重要的角色。在此消彼长的格局下，尽管国际贸易和金融保护主义依然比较严重，但加强国际金融合作，共同改革全球金融监管规则，推动金融宏观审慎监管和防范系统性金融风险，已经成为全球共识；传统的G7开始演变为G20，美国惯常的指责越来越难以找到追随者，美国甚至因为其不当的金融政策而成为共同的指责对象。无可否认，机遇中蕴涵着挑战。突出表现为：①世界经济形势更加复杂，无论发达国家抑或发展中国家，原有的金融发展模式都需要转型以适应新的环境，各国之间货币与金融政策之间的协调更加困难；②随着国与国之间金融影响日趋深化，如何协调本国利益和国际利益，保证金融战略的合作性而非排他性，将成为各国面临的共同难题。

从国内环境来看，中国金融发展的机遇在于：随着中国特色新型工业化、信息化、城镇化、农业现代化的推进，经济发展方式转变将使投资、消费和进出口的格局更加平衡，消费拉动经济增长的贡献将越来越大；收入分配改革和城乡一体化发展将进一步缩小城乡差距，使居民收入水平得到显著提高。这些因素既为金融发展提供了更加优化的实体经济环境，又对金融发展提出了更多需求，有利于推动金融体制改革和金融业的创新发展。与机遇相比，金融改革在国内面临的最突出的挑战是：①受经济增长下行压力和产能相对过剩的矛盾有所加剧的影响，金融领域的潜在风险进一步加剧，诸如房地产贷款、地方政府融资平台、影子银行等问题需要高度关注；②改革进入深水区和攻坚阶段，既有的垄断和利益格局能否被打破，金融对内开放能否有深度地顺利推进，仍有待进一步观察；③如何在国际金融标准制定、国际金融治理等全球问题上形成中国的政策、发出中国的声音并承担起中国的责任，还任重道远。

二、新时期中国金融体制改革的使命与战略目标

金融是现代经济的核心。无论过去、现在还是将来，金融发展和金融创新都必须服务于实体经济。历史经验证明，金融过度的虚拟化、过度的自我服务化、过度脱离实体经济，必定会导致不同形式的金融危机。面对新的战略机遇期，党的十八大报告提出了确保到 2020 年实现全面建成小康社会的宏伟目标；要求到 2020 年实现国内生产总值和城乡居民人均收入比 2010 年翻一番；同时，要进入创新型国家行列，区域协调发展机制基本形成，国际竞争力明显增强。由此，未来金融体制改革的新使命是，充分运用好改革和创新的红利，发挥好金融在资源配置中的核心作用，确保上述发展目标的顺利实现。

中国金融发展的总体目标是，通过深化金融体制改革，建立健全能够促进宏观经济稳定、支持实体经济发展的现代金融体系，使中国金融在全球范围内具有强大的国家竞争力，在国际金融标准和交易规则制定中有重要的话语权，在国际经济和金融治理格局中有深远的影响力，以及能够保障中国战略崛起和国家复兴

的金融软实力。这一总体目标的实现，可以从近期和远期、国内和国际两种维度分别推进。

近期目标的重心在国内，其着力点是改革与创新。现代金融体系意味着富有活力的金融机构、高效配置的金融市场、合理定型的金融结构、成熟完善的金融基础设施、灵活协调的金融宏观调控。具体来说：①金融机构应涵盖大、中、小、微型不同的规模和国有、民营不同的产权形式，涉及银行、证券、保险以及其他金融多种行业，并且广泛覆盖城市和农村。大型金融机构的现代企业制度更加完善，创新发展能力和风险管理水平显著提升；中小金融机构发展更加规范，服务能力不断加强；微型金融机构服务内容和形式更加灵活多样。②金融市场在资源配置中的引导功能和基础性作用凸显，利率市场化改革基本实现，价格机制在市场交易中发挥主导作用；建成层次合理、功能定位明确而又互补的多层次金融市场体系，市场机制建设取得实质性进展。③金融产品丰富多样，非金融企业直接融资、间接融资的比例更加协调，银行、证券、保险等主要金融行业的行业结构和组织体系更为合理。④金融法治建设更加完善，现代支付体系和社会信用体系建设更加成熟，金融信息化水平不断提高，金融消费者权益保护能力不断提升，金融行业自律组织和人才队伍建设更加有效，金融发展的总体环境更加优化。⑤健全的国有金融资产管理体制和地方政府金融管理体制，金融监管的协调性和对系统性风险的防范预警能力不断增强，能够多方面和全方位地保障金融稳定与金融安全。

远期目标的重心是区域和全球，着力点是开放与合作。现代金融体系还意味着互利共赢的金融开放，通过"引进来"与"走出去"相结合，实现金融发展的国际化和全球化。现今的中国远非封闭固守的经济弱国，外部环境的稳定是实现中国经济增长的重要条件；但是，现今的中国还是在国际金融事务中缺乏主导权的金融弱国，国际话语权与规则制定权是大国复兴的必备条件。因此，在国内金融改革基本完成的基础上，应该使人民币汇率形成机制进一步完善并基本实现市场化浮动，人民币资本项目实现有条件、符合实际需要的可兑换，人民币跨境使用逐步扩大并稳步实现从区域化向国际化的转变。通过积极推进国际金融合作，主动参与到国际金融事务中，形成有利于中国经济健康持续发展的外部金融环境，确立能够适应于发展中大国崛起的金融开放格局和国际金融治理格局。

当然，在实践操作中，所谓短期与长期、国内与国际不可能做到泾渭分明。改革需要协调与配套，短期内的改革重心在国内并不意味着金融开放的停滞，长期改革的重点在国际也不是说国内改革可以高枕无忧。无论如何，改革将成为未来中国金融发展最大的动力。

三、金融经验和启示：以利率和汇率为例

（一）关于利率市场化改革的经验与启示

从国际经验来看，利率市场化改革能否成功受多种因素的制约，无论是发达国家还是发展中国家，利率市场化改革大都经历了复杂的路径，在改革过程中或多或少都会对宏观经济和金融市场产生负面影响。同时，各国的经验也表明，在利率市场化改革过程中，可以通过合理安排市场化利率的顺序以及配合存款保险制度等配套措施缓解其负面冲击。

1. 美国的利率市场化改革过程及经验

20 世纪 30 年代的金融危机之后，美国于 1933 年《银行法》中制定了"Q 条例"，其主要内容就是授权联邦储备银行对会员银行吸收定期存款和储蓄存款规定最高利率限额，同时禁止对活期存款支付利息，这标志着美国利率管制的开始。第二次世界大战后，以"Q 条例"为代表的利率管制越来越不适应经济金融形势的发展，其弊端逐渐显现。20 世纪 50~60 年代的金融"脱媒"使得"Q 条例"限制银行业竞争、降低银行经营成本的初衷越来越难以实现，且金融创新的出现使得货币当局难以用传统的方法来控制银行业的资金流动，从而导致传统的货币调控机制失灵。到了 70 年代，"Q 条例"的利率管制逐渐被认为无助于金融体系控制风险，并且造成了金融体系和资源配置的扭曲，在此背景下，美国废除了"Q 条例"。可以说，美国的利率市场化过程就是"Q 条例"被废除的过程。

美国货币当局从 1970 年 6 月开始放松"Q 条例"，首先是从存单市场开始推进市场化利率：1970 年 6 月，放开 90 天以内大额存单（10 万美元以上）的利率控制；1973 年 5 月，取消 10 万美元以上的所有大额存单的利率上限。此后，定期存款利率市场化也逐步展开：1973 年 5 月，取消金额 1000 万美元以上、期限 5 年以上定期存款的利率上限。此后，受石油危机及滞胀的影响，美国的利率市

场化进程一度受阻，但到了 20 世纪 80 年代，美国再次推进了利率市场化改革。相比之前的利率市场化改革，80 年代的利率市场化改革更为全面且深入。1980 年 3 月，美国国会通过了《存款机构放松管制和货币控制法》，决定自当时起分 6 年逐步取消对定期存款利率的最高限制，即全面取消"Q 条例"；并且批准扩大储蓄机构的经营范围，对所有存款机构规定统一的法定存款准备金；此外，还将联邦存款保险公司（FDIC）的存款保险从每户 4 万美元增加到 10 万美元。这一系列措施打破了 20 世纪 30 年代以来对存款利率和贷款利率的一系列限制，使得商业银行在利率竞争上同其他金融机构取得了对等的地位，从而大大改善了美国本土商业银行的经营环境。

1982 年，美国国会颁布了《加恩·圣杰曼存款机构法》，详细地制定了废除和修正"Q 条例"的具体步骤。为了扩大银行业的资产负债经营能力，该法案还列明了一些其他与利率市场化相关的改革，包括进一步扩大储蓄机构的经营范围，授权存款机构开立货币市场账户，以及允许联邦存款保险公司与联邦储蓄和贷款保险公司（FSLIC）在紧急情况下兼并有困难的储蓄机构和银行。1983 年 10 月，美国存款机构放松管制委员会取消了 31 天以上的定期存款以及最小余额为 2500 美元以上的极短期存款利率上限。1986 年 1 月，取消了所有存款形式对最小余额的要求，同时取消了支付性存款的利率限制；同年 4 月，取消了存折储蓄账户的利率上限；对于贷款利率，除住宅贷款、汽车贷款等极少数贷款外，也基本不存在利率限制。至此，"Q 条例"完全终结，美国的利率市场化得以全面实现。

总体来看，美国的利率市场化采用了渐进式的改革方案，从 1970 年 6 月放开大额存单的利率到 1986 年 4 月基本实现利率市场化，美国的利率市场化历时 16 年；其利率市场化顺序遵循了从长期存款到短期存款，再到储蓄存款的利率市场化过程。美国的利率市场化伴随着金融产品和金融创新的大量涌现，这虽然在一定程度上加剧了美国的金融风险，但利率市场化通过鼓励竞争也增强了美国金融机构的竞争力和国际化趋势，标志着美国的金融业进入了新的发展阶段。

2. 日本的利率市场化改革历程及经验

为了集中资金用于战后经济恢复，日本于 1947 年制定了《利率调整法》，对利率实行严格的管制。日本银行对利率的管制表现为直接管制和指导性管制两种形式，受限制的利率主要是存款利率、短期贷款利率、长期优惠利率和债券发行利率。其中，对存款利率和短期贷款利率是规定上限且指导性地限制利率档次；

对长期贷款利率，日本银行没有直接的上限限制，但规定长期优惠贷款利率必须与长期金融债券利率联动，而金融债券利率要经日本银行和大藏省以及发行机构共同决定。

日本的利率市场化过程与 20 世纪 70 年代日本经济的结构性转变密切相关。在 1973 年的第一次石油危机之后，日本经济增速大幅下降，且国债利率逐渐市场化，这促进了债券二级市场的发展，为居民和非金融机构提供了广泛的投资机会。此外，由于日本实行的出口导向发展战略，从 20 世纪 70 年代中期开始，日本逐渐放松了对资本流动的管制，国内企业和金融机构既能够以自由利率从国际市场上筹借资金，又可将剩余资金投放到国际金融市场上来获取利息收益。债券市场的发展以及对资本流动的开放使得日本货币当局难以有效控制利率水平，且长期的低利率也导致银行存款转移，金融中介资金来源中断。在此背景下，日本银行在 1979 年 4 月允许商业银行发行大额可转让存单，其利率可以由银行自行决定。此举标志着日本利率市场化的开端。

日本的利率市场化大致可以分为三个部分，第一是定期存款利率市场化，第二是活期存款利率市场化，第三是贷款利率市场化。定期存款利率市场化是通过降低定期存款利率管制的最低限额、增加市场化定期存款品种的期限结构以及增加自有利率定期存款的品种这三种方式实现的。1992~1994 年，日本开始引入新型储蓄存款，从而使活期存款的支付职能与储蓄存款分离，并开放具有储蓄职能的存款利率，而对具有支付职能的活期存款不支付利息。随着存款利率市场化的推进，贷款利率市场化也开始加速。1979 年以前，日本的短期贷款一直实行与法定利率联动的短期贷款优惠利率，即法定利率加上一定的利差。自 1989 年 1 月起，日本采取了以银行平均融资利率决定短期优惠利率的新方法，以反映银行市场筹措成本，从而切断了短期贷款利率与法定利率的联系。

总体来看，日本是在经济高增长阶段进入尾声时进行利率市场化改革的，其在利率市场化改革中遵循了从长期存款到短期存款、从大额存款到小额存款的顺序，并主动进行金融工具创新，以确保金融体系的平稳过渡。然而，日本在进行利率市场化改革之时，面临着诸多不利的外部经济环境（如实际汇率上升、出口竞争力下降等问题）；同时，伴随着利率市场化改革，金融机构的业务范围日益拓宽，市场竞争也更加激烈。应该说，这些在一定程度上为日本经济在 20 世纪 90 年代的金融泡沫埋下了隐患。

3. 对中国利率市场化改革的启示和判断

与美国和日本等发达国家的情况类似，世界各国的利率市场化大都表现为渐进的过程。相对而言，英国和德国的利率市场化改革进程比较短暂，但其利率市场化过程也采取了渐进的办法，即都没有立即放弃对利率的管理。如德国央行于1967年废除利率管制，但储蓄存款利率仍实行标准利率制度，直到1973年10月废止了标准利率制，才真正意义上实现了利率市场化。再如英国在1971年废除"利率协定"后，仍采取最低贷款利率控制短期利率的方式以减缓改革的冲击，直到1981年才完全实现利率自由化。相比欧洲国家，亚洲国家的利率市场化大都经历了较长时间，日本利率市场化持续了15年左右的时间，而韩国的利率市场化改革更为曲折，经历了从放开到管制、再从管制到重新放开两个阶段，前后持续了近20年。

从利率市场化步骤来看，美国的利率市场化过程是先放开存款利率，后放开贷款利率，最后扩展到所有利率种类；日本是先放开国债、后放开其他品种，先放开银行同业利率、后放开存贷款利率，在存贷款利率内部则是先放开长期利率、后放开短期利率，先放开大额交易、后放开小额交易；韩国的利率市场化步骤是先放开非银行机构的利率、后放开银行机构利率，先放开贷款利率、后放开存款利率。

各国的利率市场化进程表明，利率市场化是一个逐步的过程。在这个过程中，加快金融市场的发展对于利率市场化的成功推进意义重大。其原因在于，金融市场的发展对于推进利率市场化意义重大，而完善的金融市场本身是影响利率定价的重要因素，且金融市场中存贷款替代产品越丰富、规模越大，商业银行面临的市场化定价竞争压力也就越大，存贷款利率市场化的条件也就越成熟。此外，面对利率市场化的改革可能带来的金融业过度竞争甚至恶性竞争，建立存款保险制度和加强金融监管等配套措施必不可少。

以利率市场化的上述标准来判断，目前我国利率市场化的时机已基本成熟。截至目前，国内主要商业银行股份制改革及上市进程已基本完成，大型银行业金融机构在公司治理、风险控制等方面有了长足的进步，金融机构利率定价及风险管理能力已显著提升。与此同时，随着货币市场的发展成熟，上海银行间同业拆放利率（SHIBOR）目前已成为金融产品定价的基准，央行在通过公开市场操作（买入或卖出政府证券以增加或减少银行体系的货币量）调节市场利率方面也较为熟练。

未来一段时期，中国的利率市场化改革可以考虑按照如下步骤加速推进：进一步扩大存贷款利率浮动区间；减少受监管的贷款利率期限数量，并最终减少到只控制贷款基准利率；减少受监管的存款利率期限数量，长期存款利率可能最早市场化，占银行体系总负债比重约 50% 的活期存款利率最后实现市场化；最终，取消存款利率上限，银行利率自由浮动。推进利率市场化改革时，应该注意到，与其他领域的改革相比，选择某个特定地区通过局部试点的方式并不可行。考虑到未来一段时期全球经济复苏乏力，中国未来经济增长仍存在放缓趋势，因而对待利率市场化改革不能操之过急。

（二）关于汇率体制改革与资本项目开放的经验和启示

与推动利率市场化相比，实现汇率自由浮动和资本项目开放更是把双刃剑。从世界各国的改革历程来看，汇率和资本项目的改革在帮助各国经济融入全球化进程和促进经济增长的同时，大都会给各国的金融体系带来负面冲击，影响甚至危害到实体经济，加大了发生经济危机的可能。因此，在推进中国的汇率和资本项目改革的过程中，有必要借鉴相关的国际经验，稳健而审慎地推进这两方面的改革。

1. 发达国家汇率体制改革与资本项目开放历程

汇率体制与资本项目开放密切相连。第二次世界大战后，以美元为核心的布雷顿森林体系得以建立，世界主要经济体的货币都和美元保持固定汇率联系。到 20 世纪 70 年代布雷顿森林体系崩溃期间，由于美元贬值诱发了其他国家汇率大幅度升值预期，随之发生了大规模的资本流入，最终冲垮了各国的资本管制，迫使大多数国家脱离固定汇率制度，而广泛采用了浮动汇率体制。以日本为例，在布雷顿森林体系崩溃时，日本最初曾试图保持固定的美元对日元汇率，但结果导致大量的资本流入。日本政府最初的反应是实施严格的资本管制措施，但日本企业在国外的子公司普遍采取用美元贷款预支从母公司购买出口货物的货款或者购买日元面值证券的方式规避资本项目管制。最终，日元的固定汇率制度无法维持，日本政府决定采用浮动汇率体制。

与浮动汇率体制相比，世界主要经济体在资本项目开放的步伐上普遍比较缓慢，发达国家的资本管制都延续较长一段时间。到了 20 世纪 80 年代，随着全球化日益加深，而且各国金融市场不断发展，市场参与者逃避资本项目管制的能力日益增强，且阻止国内经济参与者充分参与国际活动的代价也日益增加。在长时间积累实行浮动汇率的经验之后，发达国家在 20 世纪 80~90 年代逐步取消了大部分资本项目管制措施（如英国取消资本管制的时间是 1979 年，日本是 1980 年，澳大利亚是 1983 年，新西兰是 1984 年，法国是 1989 年，意大利是 1990 年）。

由此可见，发达经济体在汇率制度和资本项目改革的进程上都比较类似。在20世纪70年代布雷顿森林体系瓦解之后，多数国家自动转型采取了浮动汇率制度；而在80年代经济全球化和金融自由化的趋势下，发达经济体又逐步放开了对资本项目的管制。总的来看，在汇率制度改革和资本项目开放的进程中，发达经济体基本遵循了先推进汇率浮动后放开资本项目的顺序。

2. 新兴市场经济体的汇率体制改革与资本项目开放历程

与发达经济体之间雷同的汇率体制改革及资本项目开放进程不同，发展中国家之间在这两方面的改革经历上存在很大差别。

20世纪80年代，拉美国家为了应对债务危机而普遍实施了资本项目管制，但这些国家的资本管制并没能避免大规模资本外逃现象。以智利为例，据估计，在80年代初期智利实施资本管制措施期间，平均每年资本外逃的数额高达8亿~9亿美元。面对大量资本外逃的局面，在80年代后期，智利政府放松了资本流动限制；而在新一轮资本项目开放过程中，智利采取渐进型的开放模式，并采取汇率制度改革等多项措施以缓和资本项目开放带来的不利影响。在汇率制度方面，比索汇率朝着市场化和更富有弹性的方向发展，对汇率的管理也比较灵活（限制在上下5%的波幅之内）；在贸易政策上，为了增强贸易部门的竞争力，使之适应资本项目开放所带来的挑战，智利政府开始逐步下调关税，推行贸易自由化政策。

在资本项目开放的实施过程中，智利政府开始有选择、有步骤地开放资本流入。1991年，政府规定除了出口信贷以外的新借入外债都要将总额的20%作为无偿准备金存放在中央银行；1992年，无偿准备金的要求扩展到外币存款，比例提升至30%。无偿准备金制度在对长期资本流入不造成重大影响的同时，对短期资本流入却形成了制度性排斥，从而有效地防止了短期资本的过度流入。同时，为了减轻实际汇率升值的压力，智利政府开始对资本流出进行谨慎的开放：在此期间，智利政府采取各种措施方便居民进行海外投资，并给外国投资者撤出资金提供了更大的自由，将外国投资者撤回资金的最低年限从10年缩短为3年。由于适时地开放资本流出和有效地限制某些形式的资本流入，智利资本项目盈余占GDP的比重从1990年的9.9%上升到1991年的11.8%，并于之后一直控制在相对合理的水平上，从而不仅减轻了本币升值的压力，还有效地保持了出口竞争力和经常账户的良好状态。目前，智利已实施完全灵活的汇率制度，并且撤销了大多数的资本项目管制措施。

中国台湾地区是汇率体制改革和资本项目开放的又一个成功案例。在汇率和资本项目改革的顺序上，台湾也遵循了先汇率体制改革、后资本项目开放的顺序。在汇率体制改革方面，台湾于 20 世纪 70 年代末开始推动建立灵活的汇率制度，并于 1987 年取消了对贸易相关交易的外汇管制，此后又在 1991 年建立了远期外汇市场。在推动汇率改革之后，台湾仍然保留了许多资本管制措施。与智利的资本项目开放进程类似，台湾对资本项目的开放也呈现出一个渐进的过程。在金融全球化的带动下，台湾于 1991 年实施了合格境外机构投资者制度（QFII），开始允许有控制的资本流入，并在随后的 10 年间逐步放松合格境外机构投资者的资格要求。2001 年，台湾规定 QFII 制度批准的数额为 30 亿美元，并随之逐步放松了准入门槛。

20 世纪 90 年代的韩国和泰国也正经历着汇率和资本项目的改革，但与智利和中国台湾地区相比，韩国和泰国的汇率和资本项目改革存在操之过急的问题，且改革中固定汇率制度和资本项目开放之间的矛盾也随之暴露，这在一定程度上加剧了亚洲金融危机对这两个国家的负面冲击。

1990 年以前，韩国的金融体系相对封闭，政府允许韩元在狭窄的范围内对美元浮动，且对资本项目进行严格管制。1990~1997 年，韩国首先实施了汇率体制改革，将汇率浮动范围逐步增加到上下 10%，但汇率管理仍然较为严格。与此同时，韩国还放开了资本项目，但其资本项目放开的步伐很不平稳，经常收紧和放松资本流入和资本外流，以图调节外汇市场的压力。不仅如此，韩国还于 20 世纪 90 年代中期放开了银行和某些非银行金融机构的短期借贷，结果导致外债大幅度增加，内外部失衡局面进一步加剧。总体来看，韩国在 20 世纪 90 年代的汇率和资本项目的改革之所以没能成功推进，从本质上可以归结于韩国政府过于严格管制的汇率政策与资本项目开放政策之间的内在矛盾，以及汇率和资本项目改革的时间顺序不当。在亚洲金融危机爆发的 1997 年，韩国政府扩大了汇率浮动范围，虽然政府仍然经常对外汇市场进行干预，但总体上看，韩国的汇率体制已经转变为自由浮动制度。

与韩国的情况类似，泰国也实行与"一揽子"主要贸易伙伴货币实际钉住的固定汇率制度。20 世纪 90 年代初期，泰国经历了强劲的经济增长，1994 年之后，泰国经济过热的迹象日益明显。但总体上，泰国当时的宏观经济形势仍较为乐观：在政府财政方面，泰国政府长期执行较为审慎的财政政策；在对外贸易方面，虽然经常账户逆差日益上升，但大量的资本流入足以弥补这项逆差。然而，1993 年实施资本项目开放之后，进入泰国的资本短期投机性质愈发明显；而且在资本项目开放的情况下，泰国金融系统的放开导致国内信贷规模尤其是对房地产部门的信贷迅速增加，这进一步加剧了经济泡沫的成分。面对经济过热和资本流入数额日益增加、波动幅度日益加大的局面，固定汇率制定限制了紧缩性货币政策的效果，宏观调控并没有取得预想成果。最终，在 1997 年 7 月，由于市场的巨大压力，泰国被迫允许泰铢浮动，结果导致了金融危机的爆发。

总结汇率体制和资本项目开放的国际经验，我们认为，在经济和金融全球化日益加深的国际形势下，扩大人民币汇率浮动范围和有计划地推动资本项目开放已经成为目前我国金融体制改革的重要内容。在汇率和资本项目改革二者之中，汇率体制改革应放在优先考虑的位置。其原因在于，扩大汇率浮动范围的汇率体制改革能够最大限度地兼顾实现内外部均衡、保持出口竞争力与维护金融安全这三项人民币汇率政策目标，并给货币当局的政策操作留下较为灵活和充分的政策空间。在未来，逐渐提高人民币汇率的弹性空间，实行真正意义上的"有管理的浮动汇率制度"将成为一种趋势。相对于提高汇率浮动性来说，实施资本项目开放战略对我国金融安全的影响将更为直接。这是因为，资本项目开放的一个直接后果就是本国的金融市场同巨大而又活跃的国际金融市场直接融为一体，巨额的国际资本频繁地流入和流出将形成很强的外部冲击，这对中国货币当局乃至整个金融体制都是一项严峻的挑战。

四、中国金融体制改革的内容和路线图

（一）中国金融体制改革的主要内容和逻辑关系

综观中国金融改革的各项内容，可以分为体制机制改革（无形的）和行为主体改革（有形的）。前者诸如利率和汇率市场化改革、资本项目开放与人民币国际化等，都是"牵一发而动全身"的改革，需要形成自上而下的顶层设计；后者诸如小微型金融机构的业务开展、金融市场产品设计与创新，往往需要一段时间的实践检验，并具有一定的倒逼能力，需要尊重自下而上的首创精神。从相互关系来看，自上而下是第一条件，当通过顶层设计形成了良性的激励机制之后，必然会产生自下而上的创新活动；当新的活动被广为接受和形成有规模的现实需求之后，必然会推动自上而下的新一轮改革。因此，合理的改革逻辑是自上而下与自下而上相互结合，顶层设计与基层创新相互尊重，并以此形成一种有效的螺旋上升。

按照这一分类标准，综合"国民经济与社会发展的十二五规划"以及"金融业发展和改革十二五规划"等文件内容，在制度层面上，金融改革主要包括利率市场化改革、汇率制度改革、外汇储备管理制度改革、资本项目开放、存款保险制度与金融机构市场退出机制、多层次金融市场制度、金融宏观审慎管理制度框架与金融监管协调、国有金融资产管理体制和地方政府金融管理体制改革等内容。在实践中，有些改革内容已经起步并具有了较好的基础，但还需要进一步完善；有些改革还处于理论研究层面，并没有形成成熟定型的操作方案。同时，上述内容中有的是处于核心位置的关键改革，有的是处于外围的配套政策，但它们之间又互相制约，存在着内在的逻辑关系。因此，有必要逐一梳理、逐一分析，以便明确改革的先后次序、快慢节奏和政策搭配。

1. 利率市场化改革

2004 年 10 月，我国利率市场化改革实现"贷款利率管下限，存款利率管上限"的阶段性目标。2007 年，上海银行间市场拆放利率正式运行并逐步确立在货币市场利率体系中的基准地位。2012 年，中国人民银行将金融机构存款利率浮动区间的上限调整为基准利率的 1.1 倍，贷款利率浮动区间的下限调整为基准利率的 0.7 倍。周小川（2012）在谈到进一步推进利率市场化改革时，强调改革的第一要件是具有财务硬约束的充分公平的市场竞争环境，毕竟在我国"优胜劣汰的市场退出机制尚未建立起来，市场约束并不是十分有效，对存款人的隐性担保还普遍存在"；同时指出，下一步的改革需要在划定范围、提供激励、加强自律的思路下，有规划、有步骤、坚定不移地推进。这事实上揭示出了利率市场化改革与存款保险制度、金融机构市场退出机制的关系，即后两者是前者的先决条件。

2. 汇率制度改革

2005 年 7 月，我国开始实行以市场供求为基础、参考"一揽子"货币进行调节、有管理的浮动汇率制度，人民币汇率形成机制改革迈出历史性一步。2010 年 6 月，进一步推进汇率形成机制改革，核心是坚持以市场供求为基础，参考"一揽子"货币进行调节，继续按照已公布的外汇市场汇率浮动区间，对人民币汇率浮动进行动态管理和调节。中国人民银行分别于 2007 年、2012 年两次扩大银行间即期外汇市场人民币对美元汇率波幅，促进人民币汇率弹性逐步增强。应该强调的是，人民币汇率制度的改革离不开利率形成机制改革的配合。在开放经济和资本流动的环境中，本外币利率的任何差异在理论上都会诱发国际资本流动并影响一国的汇率水平。换言之，任何的利率调整都必然伴随着汇率的波动。因此，僵化的利率体系必然会给人民币汇率带来巨大冲击，进而影响到整个汇率制度的正常运行。

3. 外汇管理制度与资本项目开放

2012 年 8 月 1 日，在江苏等七省（市）试点的基础上，我国将货物贸易外汇管理制度改革推广至全国。截至 2012 年底，已经完成的改革包括：取消经常项目外汇账户限额管理，简化结售汇审核程序，提高个人年度购汇总额；取消对境外投资购汇额度的限制，大力支持企业"走出去"；允许符合条件的企业向境外放款，支持中资企业借用短期外债，实行合格境外机构投资者制度和合格境内机构投资者制度，促进资本双向流动。在国际货币基金组织划分的七大类共 40 项资本项目交易中，除跨境金融衍生工具交易等仍严格管制外，其他项目已实现一定程度可兑换。决定上述改革内容相互之间逻辑关系的一个基本规律是所谓的"永恒的三角形"（The Eternal Triangle），即"蒙代尔—克鲁格曼不可能三角定律"，它揭示出在货币政策独立性、汇率稳定以及资本自由流动三者之间，一国政府最多只能实现两项目标。货币政策独立性是一个经济大国必须坚持的底线，这意味着汇率制度和资本项目开放二者的改革必须相协调。

4. 对外金融合作以及人民币从区域化向国际化的推进

加入 WTO 之后，我国更加注重全方位、多层次、灵活务实地开展对外金融合作，并在加强区域金融合作、稳步推进与港澳地区的金融合作等方面取得重要进展。特别是顺应国际国内形势发展要求，人民币跨境使用取得显著效果，跨境人民币业务从经常项目扩展至部分资本项目。[①] 毫无疑问，人民币国际化是中国金融发展的方向之一。但应该认识到，人民币国际化是一个地域（从区域到全球）和功能（从结算货币到储备货币）逐步拓展的长期过程，不能急于求成。陈学彬、李忠（2012）的研究表明，人民币国际化需要与金融市场的培育、监管体系和调控体系的完善相结合，与资本流动渠道、汇率形成机制和经济增长方式的转变相适应。特别是，人民币流出和回流渠道的建设需要在与资本项目逐步开放

---

① 2008 年以来，已有 202 个境外国家和地区与境内发生人民币实际收付业务，中国人民银行先后与 17 个国家和地区签署双边本币互换协议，实现了人民币对泰铢银行间市场区域交易，对韩元等 5 种非主要国际储备货币的银行柜台直接挂牌交易。目前，跨境贸易人民币结算范围已扩大到全国。截至 2012 年 6 月末，银行累计办理经常项目下人民币结算业务 3.2 万亿元。

进程相适应的条件下逐步完善，包括国际板的建设、国际投资者的准入等。

可以说，前述四项内容构成了金融体制改革的核心，其他内容则大多是与之相关的配套改革或保障措施。我们认为，就金融发展模式而言，所谓银行主导型与市场主导型这两种不同模式，并不存在必然的优劣关系，而只是适应金融发展不同阶段和本国经济特征的外在表现。但毋庸置疑，无论利率和汇率市场化改革的推进，还是资本项目开放和人民币国际化的实现，中国作为金融强国的崛起都需要有强大的金融市场配套，由此，建设一个产品丰富的货币市场和多层次的资本市场就显得尤为重要。此外，由于金融业先天的逐利性和内在的脆弱性，在整个改革过程中，都需要有健全的审慎管理框架和协调的金融监管制度作为保障；为了及时跟踪改革动态和掌握发展方向，还需要建立完善的国有金融资产管理体制和形成健全的地方政府金融管理体制。

（二）中国金融体制改革的主线：充分市场化和稳步国际化

中共十八届三中全会明确指出要发挥市场机制的决定作用。对于金融体制改革而言，这一判断同样成立。我们认为，中国金融改革应该坚持充分市场化和稳步国际化的主线，其原因如下：

（1）货币与金融的本质决定了金融发展必须坚持市场化原则。货币的产生是为了解决经济中所谓两个不可能碰巧实现的一个契合，货币产生之后解决了资源跨时期的配置；作为货币有条件的让步，金融的产生解决了跨区域的配置问题，同时还解决了一些风险的防范问题（李扬，2009）。任何金融体系的主要功能都是为了在一个不确定的环境中帮助不同地区或国家之间在不同的时间配置和使用经济资源。所谓现代金融体系，其核心功能是便利的清算与支付、聚集和分配资源以及分散风险（Merton 和 Bodie，2005）。当然，货币和金融的产生也会产生负面因素，比如货币供应波动引起的通货膨胀或通货紧缩，再比如金融成为一个独立产业并发展出多种衍生行业，干扰实体经济或者过度偏离实体经济并引发各种形式的危机，因此对货币及金融施行管制和监管又是有必要的。但毫无疑问，在正面和负面之间，首要的是以市场化手段实现其正面功能，其次才是以管制和监管抑制其负面因素。

（2）当前中国金融体制中管制的成分偏多而市场的力量不足。中国金融发展所取得的伟大成就是相对于过去基本空白的局面而言的，可以佐证中国金融不够强大的一个典型事实是，尽管我们已成为世界第二大经济体，但仍明显受制于他国货币、汇率政策的影响，同时在具有准金融特征的大宗商品、原材料和能源定价方面的话语权不足。前述利率、汇率制度以及外汇与资本项目管理的现状都揭示出，在核心的金融运行机制中，我国大都在关键方面采取了较为严格的管制。尽管金融发展需要与实体经济相符合，金融规模绝不是越大越好，金融产品和技术也不是越复杂越好；但综合中国金融和实体经济各自的发展水平来判断，可以认为，中国金融发展不是"过了"，而是远远不够，需要进一步放松金融各方面的市场准入、资金价格、产品创新等管制（夏斌，2011）。也就是说，金融体制改革必须坚持"充分市场化"的原则。

（3）中国金融开放的现状和使命决定了金融国际化必须循序渐进地稳步推进。全球化的大趋势决定了金融开放是大国崛起的必由之路。金融开放的意义在于能够借助国际金融市场对国内的投资储蓄进行调节，引入先进的国际经验和有效的金融服务，借助国际力量推动国内金融改革发展，同时，有助于推动国家更加积极地参与区域性与全球性金融规则的制定。归根结底，金融开放是为了服务本国经济社会发展的现实需要，是为了促进国家金融和货币影响力的提升。由于历史原因，中国金融在与国际金融的对接方面还有许多障碍，金融开放不可能一步到位；国际经验也证明，过快、过度的金融开放不仅难以实现预期目标，而且可能给国内经济造成致命打击。中国金融未来的国际化道路必须是循序渐进的，应该是在对国际金融环境和国内经济形势的综合考量下，在相关政策的配套和保障下稳步推进。

（三）中国金融体制改革的基本路线图

1. 建立显性的存款保险制度，完善金融机构市场退出机制

显性存款保险制度的建立应该兼顾我国的特殊国情与其内在运行机理，选择符合现实的操作路径（何德旭等，2010）。可考虑由政府出面设立推进机构，明确存款保险制度的基本功能和组织模式；从完善银行业信用评级制度、完善银行业治理结构、继续增强审慎监管效力、建立长效协作机制、提供法律支持等方面完善外部条件；通过采取综合职能、强制会员、有限覆盖、以事前融资为主的混合融资、风险调整型费率、市场化推出等手段来优化内部机制。通过建立健全存款保险制度，进一步完善证券投资者保护基金、期货投资者保障基金、保险保障基金管理制度，建立起适合我国国情的金融机构破产法律体系，规范金融机构市场退出程序，使行政退出与司法破产之间得到更为有效的对接。

2. 扩大利率浮动区间，基本实现利率市场化

利率市场化大致的步骤是：进一步扩大存贷款利率浮动区间；减少受监管的

贷款利率期限数量，并最终减少到只控制贷款基准利率；减少受监管的存款利率期限数量，长期存款利率优先市场化，活期存款利率最晚市场化。在这一过程中，需要稳步推进金融市场基准利率体系建设，进一步发挥上海银行间市场拆放利率的基准作用，扩大其在市场化产品中的应用；不断完善中央银行利率调控体系，疏通利率传导渠道，引导金融机构不断增强风险定价能力，依托上海银行间市场拆放利率建立健全利率定价自律机制。

3. 扩大人民币跨境使用与推动人民币汇率市场化改革

人民币跨境使用先是以实体贸易为主，然后扩大到跨境直接投资的人民币使用。与之配套需要做好相关的结算工作，拓宽境外机构人民币资金运用渠道，完善人民币跨境及海外流动的统计和监测机制，建立风险防范体系和处置机制。汇率市场化改革从完善现有制度入手，不断增强人民币汇率双向浮动弹性，保持人民币汇率在合理均衡水平上的基本稳定。在扩大人民币跨境使用的过程中，尝试建立人民币对新兴市场货币的双边直接汇率形成机制，积极推动人民币对新兴市场经济体和周边国家货币汇率在银行间外汇市场挂牌。在外汇市场发展壮大和汇率风险管理工具进一步完善的基础上，形成市场化的浮动汇率。

4. 加强国际金融合作与推动资本项目开放

从参与金融稳定理事会、巴塞尔银行监管委员会等国际组织的金融标准修订和制定工作入手，在国际经济、金融组织中发挥更加重要的作用；从周边国家入手，逐步扩大辐射范围，推动双边和多边金融及货币合作，引导和加快区域金融合作进程；通过与境外中央银行的监管机构的合作，完善信息共享机制，加强金融政策的协调。资本项目开放可考虑先放开长期资本流动，再放开短期资本流动；在长期资本的范围内，先放开直接投资，再放开证券投资；在证券投资的范围内，先放开债券投资，再放开股票投资；在所有形式的资本流动中，先放开资本内流，再放开资本外流。

（四）中国金融体制改革的顺序和大致时间表

从改革的内在逻辑来看，存款保险制度的建立是利率市场化改革的先决条件，更有弹性的汇率制度能够及时协调资本项目开放伴随而来的外部冲击，能更好地保障货币政策的独立性和金融安全，而资本项目可兑换又是人民币国际化的首要条件。因此，金融改革需要统筹安排，理论上改革顺序应是先国内后国外：应先建立存款保险制度，之后推动利率市场化的改革；与此同时，进一步扩大人民币汇率的浮动范围，并完善人民币汇率的形成机制；最后要推动的是资本项目的完全放开和人民币的充分国际化。

从改革进度来看，存款保险制度应于 2013 年尽快筹备运行，至 2015 年基本建成为覆盖广泛的强制性存款保险制度；在同一时期，利率市场化也渐进推进，在进一步扩大存贷款利率浮动区间的同时，减少受监管的存贷款利率数量，并能够在 2016 年前后最终取消利率限制，实现以基准利率为参考的利率自由定价。以利率市场化改革为基础，人民币汇率应向着更具弹性的汇率制度调整，在 2018 年前后使人民币汇率能够根据市场供需自行调整，建成具有充分弹性的浮动汇率制度。另外，对资本项目开放进程的控制应该十分谨慎，依据利率和汇率改革的进展情况，逐步放松对资本项目的管制并稳步扩大人民币境外使用范围，至 2020 年基本实现人民币的自由可兑换。

五、中国金融体制改革的配套措施和建议

（一）推动金融机构改革，构建现代金融体系

1. 继续推进产权改革，优化金融机构的公司治理

鼓励中央企业、地方国企、各类民营资本以及部分外资积极参股到各类商业银行中，不仅可以不断满足银行补充资本金的需求，同时还能从机制上进一步促进银行经营机制的改善，推动产融结合的深化（李扬，2012）。大型金融机构需要全面推进公司治理改革，明确股东会、董事会、监事会与管理层的职责边界。对于已经建立内部公司治理结构的金融机构，有必要明确党委会与董事会的决策分工，应把党委会的职能定位在金融监督控制上，积极发挥党委会的"定向把关"的作用，确保党和国家的各项方针政策落到实处；同时，强化董事会决策中心的地位，增强董事会在战略制定、风险管理、监督控制等方面的职能。公司治理的另一项重要内容是激励机制的完善，应改革只与短期业绩挂钩而与风险无关的薪酬制度，建立长期化的激励机制；此外，要大力改进金融机构的信息披露，规范信息披露的格式、内容、深度和广度，确立"实质主义"信息披露规则，增加金融机构违规成本，增强其经营透明度，保护投资者利益。

2. 以金融控股公司模式推进金融业的综合经营

发展综合化经营是金融机构优化收入结构、应对利率市场化的现实需要，应通过设立金融控股公司的方式发展综合经营，即在旗下建立具有独立法人地位的银行、证券公司、保险公司或其他金融性公司。当然，也要意识到，综合经营并非无所不能，要结合金融机构本身的战略导向和金融业务的属性做到有所为、有所不为。在推动综合经营的过程中，要特别强调综合经营机构的并表管理和全面风险管理，通过建立综合经营风险监测体系和有效的"防火墙"制度，合理确定各类业务的风险限额和风险容忍度，制定有效的风险隔离措施。

3. 扩大金融覆盖面，积极培育中、小、微型金融机构

建立健全多层次、广覆盖、可持续、能够为广大农村和中小企业服务的金融体系，强化金融体系的普惠性。为更好地满足广大农户的金融需求，应进一步放开农村金融市场，鼓励民营资本通过入股、重组农村商业银行或设立村镇银行的方式进入农村金融市场，大力发展民营金融机构；培育真正意义的农村合作金融，继续深化农村信用社改革；因地制宜地发展我国农村非正规金融，引导有息的民间借贷，采取规范的方式满足农户融资需求。在服务中小企业方面，应重点改进针对小微企业的金融服务，鼓励各类金融机构积极开展适合小微企业需求的金融产品和信贷模式，大型金融机构可以通过信贷产品的创新，设计出互保、联保和知识产权等多种抵押、担保组合方式与之配套的系列产品。此外，还应积极推动规范信用评级机构和信用担保机构的发展，解决小微企业融资的信息不对称问题，鼓励地方金融机构更加专注于当地居民和小微企业的金融服务。

（二）强化金融市场创新，建设多层次市场体系

1. 建立多层次的股权市场，完善现有的资本市场体系

首先，要明确多元化资本市场在企业融资中的不同功能定位。其次，建立适合中小企业特点的发审制度，加快上市进程。可考虑改革现行发行审核制度，制定不同于传统企业的发行审核标准，适当放松财务指标要求，为具有自主创新能力的中小企业发行上市设立"绿色通道"。再次，应大力发展产权交易市场，完善非上市企业股份转让途径，可以考虑依托产权交易所的各类产权交易机构，积极采用拍卖、竞价等方式，充分发挥市场机制的作用。最后，应建立主板、中小板、创业板、新三板、产权交易市场之间的转板机制和市场退出机制，形成优胜劣汰的市场环境。

2. 推动债券市场的快速发展

大力发展债券市场首先要扩大债券市场规模，可考虑以地方债为突破口，一方面增加由中央政府代理的地方债规模，另一方面将市政债券试点由上海、深圳等个别城市进一步推广。我国债券市场仍主要实行规模控制、集中管理、分级审批的体制，要克服债券市场多头监管、效率低下的弊病，就必须取消我国行政化的审批和管理制度，使对债券市场的审批和监管朝向程序性审核过渡，由审批制转变为注册制。此外，债券市场发展离不开高效且良好的监管，为此需要继续完善债券市场信息披露机制、完善担保制度、改进我国信用评级制度。通过扩大当前合格境外机构投资者和人民币境外合格机构投资者（RQFII）试点，进一步向国外央行及国际组织开放债券市场，吸引全球顶尖机构投资者参与，将有助于我国建立完善的债券市场监管体制。

3. 积极推进香港和上海国际金融中心建设

将香港定位为离岸人民币业务中心和国际资产管理中心，巩固和提升香港国际金融中心地位。为此，应稳步推动境内机构赴港发行人民币债券，并不断扩大其发行规模；同时，拓宽人民币回流渠道，包括允许以人民币境外合格机构投资者方式投资境内证券市场，鼓励香港创新发展多种形式的离岸人民币金融产品。相比之下，上海国际金融中心的目标应定位为以中国国内经济发展为依托、国际国内金融活动融合但以服务国内市场为主的功能型国际金融中心，将上海金融功能的发挥与"长三角"经济的一体化发展紧密联系起来，提升其对"长三角"地区乃至全国经济的辐射与服务能力。

（三）构建宏观审慎框架，维护金融稳定和安全

1. 推进金融改革和金融创新的平衡发展

推动金融改革，在微观层面上需要扩大金融机构业务和产品创新的自主权，对绝大多数产品应采取报备制；对于必须由监管机构批准的创新产品和服务，要简化审批手段，大幅度缩短审批时间。鉴于我国金融创新较为滞后的现实，应积极推动和鼓励产品创新，发展资产证券化、信用缓释工具、高收益债券等满足实体经济需求的基础性金融产品，以显著提高金融服务实体经济的能力。同时，也需要加强对金融创新的功能性监管，最大限度地减少金融创新监管的边界模糊领域和真空地带，防止金融创新的失控，要特别防范过度衍生化的金融工具。

2. 对银行、证券、保险等行业进行综合监管

目前，我国的金融业已呈实业金融化、金融综合化的趋势，而分业监管体制

往往只对单一领域的机构和业务监管。为了让金融监管当局识别和管理金融创新中的风险，有必要从健全监管当局之间以及与宏观调控部门之间在重大政策与法规问题上的协调机制入手，最终建立起统一的金融监管体制。可尝试由国务院直接设立金融监管委员会，统一行使包括当前银监会、证监会、保监会在内的监管职能。在该模式下，金融监管委员会下设银监部、证监部和保监部，三部门以业务性质和产品功能确定监管范围，形成统一的监管政策，避免重复监管和监管死角。

3. 建立宏观审慎的金融管理制度框架

在金融大开放格局下，建立适合国情的宏观审慎管理制度是维护金融稳定和保障金融安全的必然选择。在现行的监管格局下，央行具有货币发行、利率和汇率等宏观调控的手段，而三家监管当局只对银行、证券和保险等金融机构内部风险进行识别和监控。因此，应联合"一行三会"成立一个宏观审慎监管机构或者小组，建立健全适合国情的系统性金融风险监测评估方法和操作框架。在事关整个金融体系稳定的问题上，既要有监管当局对单个金融机构的审慎监管，还要针对跨市场、跨机构、跨行业风险进行判别，并注意实施逆周期效应的金融调控政策。

（四）加强基础设施建设，优化金融发展环境

1. 继续加强金融法制建设

鉴于当前国际国内环境的诸多变化，一方面，有必要修订《中国人民银行法》、《证券法》等现行的金融法律法规，促进金融法律环境的进一步完善，依法保护各类投资者的合法权益，防范和打击各种形式的金融犯罪和非法金融活动。另一方面，应及时建立金融机构破产、存款保险、金融消费者权益保护等方面的法律法规，改变长期以来金融机构倒闭后个人存款绝大部分由国家偿付的现状，使存款者、投资者和消费者树立起显著的风险意识。

2. 加强社会信用体系建设

应加快征信法规体系建设，大力推进金融业统一征信平台建设，建立健全信用信息档案，依法扩大部门共享和对外公开；同时，要注意加强对个人信用信息的保护。还应大力发展各类信用中介服务机构，建设信用服务体系，推进信用评级行业发展，鼓励信用评级机构采用先进的评级技术和评级方法，建立覆盖全社会的征信体系，完善国家金融信用信息基础数据库。

3. 加强支付清算体系建设

在进一步健全支付结算法规制度的基础上，应继续完善相关的基础设施，切实提高支付体系的安全性和可靠性，为社会公众提供更加安全、便捷、低成本的

支付服务。应进一步健全金融市场的登记、托管、交易、清算系统和中央对手方机制，统一现有的托管和结算平台。此外，还应加快建设新一代中央银行跨行支付系统和跨境人民币清算系统，统筹协调支付系统与外汇结算系统，并推动证券、外汇结算系统与境内外支付系统的衔接。

参考文献

［1］陈学彬、李忠：《货币国际化的全球经验与启示》，《财贸经济》，2012年第2期。

［2］何德旭等：《我国显性存款保险制度的践行路径探析》，《财贸经济》，2010年第10期。

［3］李扬：《改革是中国银行业的生命线》，《中国金融》，2012年第1期。

［4］李扬：《金融发展和金融创新必须服务于实体经济》，《当代财经》，2009年第1期。

［5］夏斌：《宏观审慎监管：框架及完善》，《中国金融》，2012年第22期。

［6］夏斌：《中国金融战略2020》，北京：人民出版社，2011年。

［7］周小川：《坚持党对金融工作的领导》，《中国金融》，2012年第21期。

［8］周小川：《金融业改革发展的历史性成就》，《中国金融》，2012年第19期。

［9］周小川：《逐步推进利率市场化改革》，《中国金融家》，2012年第1期。

［10］Merton，Robert C. and Bodie Zvi. Design of Financial System：Towards a Synthesis of Function and Structure［J］. Journal of Investment Management，2005，Vol. 3，No. 1，pp. 1–23.

深化我国流通体制改革的战略
思路与实施建议

依绍华

流通业作为连接生产与消费的桥梁和纽带，位于市场最前沿，在国民经济中发挥着先导性和基础性作用，但由于市场机制不完善，流通业的发展状况与我国经济发展水平很不相称。中共十八届三中全会《公报》指出，"经济体制改革是全面深化改革的重点，核心问题是处理好政府和市场的关系，使市场在资源配置中起决定性作用和更好发挥政府作用"，而"建设统一开放、竞争有序的市场体系，是使市场在资源配置中起决定性作用的基础"。对流通产业而言，完善市场机制、构建统一市场、给予不同所有制企业平等待遇，是转变流通发展方式，提升流通产业竞争力的有效途径；同时，通过流通体制改革、财税体制改革、完善法律体系，推动资源配置效率的提高，从而充分发挥市场决定作用。因此，要积极发展流通产业，转变流通发展方式，促进流通产业结构升级，在完善流通产业布局、消除市场壁垒、推进流通产业技术进步等方面，为构建完善的市场体系实施新举措，提出新主张。

一、流通体制改革的总体思路

（一）流通体制改革目标

从产业组织理论角度看，流通业属于竞争性行业；从产业功能角度看，流通业在很多方面承担着满足人们基本生活需要的社会功能，又是基础性产业。因此，流通业一方面由市场自发进行资源配置和调节；另一方面又具有准公共物品属性，需要政府进行规制和引导，为产业健康发展提供保障和支撑。

改革开放以来，我国原有的流通体制被打破，新的流通体制正在不断完善，基本构建了现代市场体系制度框架和运行体系。但是由于政策法律法规不健全，管理部门对流通的认识不统一，流通产业目前仍面临诸多问题：需要由政府投资管理的流通设施多数转为商业化运营；需要充分竞争的地区市场仍被人为分割；需要规制的市场竞争行为缺乏相应的政策法律制度，导致流通成本高、市场秩序混乱。因此流通体制改革重在转变政府职能，"只有界定好政府的职能和作用，政府不越位，才能使市场在资源配置中发挥决定性作用，才能解决目前政府职能越位、缺位和不到位并存的问题"，才能为产业发展提供良好的宏观政策环境和法律环境，同时规范市场竞争行为，注重保护市场竞争主体和消费者利益，为产业发展保驾护航。

因此，流通体制改革目标是：以建立成熟的市场经济体系为核心，在转变政府职能的同时，推动流通产业发展方式的转变、市场秩序的完善，从而提升整体流通效率。

（二）基本要求

1. 流通产业地位的转变

在市场经济运行机制中，流通作为国民经济的血液和神经，连接着各个产业，是实现经济要素流动的重要渠道和载体。流通业的现代化程度和运营效率决定着市场经济整体效益，是市场经济成熟程度的反映。但是长期以来，受"重生产、轻流通"的观念影响，流通业的产业地位未得到充分认可，产业发展未得到充分重视，虽然近年来流通业迅速发展，已经成为第三产业的重要组成部分，产业增加值占 GDP 的比重超过 13%[①]，但这一数字不仅低于美国、日本等发达国家，而且低于巴西、印度等发展中国家，与我国贸易大国地位极不相称。

中共十八届三中全会《决定》提出"建设统一开放、竞争有序的市场体系，是使市场在资源配置中起决定性作用的基础。必须加快形成企业自主经营、公平竞争，消费者自由选择、自主消费，商品和要素自由流动、平等交换的现代市场体系，着力清除市场壁垒，提高资源配置效率和公平性"，对流通产业发展提出

---

① 宋则：《我国商贸流通服务业战略问题前沿报告》，中国社会科学院财经战略研究院创新项目中间成果。

了新的要求。因此，要进一步提高政府及全社会对流通产业重要性的认识，提升流通产业地位，充分发挥流通启动市场、衔接产需、促进消费、推动技术进步，提高经济运行效率的作用，更好地为推动经济增长服务。

2. 流通产业发展方式的转变

由于流通产业本身多属于传统服务业，进入门槛较低，小规模、低素质企业较为集中，我国流通产业整体组织结构不合理，产业集中度较低，产业技术水平相对落后，产业发展水平不高。以零售业为例，目前年销售额在 1000 亿元以上的企业仅有三四家，缺乏具有国际竞争力的大型跨国企业，中小企业占 90% 以上，国内零售连锁企业基本以区域市场为主，企业经营同质化现象普遍、"价格战"为主要手段，恶性竞争频发。因此，流通产业整体亟须转变发展方式，由低水平、低素质的发展模式向新型、高效方向提升，以大企业引领带动，提升整个行业发展质量和竞争力。这不仅关系到流通产业的自身效益，也关系到人民群众生活质量的提高以及我国从贸易大国向贸易强国的转变，更是我国经济发展方式转变的重要组成部分。

3. 流通秩序的改善

由于我国市场经济的法律体系和政策制度不完善，导致目前流通秩序混乱，流通领域存在着严重的不公平竞争与限制竞争现象，表现为地方政府干预企业市场竞争，对市场设置行政进入壁垒，行业利润率不断下降，而我国缺乏相应的政策法律措施加以限制，企业处于不公平竞争状态。因此，应理清政府与市场的边界，严格限制政府不恰当行为，给予企业充分竞争的权利和发展空间。

同时，由于信用体系不完善，企业行为缺乏严格的制度约束，企业违法成本较低，导致很多企业缺乏诚信，制假售假、以次充好等现象屡禁不绝。因此应加快建立社会诚信机制，构建完善的信用体系，加大对企业"失信"、"违约"的惩处力度，提高违法成本，并利用媒体监督和社会监督，对违法企业曝光并持续跟踪，通过社会舆论倒逼违法企业尤其是著名企业，使其承担社会责任，强化诚信意识。

4. 流通效率的提升

流通产业的现代化程度和运营效率决定着整个市场经济的运行速度与效益，是市场经济成熟程度的反映。流通效率反映出经济在配置资源、调节供求和满足市场方面的能力和水平，是衡量国民经济运行质量的重要指标。目前，我国流通业效率较低，难以满足国民经济快速增长的需要，在一定程度上阻碍了发展，主要表现在：①第三方物流发展缓慢，物流效率差。目前我国大部分企业仍使用传统自有物流模式，汽车空驶率高达37%，而美国、日本等国大量采用第三方物流，汽车空驶率大大降低，一般在5%以下。物流效率低导致物流成本大幅提高，有关数据显示，我国物流成本占GDP比重为16.7%~18%，而发达国家物流成本占GDP比重仅为9.5%~10%。②商品流动效率低，流通企业供应链渠道尚未完全建立，供需双方信息不够通畅，导致我国商品流动效率比美国和日本低1/3。[①]③流通信息化水平滞后，虽然信息技术发展迅速，但在流通产业的应用处于初级阶段，流通企业采购销售等环节信息化水平普遍不高，在很大程度上影响了流通产业的整体效率的提升。

二、流通体制改革的重点领域和重点问题

（一）重点领域

1. 理顺行政管理体制

长期以来，我国行政管理实行"条块"分割，流通产业由于涵盖范围广，涉及领域多，导致行政管理分散，与流通产业相关的管理部门多达十几个，包括商务部、国家发展和改革委员会、农业部、食品药品监督局、工商总局、质检总局、卫生和计划生育委员会、交通部等，每个部门基本上各管一段，既存在交叉重叠之处，也存在许多监管空白和盲点，尚未形成相互协调的管理体系，使监管难以真正落到实处，经常出现政出多门、互相扯皮的现象。

2. 打破行业垄断与不同所有制差别待遇

目前，一方面，除粮棉、石油、成品油、烟酒、食盐、药品等某些特殊商品外，还有很多商品流通仍然处于分割状态，行业垄断在很多流通领域仍然事实存在，导致资源配置难以通过市场实现，企业难以实现公平竞争，对提高流通效率产生很大阻碍。另一方面，国有流通企业在实际运营中享有较为优越的"身份"优势，政策资源、市场资源等都向国有流通企业倾斜，包括上市融资审批、企业贷款、税收减免等，导致非国有流通企业和国有流通企业之间事实上处于

---

① 马龙龙：《论我国批发产业的振兴战略》，《财贸经济》，2011年第5期。

一种不平等的竞争状态，严重影响了民营企业的成长，也不利于流通产业的整体发展壮大。

3. 给予中小流通企业健康发展的外部环境

2004 年流通产业全面对外开放以来，很多地方政府为招商引资，不顾本地商业发展环境，纷纷对国外大型零售企业给予超国民待遇，提供各种优惠政策，导致很多地区存在着过量引进、盲目引进的现象，造成流通领域过度竞争严重，低水平竞争十分激烈，中小企业经济效益持续下降，阻碍了小企业的正常发展。因此，我国应借鉴美、法、日等国经验，制定扶持中小流通企业政策，保护大量中小企业的生存和发展，以避免过度竞争、追求规模经济为主要政策目标导向，给予中小流通企业平等发展的机会。

4. 建立统一高效的市场体系

（1）打破地方保护主义建立统一地区市场。尽管我国加入 WTO 已经十多年，市场发育逐渐成熟，但各种形式的地方保护主义和区域贸易壁垒层出不穷，内部流通市场区域分割依然严重，不仅存在省（直辖市、自治区）际之间的商品贸易阻碍，而且在同一省（直辖市、自治区）内，市县之间、市市之间、县县之间也存在商品贸易障碍，流通企业很难实施跨区域的经营与发展，不利于市场资源和产品优化配置，导致"大市场、大流通"的内部统一大市场至今无法实现。

（2）双向联动推进内外贸一体化。由于我国长期以来"重外贸、轻内贸"，对外贸出口企业在各方面给予扶持，引致国内流通企业发展长期受到挤压。在 2008 年实现内外贸税收政策合一以后，地方政府依然对引进外资比内资提供较多的优惠政策，导致内外贸两个市场严重割裂。在内外市场分割下，国内企业难以真正"走出去"，实现国际化经营；同时，外向型企业缺乏内部流通渠道，无法进入国内市场，导致其脆弱性提高，抗风险能力弱化。

（3）城乡统筹实现城乡一体化。改革开放以来，随着工业化和城镇化进程加快，城乡差距缩小，但是在流通领域，各类商业设施呈现向"城市集中聚集"态势，农村流通设施严重不足，设施落后，服务网络匮乏，城市和农村网络结构不均衡，城乡市场差距日益加大。与此同时，由于城乡双向流通体系尚未建立，缺乏连接农村与城镇之间需求与供给的纽带，农产品销售"卖难"问题始终没有得到有效解决，影响了整体流通效率的提升。

（二）需要解决的重点问题

1. 反垄断法律体系不够完善

2007 年 8 月，我国颁布了第一部《反垄断法》，在程序上明确了垄断行为的法律责任和规制原则。《反垄断法》不仅禁止垄断协议、禁止滥用市场支配地位和控制企业合并，而且对阻碍经济发展的行政垄断行为进行了规制，但是由于只规定了反垄断的一些基本原则和制度，缺乏相应的配套法规，使其难以真正落地。

2. 缺乏公益性流通基础设施体系

目前我国许多流通基础设施都是政府监管、企业出资、市场化运营，导致基础设施存在过度市场和商业化开发问题，抬高了流通成本，提高了最终销售价格，进而转嫁到消费者一方。通过考察国外情况，可以看出美、法、日、韩等国都将流通基础设施作为公益性产品，由政府投资兴建，并且给予免除税收、免收或者收取低额租金等优惠待遇，不仅降低了经营费用，而且发挥了监控市场价格的功能，承担了部分政府职能。我国也应借鉴国外经验，在免收高速公路费的基础上，建立一批公益性基础设施，包括农产品批发市场、冷库、码头以及道路建设等，为流通领域提供更多的公共服务，从而减轻流通企业负担，提高流通效率。

3. 流通企业税负过重

我国税收制度一直实行流转税体系，也就是说，商品税收主要体现在流通环节。具体来看，一件商品在流通过程中，企业需要缴纳消费税、增值税、营业税、企业所得税、城市维护建设税、印花税、车船使用税，城镇土地使用税等多种税费；除了缴纳各项税收外，还要负担各项收费，如教育费附加、地方教育费附加等，以及其他各行政部门的各类收费，这些税费在流通的每个环节都需要缴纳，多重叠加导致流通费用占到商品总成本的 50% 以上，使流通成本居高不下。

4. 市场秩序混乱

尽管有关部门出台了许多措施打击各类商业欺诈行为，整顿市场秩序，但是由于惩处力度较弱，违法成本不高，效果并不显著。目前，很多企业视违规违约为常态，偷税漏税、会计造假、操纵利润等屡见不鲜；在生意往来中，恶意合同违约、逃债、假破产等比比皆是。一些企业制假售假，包括一些著名企业采取各种手段欺瞒消费者等，已成为一种商业生态，2012 年我国工商机关立案查处侵权假冒案件 12.04 万件，向司法机关移送涉嫌犯罪大案 1576 件，比 2010 年翻了两番多[①]。可见，市场秩序混乱，已经到了"非治不可"的程度，不仅危害到商业环境，更阻碍了国民经济的健康发展。

三、流通体制改革的对策机制和措施建议

（一）健全流通产业管理机制

1. 创建新型管理体制

（1）**建立综合性行政管理体系，实行联动机制。**政府应转变流通管理方式，建立高级别的监督管理体系。建议由发改委、商务部、卫生和计划生育委员会、食品药品监督管理局（质量监督总局）、工商总局等主管部门组成流通产业监督与促进委员会，对流通产业发展进行综合管理。也可以借鉴发达国家经验，实行纵向管理，政策规划、管理政策都由同一部门出台和执行，减少扯皮和不协调现象，例如，日本的农林水产品及食品流通都由农林水产省负责，地方的流通行政管理由地方政府的经济局或经济部负责，纵向上受通产省领导；美国农产品市场的管理权限在农业部，农业部下设 7 个业务总局，分别为国际事务及商品计划局（主管销售）、经济总局（下设有农产品产销及情报机构）、科技总局（下设有专门研究农产品利用和储藏的机构）。

（2）**借鉴国际经验，设立小企业管理局。**由于流通产业以中小企业居多，为了促进中小流通企业良性发展，美国在商务部下面专门设立了小企业发展管理局，对流通小企业给予财政援助，同时对其经营发展进行指导，小企业管理局的职能主要是对小企业的管理和技术发展提供咨询、培训服务等，并定期发布各行业的统计数字、财务分析，帮助小企业与各大学建立联系，为小企业发展提供指导或专业培训，提升管理人员素质。

我国中小流通企业众多，由于缺乏有效保护和经营指导，面临着巨大的

---

① 苏晓洲等：《中国商业深陷信用缺失黑洞：三百六十行诈骗为王》，《经济参考报》，2013 年 11 月 25 日。

过度竞争压力，举步维艰。应借鉴发达国家经验，在商务部下面设立小企业发展局，专门维护小企业的利益，向小企业提供资金、技术、管理援助，帮助小企业在税收减免、获得贷款等方面获得均等机会，从而促进中小流通企业健康发展。

2. 实施流通惠民战略

改革开放以来，我国在发展流通产业过程中，一直实行政府主导、多元化经营的方式，政府对商贸流通基础设施的投入不断减少，原来具有公益职能的流通基础设施，多数转为由企业经营，还有一些应由国家承担的建设项目也都由企业投资经营，同时放松了对流通领域的监管，导致很多问题凸显，如食品安全问题、社会责任问题、农产品流通成本居高不下等。从发达国家发展流通业的经验来看，一些基本公共产品也都由政府直接或间接提供，例如欧盟主要国家以及日本在流通业发展中，基础设施多由国家政府统一规划，制定流通产业规制政策并给予资金支持，对企业进入的数量、质量、期限以及经营范围进行规制。对我国目前情况而言，流通公共设施主要包括社区商业、农产品批发市场、物流基础设施等。

（1）**社区商业。**社区是城市商业的基础，社区商业是以一定居住地域为载体，以社区范围内居民委服务对象的属地型商业，提供的服务主要是根据社区居民日常生活服务的需要，减少其出行成本，节约时间和交通费用，具有综合性和便利性的特点，是一项最具体、最现实的民生工程，因此从产业发展角度讲属于公益性设施，政府应当加以政策扶持。

（2）**农产品批发市场。**我国传统农业生产方式以家庭式小农生产为主，农业生产规模小且分散，市场化程度不高，农民组织化程度较低，难以直接面向终端消费者，因此批发市场在解决农产品"卖难"，同时满足人民日常生活需求方面发挥着不可替代的重要作用，但是由于缺乏统一规划、管理体系不完善等，导致农产品批发市场在一定程度上成为推高零售价格的"推手"，因此需要政府提供相关政策支持和管理服务，充分发挥农产品市场的价格调控和信息发布功能，使农产品批发市场在农产品贸易和流通方面发挥积极作用。

（3）**物流基础设施。**物流业是现代经济运行的命脉，其发达程度是衡量一个国家经济发展水平的重要指标。我国物流业起步较晚，发展速度很快，政府相关部门也对物流业的发展给予高度重视，但是由于政策管理不到位，物流业的发展仍然面临很多问题，尤其是以物流园区、冷链物流为代表的物流基础设施，属于支撑物流业发展的基础性供给部分。目前出台的支持政策和配套措施缺乏整体性和实施管理细则，尚未发挥应有作用，因此需要加以完善和细化，提高物流园区和冷链物流在提升物流业运营效率中的积极作用。

（二）重要举措

1. 提高流通产业定位

进一步提高政府及全社会对流通产业重要性的认识，通过提高流通业的产业定位，转变地方政府对流通业的固有观念，增强重视程度。建议将流通业提升为国民经济战略性支柱产业，并出台相关鼓励政策措施，在融资、税收、用地等方面给予流通产业优先权，激发地方政府发展流通产业的积极性。通过明晰政府职责，限制"有形之手"的权限和范围，以政策服务代替行政管理，以科学规划、法律法规和相关政策为流通企业提供公平的市场环境，并引导企业不断良性发展，争取到"十二五"期末，流通产业增加值占到 GDP 的 18%~23%，在国民经济中发挥更大作用。

2. 完善流通立法体系

（1）**完善《反垄断法》体系，提供公平的市场竞争环境**。反垄断法律体系是规制市场行为、提供公平竞争环境的基础和核心。从发达国家的经验来看，美国以反垄断法的规制政策为主，欧盟各国则基于《罗马条约》第 85 条和第 86 条，以《欧盟竞争法》及各国竞争法为主[1]。我国已出台了《反垄断法》，但是还应完善相应的配套法规，彻底消除流通产业发展中面临的体制性和政策性障碍，打破地域间行政性或行业性垄断，防止形成经济垄断以及跨国公司进入我国市场后形成市场垄断。此外，还应出台规范合同行为的法律，保护竞争、禁止不正当竞争行为的法律，规范新型交易方式的法律等。与此同时，应强化严格执法意识，建立执法监督机制，使法律规定真正发挥作用。

（2）**出台中国的"罗宾逊波特曼法案"，保护中小企业**。1936 年前后，美国零售连锁企业向供应商收取各种费用的现象，包括缴纳进场费、提高折扣比例等，导致全美中小制造商及经销商联合起诉，促成《罗宾逊波特曼法案》（《连锁商店价格限制法》）。该法案规定，对有可能垄断市场的商家不许向供应商收取进场费，禁止向供应商要求特殊折扣等不合理费用，对供应商不能采取大小有别的政策。这杜绝了零售连锁企业依靠压榨供货商获取利润的现象。

---

[1] 林至颖：《中国与欧美流通发展比较及启示》，《中国流通经济》，2012 年第 1 期。

我国有关部门针对零售企业向供货商普遍收取进场费的现象也出台了一些管理措施，但是监管力度不够，对零售企业的行为没有起到约束作用，而且随着供应商的觉醒，供售双方的矛盾愈演愈烈。因此国家相关部门应借鉴国外成熟法案的做法，在法律层面出台中国的"罗宾逊波特曼法案"，设立大商场收费管理听证制度，规范零售商企业进货交易行为，杜绝各种乱收费，从而保护供应商的合法权益，也敦促零售企业重视提升经商能力和内在竞争力，引导我国零售业走上健康持续的发展之路。

（3）**制定适度市场壁垒政策**。为遏制过度竞争进一步扩大，政府应制定适当的产业进入标准，既可以控制商业规模盲目扩张，又能提高其规模质量，采用适度壁垒将低素质和低效率的企业拒之门外，为具有发展前景的企业创造良好的竞争环境。根据不同地区和不同行业，设置不同的市场进入标准，一般可通过立法制定最小经济规模标准。同时，对新建大中型流通企业实行审批制度，确保大型商业企业数量与购买力水平及城市规模相适应，并且根据不同地区的具体情况，按照流通企业数量适度、规模适度、布局合理、结构合理的原则，作出中长期规划，通过规划引导商业网点的合理发展。例如，政府应对连锁经营企业在规模上进行适当管制，除规定最低的门店数量外，对其最高数量也应进行合理测定，防止因门店数量的盲目增加而导致过度竞争。

（4）**制定流通产业退出政策**。在成熟的市场经济体系中，企业进入、退出或淘汰是市场竞争的普遍现象，但是我国目前缺乏相应的法规政策，因此对于流通企业退出，政府应尽快完善各种流通业态的终止、解散、撤销、破产方面的法律制度，尤其是尽快出台统一的《破产法》，结束国有流通企业与其他所有制流通企业进入破产清算程序适用法律不一致的状况，并且要完善各种流通业态退出流通市场的监督机制。

3.财税金融体制改革

（1）**完善"营改增"试点经验，实行结构性减税**。2012 年 8 月以来，我国对北京、上海等 11 个省、市、自治区实行营业税改征增值税试点，初步达到了结构性减税的目的，但是一些流通相关产业的税负出现上升现象，如与流通业紧密相关的交通运输业，由于其一般纳税人所适用的税种与税率从原营业税的 3%提高到增值税的 11%，而现实中企业可抵扣的进项税金有限，导致该行业整体税负上升。因此，应尽快完善增值税抵扣链条、将所涉行业尽可能多地纳入征税范围，同时还应采取财政专项资金等过渡性财政扶持措施，对税收负担增加的企业给予一定照顾，将更有助于解决部分行业税负不降反升的问题。

（2）**多种财税措施并举，逐步提高直接税比重。**公共财政促进流通体制改革，其措施包括公共财政支出与税收两个方面。在公共财政支出方面，各级政府可以直接利用预算支出的形式投入到流通领域的重点工程项目，利用财政补贴形式建立相应的扶持基金，采用财政贴息的方式引导银行信贷资金流向，对政府重点扶持的流通企业、流通工程项目的银行贷款利息给予全部或部分补贴，政府还可以向关系国计民生的民间资本上难以承担的大型流通领域基础设施建设项目进行财政投资，以弥补市场失灵，为流通体制改革创造良好的基础环境。

在税收方面，除了加快"营改增"改革外，党的十八届三中全会《决定》指出，要"完善地方税体系，逐步提高直接税比重"，因此可以考虑利用税收优惠措施的地区导向和行业导向功能，对流通行业欠发达的地区或亟待扶持的流通行业实行基于时效性的税收优惠政策。比如可以考虑在税收优惠政策上向流通业欠发达的中西部地区实行政策倾向，为了促进"菜篮子"工程的发展，可以对从事"菜篮子"生产经营的企业实行所得税减免；对于跨地区经营的全国性或区域性流通企业，采取统一认定的税收优惠措施，以利于这些企业扩大经营规模。值得指出的是，发挥税收优惠措施促进流通体制改革的积极作用，应注意保持税收中性原则，保证市场是资源配置的基础，避免因税收优惠政策所带来的市场扭曲，误导企业经营决策。

（3）**清理不合理的收费政策，降低流通行业费用负担。**流通企业除了缴纳各项税收外，还要负担各项收费，既包括向政府缴纳的各种收费，如教育费附加、地方教育费附加等，还包括向其他企业缴纳各类费用，包括进场费等。对于政府征收的各项收费，本着清费立税的原则，严格控制收费政策的出台，对已有的收费政策进行科学论证、全面清查，废止、取消不合理的收费政策。对于企业间的收费措施，政府通过法律法规形式，采取政策引导方式，规范清理农产品市场收费、零售商供应交易商交易收费等流通领域的诸多收费行为，杜绝不合理的收费行为，切实降低流通业的收费负担。

（4）**健全财税优惠政策的绩效评估体系，提高政策效果。**从目前看，对于支持流通业的发展，政府出台实施了不少的财政优惠政策措施，如 2011 年颁布的《国务院关于深化流通体制改革加快流通产业发展的意见》，提出了若干有助于流通业快速发展的财政税收政策，加大财政投支持力度，减轻流通行业税负等。相较于这种政策投入，也必须更应该重视政策产出效果。为此，对于已实施的财政税收优惠政策，建立健全政策效果评估体系，科学客观地评价政策的实施效果，避免主观随意性，及时发现并纠正政策实施中出现的问题，防止财税支持不足或过度而带来的资金浪费或效率低下现象，并以政策效果评估为契机，增加优惠政策的公开透明度，以利于建立公平有序的市场竞争环境。

（5）**设立中小流通企业风险基金，给予金融政策支持。** 由于中小流通企业负担较重，而且融资能力较弱，因此应进一步进行金融体制改革，拓宽融资渠道，帮助中小企业获得小额贷款或融资优惠。同时，建议设立中小流通企业风险基金，资金来源从流通企业上缴利润中提取1%，通过地税代征，以低息或小额贷款的方式操作，对流通企业提供资金支持。对于将风险基金挪作他用的企业则给予严厉处罚，不再向其提供后续资助，并要缴纳一定数量的罚款等。

4. 实现全国统一市场

国家从战略层面逐步理清中央政府和相关部门的利益关系；规范各级政府和部门的利益行为，彻底解决地方保护主义和部门保护主义思想，加快区域市场建设；促进区域经济一体化，鼓励已经形成的长三角、珠三角、环渤海等经济区率先建立区域性统一市场，建立和完善区域利益共享和协调机制，通过促进区域市场的整合，推动全国统一市场的建设；制定统一的市场交易制度，合理确定市场竞争规则；加强统一市场法制体系建设，形成有利于市场主体公平竞争的法制环境，保证市场交易的规范化、市场运行的有序化、市场竞争的公平化。对城乡商贸流通要统一管理，建立一套既确保供求稳定，又提高流通效率、优化资源配置的政策体系，优化农村消费和农产品销售环境，加大对从事城乡商贸流通企业的优惠力度，鼓励支持涉农金融机构推动产品和服务方式创新。同时，制定支持流通业大发展的战略，促进流通业的快速升级，加快构建城乡统一、区域统一、国内统一大市场和内外贸一体的大市场体系。具体来看：

（1）做好城市商业网点规划，深入调查城市商业网点布局现状，在现有中心商圈的基础上，构建以城区商业中心为支撑、以社区商业中心为骨干、以便民服务网点为基础的城市商品零售网络，尤其要重视社区商业，以满足社区居民的最基本需要为特征，构筑社区居民宽松、舒适的生活环境。

（2）实施城乡双向流通，推进农村市场现代流通体系建设，积极搭建工业品和农资下乡村、农副产品和废旧物资进城的双向流通平台，扶持农资连锁经营，提供农业技术服务，完善农资流通服务体系，对农业的投资品，包括农药、化肥、种子、塑料薄膜和大型农机具，提倡产销直接挂钩、封闭式管理，防止农业物资假冒产品进入流通领域，建立安全畅通、可逆、低价的农业生产资料流通体系，以维护农民的切身利益。同时，推广多种形式的"农超"对接，包括"超市+基地"、"超市+农企"、"超市+农户",以及"超市+联购",以最短路线、最快时间、最低成本做到建立多种形式和多条流通渠道、实施"利农、惠民、益企"三方共赢的民生工程。

(3)培育一批连接城乡、规模较大、集聚和辐射力较强、具有区域示范效应的专业市场,实现所有行政村农资中心和日用品超级市场全覆盖,形成城区商贸中心、镇级商业中心、村级(社区)商业中心相互依托、互为补充,规模适度、层次分明、结构完善、功能齐备的城乡商贸和谐发展的大市场、大流通、大商贸格局。

(4)建立农村社区基本生活服务网络。在城镇化过程中,注重将商贸业用地纳入农村社区建设的统一规划中,积极推动新型农村社区商业服务网点的布局与建设,实施以"便利消费进社区,便民服务进家庭"为主题的"双进"工程;支持连锁企业进入社区新建和扩建的各类便民、利民的商业网点、物流配送中心和生活服务体系,逐步形成门类齐全、便民利民的城市社区服务网络;要继续开展创建商业示范社区工作,以点带面,带动社区商业的发展。同时将传统流通业态与新型流通业态结合起来,以城乡统筹为出发点,做大流通市场,培育流通组织,创新流通方式,改善流通环境,提高流通组织化和标准化程度,扩大流通规模。

5. 实现内外贸一体化,推动国内流通企业"走出去"

长期存在的国内外市场分割造成我国大量出口企业难以在国内找到销售渠道,使其只能以低廉的价格依靠海外市场生存,而且由于制成品在海外的销售高度依赖当地既有流通渠道,使其再次让渡部分利润,自身处境愈加艰难。因此,我国应以自主渠道、品牌建设为中心,以现代服务业为基础,努力实现传统工业资本主导向商业资本主导转变。从长远来看,构筑强大的自助渠道并向海外延伸符合我国的最大利益,因为当流通产业走出去进行海外扩张经营,一方面可以培养自主销售渠道和自主品牌,获得价格主导权,提升制造业的分销能力,另一方面可以获得更多的国际分工利益,并通过国际市场增强化解国内经济存量矛盾的能力。

具体来看,主要措施包括:①国内商贸企业应增加海外投入,在国外抢滩登陆、开辟大规模由供应链支撑的采购分销窗口和基地网点;②打破内外贸分割局面,培育一批内外贸一体化的现代企业集团"走出去",通过借助海外华商形成的商贸影响力,广泛联系当地机构和企业,了解当地文化环境,融入当地社会,进而在海外直接投资、收购兼并、代理转自营;③促进商品内销和外销之间灵活转换，推动"外贸大集"常态化，积极探索外贸企业建立内销机制和内销风险基金，与此对应，内贸批发、零售企业也要建立针对出口转内销的采购机制和采购风险基金，从而降低购销风险。

6. 提高流通信息化水平，提高流通效率

科技进步是流通产业发展的根本动力。20世纪90年代以来，信息技术发展迅猛，互联网与电子商务应用广泛普及，对流通产业发展产生巨大的推动作用，可以说，流通效率的改善在很大程度上取决于现代信息技术的应用程度。尽管在政府的推动下，我国流通技术政策已经得到完善，但是流通产业信息化水平还不是很高，因此应加大力度推进流通产业的技术革命，提高流通产业的科技含量，一方面要采用推广先进的技术与经验，另一方面要兼顾不同的发展层次，如信息基础平台建设等，发挥流通产业在国民经济中的先导作用。

（1）加快制定流通信息技术的规范和标准。推广信息系统在流通企业中的应用，鼓励有条件的流通企业与供应商、制造商的网络连接，实现 EOS、EDI 信息交换[1]，使流通领域信息传递加快，信息处理效率提高，为流通企业全球化开展经营，实现规模效益提供技术手段。同时，在物流信息传递技术方面，我国应借鉴欧盟的做法，不仅实现企业内部的标准化，而且在企业与国际市场之间实现标准化，全方位地实行与世界标准兼容。从推行行业标准开始，逐步过渡到国家标准乃至强制性标准，根据实际情况设置"门槛"、"普通"、"先进"等不同标准层级，政府通过定向资金支持，鼓励企业实施标准化，一方面引导市场主体提升水平，另一方面将先进成果逐步吸收融入到国家整体技术标准中。

（2）加快建设企业诚信互联网络平台。诚信缺失是当前市场体系中的一大痼疾，通过构建信息平台，可以将流通信息充分沟通，并以利益共享为机制，促使流通企业自觉自律，以形成协同自序的状态。建议以商务部为主体，建立一个联系工商、银行、税务、海关以及各个行业协会的流通企业诚信互联网络信息平台，有关部门和企业可以将相关市场行为主体的诚信资讯记录在案，供政府部门、企业和市场中介等及时查询，同时流通主管部门也及时将流通信息通过网络平台发布，使所有相关企业、上下游客户能够信息共享，对市场的任何变化随时可以掌握与及时作出对策，从而引导流通资源的合理配置[2]。

---

[1] 谢宝禄：《优化商品路通企业组织结构的思考》，《商业经济》，2008年第6期。
[2] 江涌：《零售业隐忧凸显》，《世界知识》，2008年第15期。

（3）**推动农产品批发市场信息化平台建设**。信息化应用正在成为建设现代批发市场的重要手段，特别是电子商务在农产品流通中起到越来越重要的作用。农产品电子商务只有与农产品批发市场的业务结合后创新，才是组建新的利益共同体，使农民、经销商、市场、终端顾客实现多方共赢。从西方发达国家的市场发展情况来看，有形市场已仅局限于鲜活商品及大宗农副产品的批发，以日本为例，目前有形市场只批发果菜、肉类、水产、花卉四类产品，整个市场也仅做批发而不从事零售。像其他国家的重要商品，除上述几类外，均以无形市场形式进行交易。交易方式多以电脑成交票据结算进行。通过电脑互联网络进行参考价格的查询，以银行兑付方式替代大量现金的流通。我国虽然在推广"金桥工程"等先进的结算方式，但更多的批发市场仍然局限于"银货两讫"的原始交易形式，由此必然形成市场大规模占地，包括运输、仓储等交易成本的大量增加。因此，在有条件的情况下推行无形市场的培育与发展，大力发展电子商务，加强农产品批发市场的信息化建设，实现交易手段的更新和演进，实现农产品批发市场传统交易手段的信息化升级，确保实现农产品交易管理的可追溯。

（4）**推动冷链物流信息化**。建立区域性农产品冷链物流公共信息平台，实现数据交换和信息共享，优化配置冷链物流资源。鼓励企业进行信息化建设，提升冷链物流业务管理的信息化管理水平。推广应用条形码、RFID、冷藏车温度记录仪等物流技术，实现冷链全程温度控制。此外，建立完善的冷链质量信息发布和责任追究系统，明确冷链物流信息报送和信息交换的责任机制，提高政府监管部门的冷链信息采集和处理能力，提高行业监管和质量保证水平。

7. 创新流通方式，提高物流配送水平

流通方式是流通行为基本方式的反映，与社会经济、政治、文化等诸多方面密切相关。目前，国外现代流通方式主要包括连锁经营、电子商务、物流、供应链管理等，虽然近几年我国传统流通方式逐步得到改进，但是随着整体经济水平的提高，还将进一步发展超级市场、便民店、专卖店、仓储式商场、购物中心等多种业态。

塑造多层次、多类型的物流配送格局。一是加强连锁企业内部物流配送中心的建设和管理。根据企业的实际情况，合理确定配送中心的建设规模和水平，加强对物流配送中心的管理，逐步实现仓库立体化、装卸搬运机械化、拆零商品配货电子化、物流功能条码化、配送过程无纸化，并建立自动补货系统，为连锁企业提供安全可靠、高效率的配送体系。二是整合物流资源，建设专业化、社会化的第三方物流企业。通过资产联合重组和专业化改造，充分利用和整合现有物流资源，特别是与批发企业和储运企业改组、改造相结合，打破行业界限和地区封锁，有计划、有步骤地完善和发展社会化的物流企业，特别要鼓励引导为连锁企业提供跨地区配送服务的社会化物流企业的发展，解决连锁企业异地扩张的瓶颈。

8. 构建基础设施公共支撑体系

（1）**建立公益性农产品批发市场**。批发市场是我国农产品流通的重要环节，在促进农产品销售和保障城市居民日常生活方面发挥了巨大作用，但由于是属于经营性质的企业，因此需要对进驻商户收取摊位费、管理费、交易费等多种费用，而经营户进一步将各种费用转嫁给消费者，从而推高了农产品最终价格，这也是我国农产品价格在产地和销地差异巨大的主要原因之一。通过考察国外情况，可以看出美、法、日、韩等国都将农产品批发市场作为公益性产品，由政府投资兴建，并且给予免除税收、免收或者收取低额租金等优惠待遇，不仅降低了经营费用，而且发挥了监控农产品市场价格的功能，承担了部分政府职能，为政府调控农产品供应提供依据。我国也应借鉴国外经验，建议借鉴国外经验，出台专门法律将农产品批发市场纳入国家公益事业的行列，在开设审批、市场准入、交易行为、交易规范、产品标准等方面做出严格规定，对摊位费、进场费等进行限制。全国或区域性中心批发市场及中型批发市场应纳入政府建设规划，由政府统一安排，并提供配套服务，在土地征用、税收、贷款等方面给予减免和优惠。同时要加强预选分级、加工配送、包装仓储、检验检测等设施设备建设改造，支持农产品冷链物流发展，逐步形成全程冷链，提高我国农产品流通效率。

（2）**合理规划物流园区发展**。物流园区具有基础性、公共性和服务性的特点，目前，各地区、各部门都制定了与物流园区相关的规划，但是缺乏整体规划布局，很多物流园区存在重复建设问题，导致土地、人力、财力和相关资源的严重浪费，造成社会物流资源的供需不平衡。因此建议，在确定总体建设规模的基础上，优先安排现有物流资源的整合利用和改造提升。同时，各地物流园区规划要服从于全国规划，要体现九大物流区域、十大物流通道和三级节点城市等基本布局。要与交通运输规划、城市建设规划、行业资源配置等有效衔接。全国性物流节点城市的物流园区建设规模由中央政府统一调控和管理，其他地区物流园区规划应报省级人民政府批准。此外，要加大西部和中部地区物流园区的建设，促进全国现代物流网络的完善。

（3）**加快推进冷链物流体系建设**。应充分发挥政府的宏观调控作用，结合我国国情，借鉴发达国家经验，建立政府、行业协会和龙头企业联动机制。根据目前我国优势农产品区域布局和农产品冷链物流的特点，建立多种组织形式并存的农产品冷链物流体系。此外，在财政金融政策方面适当考虑冷链物流企业、配送中心减免增值税和所得税；对农产品冷链物流企业实行优惠贷款政策，包括低息、贴息、放宽还贷期限、放宽抵押条件等。

重点加强批发市场等重要农产品流通节点的冷藏设施建设，在大中城市周边加快建设布局一批农产品低温配送和处理中心，完善与冷链物流相配套的各类设施建设。鼓励企业在产地、销地建设低温保鲜设施，从源头实现低温控制，建立以生产企业为核心的冷链物流体系，实现产地市场和销地市场冷链物流的有效对接；鼓励大型零售企业开展生鲜食品配送中心建设，提供冷链物流服务。

在存储设备技术方面，采用技术先进的自动冷库技术和气调库技术；在运输设备技术方面，使用新型的制冷和保温效果好、能耗低的冷藏车，还可使用冷藏集装箱，实现冷藏货物的门到门运输，提高冷链运输的速度和衔接紧密性。

9. 加快信用体系建设，改善商业环境

市场经济是建立在信用基础上的。当前，我国商业诚信体系不健全，商业环境恶化，在一定程度上抑制了居民消费。政府应该充分发挥"有形之手"的作用，通过行政手段、法律手段、经济手段等逐步改善市场消费环境，提高居民消费满意度，同时积极完善有利于构建市场诚信体系的法律法规，加大对关系顾客人身安全健康的行业和企业的监管，具体建议如下：①出台专门的商业信用法律，对企业的"失信"行为实行严格的惩罚机制，同时对诚信企业给予表彰和奖励，使"诚信"成为一种社会责任；②建立联合监管体系，堵塞市场监管和质量认证程序中存在的管理"空白"，从源头上切断不诚信产品进入市场的通道；③建立行业诚信联盟，由行业组织制定统一标准，对违反企业进行严惩，重者驱逐出本行业，使"诚信"成为企业一种自律行为；④建立独立的商业信用评价体系，通过制定商业信用标准、建立商业诚信档案数据库，减少经营者与消费者之间的信息不对称现象，推动信息透明化、实现信息共享，降低消费者的"搜寻"成本。

10. 发挥流通主导功能，促进消费

（1）**鼓励企业产品创新，加大市场推介活动**。在当前消费群体多元化、消费结构动态化的背景下，通过创新实现产品差异化，成为企业保持持久竞争优势的关键所在。在创新产品过程中，要根据消费者的不同收入水平进行需求细分，并通过植入先进和时尚的理念，提供"量体裁衣"的创新型消费品，满足不同层次消费者的差异化需求；而且要根据不同消费群体的消费倾向存在明显差异的特

点，提供有针对性的解决方案，打造特色鲜明的消费热点，使各类消费群体都拥有满足自身特点的产品和服务。

在此基础上，加大市场营销活动，通过产品发布会、交易展览会等渠道宣传新型产品，有针对性地选择户外广告、报纸、杂志、电视、网络等媒介推广公司产品，形成顾客的凝视效应，进而引导其消费。同时，关注市场需求的变化，适时调整库存产品，采取加大折扣优惠活动等方式促进消费。

（2）**创新金融产品，提高金融促进消费力度**。生命周期理论认为，完善的金融资本市场对于居民实现跨期平滑消费具有重要的支撑作用。同时，由于消费主体进行市场交易时会存在现时的资金缺口，需要金融机构提供融资需求。由于我国资本市场发展不完善和金融机构信贷的大量约束，使得我国的消费信贷整体呈现出供给不足的局面。直接融资和间接融资渠道的不畅通，使得居民的流动性约束加大，消费意愿下降，消费行为变得谨慎。在当前扩大内需的环境下，通过金融产品创新扩大消费具有重要作用。具体措施如下：①建立资质可靠、市场认同较高的第三方评估机构，合理评估抵押资产，同时增加可抵押资产的范围，完善无形资产、债券抵押、商业用地抵押制度，促进居民跨时消费的实现。②鼓励银行同零售企业合作，提升电子结算水平，扩大银行卡使用范围，发展消费金融等新型金融产品。③支持农村信贷产品发展和管理模式创新，探索针对农村居民收入特点的分期支付制度，降低一次性大额信贷支付压力；推进小额信贷实施范围，解决农村居民生产性消费资金不足的状况，降低其流动性约束，实现跨期平稳消费。

（3）**加快电子商务发展，创新消费方式**。电子商务的快速发展促进了商贸业态"虚拟化"和消费习惯"一点通"的进程。生产企业要预见性地培育新型消费模式，促进网上购物、电话购物、手机购物等无店铺销售形式的规范发展，通过积极构建网上电子商务平台，发展网上超市、网上百货店、网上专卖店和网上大卖场等新型网络商业业态，构建"线上+线下"共存的店面平台，适应消费群体新型的网络购物模式。

参考文献

［1］陈文玲：《全球现代流通发展的趋势》，《商贸经济》，2004 年第 7 期。

［2］郭冬乐、宋则：《中国商业理论前沿 II》，北京：社会科学文献出版社，2001 年。

［3］洪涛：《"十二五"中国特色流通体系及其战略初探》，《北京工商大学学报》（社会科学版），2010 年第 4 期。

[4]黄国雄、曹厚昌:《现代商学通论》,北京:人民日报出版社,1997年。

[5][日]林周二:《流通革命——产品,路径与消费者》,北京:华夏出版社,2000年。

[6]刘海飞:《对转变流通发展方式的思考》,《上海商业》,2010年第7期。

[7]吕一林:《美国现代商品流通业——历史、现状与未来》,北京:清华大学出版社,2000年。

[8]尚琤:《美国流通法规概观》,《中国商贸》,2010年第17期。

[9]孙敬水、章迪平:《流通产业发展方式转变国际经验及启示》,《中国流通经济》,2010年第4期。

[10]吴敬琏:《中国流通业缺陷与出路》,《商业时代》,2003年第1期。

[11]闫星宇:《经济发展方式转变视角下的流通创新》,《产业经济研究》,2010年第4期。

[12]晏维龙:《流通革命与我国流通产业结构的变动》,《财贸经济》,2002年第10期。

深化我国收入分配与社会保障体制改革的战略思路与实施建议

汪德华　张　斌　刘柏惠

收入分配问题随着经济发展阶段而演变，是世界各国普遍要面对的重大问题。近年来，社会各界对于中国收入分配问题越来越关注。党的十八大报告从经济发展和小康社会建设等多个方面强调完善收入分配制度的重要性和紧迫性，指出要继续坚持共同富裕的道路，调整国民收入分配格局，加大再分配调节力度，着力解决收入分配差距较大问题，使发展成果更多更公平地惠及全体人民。党的十八届三中全会通过的《全面深化改革若干重大问题的决定》（以下简称《决定》）进一步提出，要"形成合理有序的收入分配格局"，"完善以税收、社会保障、转移支付为主要手段的再分配调节机制，加大税收调节力度"，"建立更加公平可持续的社会保障制度"。要想落实这份纲领性文件提出的改革要求，需要对我国收入分配以及社会保障领域的现状做深入分析，并进一步细化思路。为此，本专题将从对中国收入分配领域问题与原因的分析入手，提出系统的收入分配改革思路，并将社会保障体制的改革纳入这一框架下进行分析。

一、我国收入分配领域的问题及原因探析

当前我国收入分配问题表现在两个方面：一是国民收入分配格局中居民收入

比重偏低；二是居民内部收入分配不均，即收入差距问题。这两大问题的形成既有发展阶段的影响，又有国际共同因素的影响，还有中国特殊体制机制因素的影响。唯有对这两个问题及其原因展开深入分析，才能提出有针对性的对策思路。

（一）国民收入分配格局失衡

基于国家统计局公布的资金流量表数据进行分析可以发现（如图 1 所示），1992 年以来，我国的劳动者报酬、居民可支配收入占 GDP 的比重一直处于缓慢下降通道中，分别从 1992 年的 54.6%、68.3%，下降到 2008 年的 48% 和 57%。这些数据低于众多发达国家和新兴市场经济体（李稻葵，2009）。与之对比，以留存利润为主体的企业可支配收入的比重在波动中上升；政府的宏观税负也上涨较快（汪德华，2011）。

劳动者报酬以及居民可支配收入占比的不断下降，不仅会造成居民内部收入不均，还将影响宏观经济的平衡。居民作为消费需求的主要来源，其收入占比的持续下降显然会导致居民消费需求不足，这已经成为影响我国经济增长的长期结构性问题。图 1 也显示，由于居民可支配收入的下降，使得居民消费占 GDP 的比重也一直下降，到 2008 年仅为 35%。

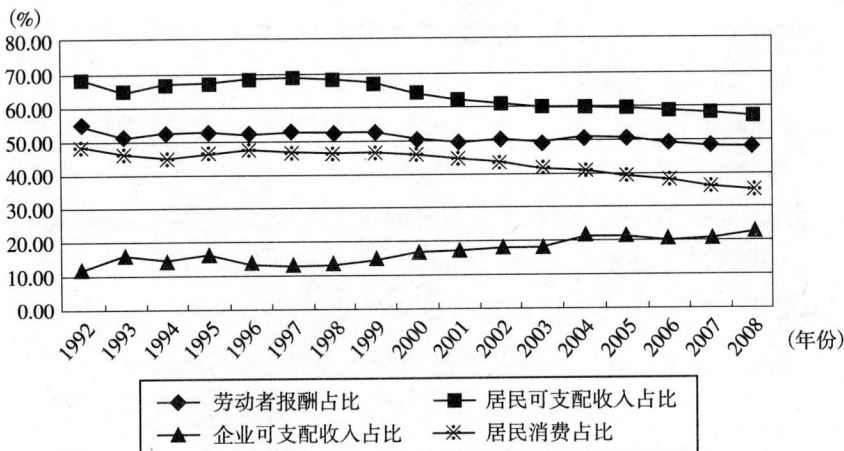

图 1　国民收入中劳动收入份额与居民收入占比

（二）居民内部收入差距扩大

我国居民内部存在严重的收入分配不均问题。根据世界银行测算，20 世纪 60 年代我国的基尼系数为 0.17~0.18，80 年代为 0.21~0.27，从 2000 年开始已越过 0.4 的警戒线，并继续逐年上升。按照国家统计局最新公布的城乡统一的全国居民收入的基尼系数，2003 年是 0.479，2004 年是 0.473，2005 年是 0.485，2006 年是 0.487，2007 年是 0.484，2008 年是 0.491。从 2009 年开始有所回落，2009 年是 0.490，2010 年是 0.481，2011 年是 0.477，2012 年是 0.474。总体而言，伴随着经济的快速增长，我国居民收入不均已经非常严重，社会财富的过度集中导致我国社会利益共享机制失衡，动摇了社会和谐的基础，具体表现在以下三个方面：

（1）城乡居民之间收入差距依然很大。进入 21 世纪，尽管中央不断增加对农民的各项补贴，努力提高城乡居民收入特别是低收入群体收入水平，但城乡收入差距继续扩大的趋势并没有得到有效遏制，2005 年城乡收入比为 3.22:1，到 2009 年扩大到 3.33:1。

（2）地区之间收入差距日趋严重。从人均 GDP 看，1980 年东部地区人均水平比全国平均高 34%，2008 年提高到 69%，中部地区从相当于全国平均的 88% 降到 83%，西部地区从 70% 降到 69%。

（3）行业之间收入差距拉大。随着我国企业改制不断深入，行业间工资水平差距越来越大。据国家统计局公布的统计数据显示，在 1990 年，行业最高与最低人均收入比为 1.29:1，1995 年达到 2.23:1，2000 年为 2.63:1，2005 年为 4.88:1，2008 年为 4.77:1。电力、电信、石油、金融、保险、水电气供应、烟草等行业的职工不足全国职工总数的 8%，但工资和工资外收入总额却相当于全国职工工资总额的 55%。

（三）问题的主要原因

1. 经济发展阶段的影响

中国正处于从低收入国家向高收入国家转型过程之中，从原来平均主义倾向的计划经济向市场经济转型，而且转型速度非常快。按照一般经济发展规律，处于这一发展阶段的国家收入分配状况恶化也是正常现象。

（1）产业结构由农业部门向工业部门转变导致了国民经济分配中劳动收入占比降低，劳动力供给过剩进一步恶化了收入分配格局。一般而言，农业劳动收入份额高于工业，服务业的劳动收入份额高于工业，经济主体由农业发展到工业，再发展到服务业，会经历劳动收入份额先降低后升高的发展过程。我国目前正处于加快工业化发展的阶段，产业结构还以第二产业为主导，服务业的发展水平还比较低，远落后于同等发展阶段的国家，这使我国劳动收入份额保持在较低水平。

（2）目前发展阶段出现严重的收入分配不均现象，也与一般经济规律基本适应。根据 Kuznets 曲线，经济发展水平和收入分配公平性之间存在倒"U"型关系。在经济由不发达阶段向发达阶段发展的过程中，不平等程度一般都会上升，随着经济的进一步发展，不平等程度会慢慢下降。我国 2011 年人均 GDP 为 5432 美元，已进入中等收入国家行列。从一个低收入国家短时期内迈入中等收入国家行列，出现以基尼系数不断增加为代表的收入分配不均程度恶化，也算正常现象。

2. 融入全球化的影响

最近 20 年来，无论是发达国家，还是发展中国家，普通出现了类似于中国的收入分配难题：劳动者报酬占 GDP 比重下降，居民收入分配不均恶化。对这一现象的大量研究取得了一个共识：全球化的迅速发展影响了各国的收入分配状况。

首先，全球化的迅速发展使劳动与资本的议价地位发生改变，降低了劳动者报酬比重。其次，对外贸易会加大教育和技能回报率的差异，导致部分特定人群和地区边缘化。能够与先进技术实现结合的熟练劳动力可以获得更多的生产力提升，从而导致熟练劳动力和非熟练劳动力之间的工资差距。再次，跨国资本流动也加大了劳动者的收入差距。发达国家的技术溢出和产业链的转移，会增加流入地对技术劳动的需求，加大流入地收入不平等，同时也使流出国的低技能工人情况恶化。

中国收入分配格局的恶化，与深度融入全球化也高度相关。全球化对于中国收入分配格局的影响，既有与其他国家一样的作用机制，以 GDP 增长为主要导向的中国地方政府竞争机制也发挥了重要的作用。为争取包括外资在内的投资，地方政府往往动用各种手段给予投资优惠，给予管理人才、高技术人才各种优惠，同时弱化对普通劳动者的保护。这些政策必然一方面使劳动者报酬被压低，另一方面也使收入不均恶化。

3. 我国特殊体制机制的影响

自 1978 年以来，我国的改革开放逐步树立建立完善的社会主义市场经济体制这一目标，并采取了渐进式的改革路径。到目前为止，与成熟的市场经济国家相比较，应当承认我国依然在诸多领域存在改革不够深入，市场经济体制尚未完善等问题。这种改革发展的路径，导致我国存在若干特殊的体制机制原因，影响了收入分配格局。

　　（1）超过一定限度的"城乡分治"政策和地区差别政策是造成我国城乡和地区间收入差距的主要原因。我国在市场经济高速发展的过程中，逐渐固化了二元经济和社会发展模式，对城乡和不同地区实行倾斜性的扶持政策，加剧了本来就已存在的经济发展不平衡问题。同时，户籍制度又进一步限制了经济整体增长被人民群众共同分享的可能性。

　　（2）我国逐步实现由按劳分配向按劳分配和按要素分配相结合方式的转变，资本、土地、技术、知识等要素获得的收入在个人收入中所占比重越来越大。在这个过程中，个人的努力程度和禀赋不同、要素的占有状况不同等造成的收入差距是合理的。但是，一些要素或资源的分配不合理，如某些垄断部门或垄断企业利用自己对市场或公共资源的垄断权力取得高额收入，一些国有或集体企业、自然资源出售时的公共定价过低造成部分人暴富，资源税费价格又偏低，农民土地的定价过低等问题，都不可避免地会带来一定程度上的收入分配不均。改革中产生了金融结构高度集中、资源税费偏低等问题，导致了收入分配问题的恶化。

　　（3）改革不彻底导致的权力经济、腐败等现象，恶化了居民内部收入分配，这也是群众反映最突出的问题。从现状看，政府手中控制的各类经济资源，能够调动的经济资源非常丰富；政府对微观经济的干预过多，各种行政管制过多。这些都使得国民财富并非简单地按照市场原则进行分配，而是按照权力进行配置，导致收入分配状况恶化。

　　（4）财税制度和社会福利事业的发展，在调节收入分配方面作用还不够充分。当前我国税收收入以间接税为主，而间接税在调节收入分配方面较为薄弱。对调节居民收入差距有重要作用的个人所得税和财产税在我国发展也还不充分，征管水平跟不上。财政支出端调节收入分配的功能不充分，财政支出中经济建设的比重依然过高，社会福利事业的投入比重较低。一是财政投资利贫导向不明显。二是教育、医疗、儿童营养等有助于改善收入分配的支出虽进步较大，但力度仍然不够。三是碎片化和差异化的社会保障制度还不能有效发挥缩小收入差距的再分配作用。城乡间和人群间的社会保障待遇存在较大的差别，这在一定程度上反而拉大了收入差距。

二、收入分配体制改革的总体思路

中国的收入分配体制改革应建立在市场导向前提之下，而非回到计划经济的老路。以历史视角观之，中国作为后发的市场经济国家，对于处理市场经济条件下的收入分配失调问题并无先例可循，有必要高度借鉴成熟市场经济国家的经验。本节将在总结发达国家以"国富"实现"民富"经验的基础上，提出我国收入分配体制改革的具体思路。

（一）发达国家以"国富"实现"民富"的经验借鉴

中国居民收入差距不断拉大，即所谓"不均"；居民收入尤其是劳动者报酬占 GDP 的比重不断降低，可谓"寡"。因此，当前中国收入分配的状况可谓"既患寡又患不均"。与之对应，财政收入占 GDP 的比重上涨较快，目前全口径财政收入占 GDP 的比重在 35%左右。一些媒体将此概括为"国富民穷"。

与我国不同，发达国家虽然也出现了劳动报酬比重走低，收入不均恶化的趋势，但其整体分配格局可以用"国富民也富"来形容。以经济合作与发展组织（OECD）国家为例，各国的财政收入占 GDP 比重差异较大，有的北欧国家超过50%，也有一些国家在 30%左右，但其平均水平在 40%以上，可谓"国富"。同时，与我国不同的是，发达国家的居民收入比重也普遍较高，如果将一些实物性福利换算成居民收入更是如此，如此来看，"国富"与"民富"并不矛盾。

发达国家在"国富"的同时能够达到"民富"，原因在于：国家集中的财政收入，又通过各种渠道转化为居民可支配现金收入或实物福利，即在政府主导的再分配过程中充分发挥对国民收入分配结构的调节作用。这种"国富"与"民富"同步实现的过程，还能有效调节居民内部的收入差距问题。按 OECD 成员国的经验，2000 年以来市场化收入的平均基尼系数大约为 0.4，经过财税制度调整后的基尼系数下降为 0.3 左右。通过进一步的分析可以发现，基尼系数下降了25%，平均而言 2/3 来自现金转移支付的调节功能，1/3 来自税收制度的调节；所有成员国现金转移支付的调节作用都大于税收制度的调节功能。

发达国家以"国富"实现"民富"的经验有如下启示：首先，政府在初次分配环节的干预重点应是市场环境，对于收入分配格局的干预重点应是在再分配环节。若政府将增加居民收入与调节收入不均的重点放在初次分配环节，就要对市场运行实施各类干预措施，这必然会扭曲市场的资源配置机制，还可能使一些非垄断企业退出市场，从而造成失业增加，影响经济发展或蛋糕做大，甚至也不利于收入分配格局的改善。其次，尽管再分配过程一定会产生严重的效率损失，但调节贫富差距是政府必然要承担的责任，为平等而适度牺牲效率是一个社会的合理选择。最后，再分配环节能够有效发挥调节收入分配功能的是以社会福利体系为重点的财政支出端，税收制度调节收入分配的作用一般较弱。即使如美国这样以直接税为主体的国家，其税收制度调节收入不均的功能也远弱于支出制度。税收制度调节收入不均的功能发挥不佳，原因倒不是发达国家无法有效实施累进税制，而是在全球竞争环境下，累进税制不利于吸收资本，不利于经济增长。

（二）中国的收入分配体制改革的具体思路和政策框架

结合对收入分配成因的分析和对发达国家调节收入分配的经验总结，既要看到中国收入分配体制改革的复杂性和艰巨性，又要树立有所作为的坚定信念和信心。为此，我们提出：收入分配体制改革要树立打"持久战"的基本思路。具体说来，这一基本思路包括破除"速胜论"、坚持"有为论"两方面。

一方面，需要破除那种寄希望于某些政策或体制改革的出台，进而收入分配一蹴而就得到改善的"速胜论"。当前中国的收入分配格局，很大程度上受到经济发展阶段、基本国情、特殊体制机制等因素的影响，要想得到明显改善，需要等到这些基本因素发生明显变化之后。而这需要较长的时间和艰苦的努力，有些问题并非政策调整或体制改革可以解决的。为此，对于收入分配体制改革以及收入分配格局的改善，要坚持实事求是的基本态度，加强舆论引导并设定适当的政策目标。

另一方面，需要破除那种"只有体制机制彻底改革才能起作用，只有建设好完善的市场经济体制才能缓解收入分配问题"的论调，要坚持"有为论"。在理论上，市场机制必然意味着存在较严重的收入不均。发达国家的情况也表明，即使市场经济制度已经比较成熟，市场化收入导致的收入差距依然会很高。因此，我国若干领域的体制机制的改革，只能解决收入分配领域的部分问题，还有可能带来新的问题。事实上，无论国民收入分配格局恶化或收入分配不均的具体成因是什么，如同发达国家那样，政府作为外在的干预者还是能发挥较强的调节作用。为此，针对收入分配问题应当明确"有所作为"的基本观点，政府部门应当着重在再分配领域发挥重要作用。

在这样的基本思路之下，需要认识到当前我国亟须完善的两类收入分配问题之间存在着复杂的关系。一方面，一些有助于缓解居民收入分配不均的政策，或许可能使国民收入分配格局恶化。例如，降低垄断部门工资有助于缓解居民收入分配不均，但可能会降低居民部门总体收入份额；一些以涨工资为目标的政策措施，最有可能得到实施的恰恰在垄断部门，这些措施可能反而会使收入分配不均恶化。另一方面，一些针对初次分配的政策在当前的国情下要发挥作用还存在较大的困难。初次分配结果的改善应是人口形势和劳动力供给条件变化的自发结果，政府如果过多地干预初次分配，可能会阻碍劳动力市场发挥自发调节作用，最终导致政策目标难以实现。

由此看来，收入分配问题虽然源于经济层面，与民生息息相关，却与历史、地理条件、发展阶段、生产方式、社会环境、文化传统、道德价值观等社会问题、政治问题纠缠在一起，收入分配的调节是一项复杂的系统工程和一个较为长期的任务。更为重要的是，收入分配主要是"分蛋糕"，但在当前我国还需要高度关注"做大蛋糕"。也就是说，当前我国收入分配体制改革的目标是：在尽量减轻对经济发展影响的情况下，完善国民收入分配格局和居民内部收入分配格局。

基于这些思考，表1总结了若干可能的具有调节收入分配功能的政策手段，并简要分析了其政策影响和实施难度。总体说来，可能的政策手段包括三个方面：一是直接干预市场化工资收入的手段，如工资集体协商机制、提高最低工资等；二是财税政策，包括加强税制结构调节收入分配的功能，调节财政支出结构等；三是体制机制改革，如促进新型城镇化的体制改革，国有资源和国企利润的

表 1　收入分配改革的手段和路径

可能的政策手段		政策的影响	推行难度判断
直接干预市场化工资收入的手段	工资集体协商机制	利于收入分配，不利于经济增长	实施难度大
	提高最低工资	利于收入分配，不利于经济增长	实施难度大
财税政策	税制改革	合理的税制有利于收入分配	实施难度较大，需逐步进行
	购买性支出的结构调整	是有效的"预分配"政策，但只能覆盖到特定群体	较易推行，但影响范围有限
	发展社会保障体系	有利于收入分配，对经济增长的影响不明确	目前改善明显，还应进一步加强

续表

可能的政策手段		政策的影响	推行难度判断
体制机制改革判断	国企利润和国有资源的合理运用	利于收入分配，利于经济增长	实施难度大
	以户籍改革推动新型城镇化	利于收入分配，利于经济增长	实施难度大，但会大力推行
	促进中小企业和服务业发展	利于收入分配，利于经济增长	实施难度大，但会大力推行
	抑制权力经济，减少灰色收入	利于收入分配，利于经济增长	实施难度大

合理运用，抑制权力经济等。

我们认为，由于在初次分配中直接干预市场化工资收入的措施实施起来存在较多困难，且可能对经济发展带来不利影响，政府在改善收入分配中应当担负的责任主要体现在二次分配阶段，即通过财政收入与支出两个体系，同时实现增加居民部门收入并缓解居民部门收入不均的双重目的。当前，应当切实落实《决定》提出的各方面要求，加快推进体制机制改革以形成合理有序的初次收入分配格局：着重保护劳动所得，努力实现劳动报酬增长和劳动生产率提高同步，提高劳动报酬在初次分配中的比重；健全工资决定和正常增长机制，完善最低工资和工资支付保障制度，完善企业工资集体协商制度；改革机关事业单位工资和津贴补贴制度，完善艰苦边远地区津贴增长机制；健全资本、知识、技术、管理等由要素市场决定的报酬机制。扩展投资和租赁服务等途径，优化上市公司投资者回报机制，保护投资者尤其是中小投资者合法权益，多渠道增加居民财产性收入。但应当注意，这些政策实施需要重视遵循市场规律，避免政府的过强干预导致对经济增长的负面影响过大。在中长期内，应当更为重视按照《决定》提出的要求，从财税和社会保障领域着手加大再分配的力度。重要的政策措施包括提高财政收入体系的再分配功能，同时在支出结构方面加强向居民部门的转移性支出和民生性支出（社会保障、财政补贴，以及医疗、教育投入等），如图2所示。在本专题的后面部分，将着重从税收体系和社会保障体系两个方面探讨完善收入分配结构的政策建议。

| 总体目标 | 增加居民部门收入、缓解居民内部收入不均的同时，利于经济增长 |

```
具体措施
  ┌──────────┐   ┌──────────────────────┬──────────────────────┐
  │ 促进就业   │   │财政 增值税转型、扩围；   │财政  社会性转移支出（社 │
  │ 破除垄断   │   │收入 个人所得税改革；    │支出  会保障、财政补贴等）│
  │ 提高报酬   │   │     房产税试点；       │      民生性支出（医疗、 │
  │ 农民增收   │   │     ……               │      教育）；……        │
  │ ……       │   │                      │                      │
  └──────────┘   └──────────────────────┴──────────────────────┘
      │                                         │
  ┌────────┐                            ┌────────┐
  │ 初次分配 │                            │ 二次分配 │
  └────────┘                            └────────┘
```

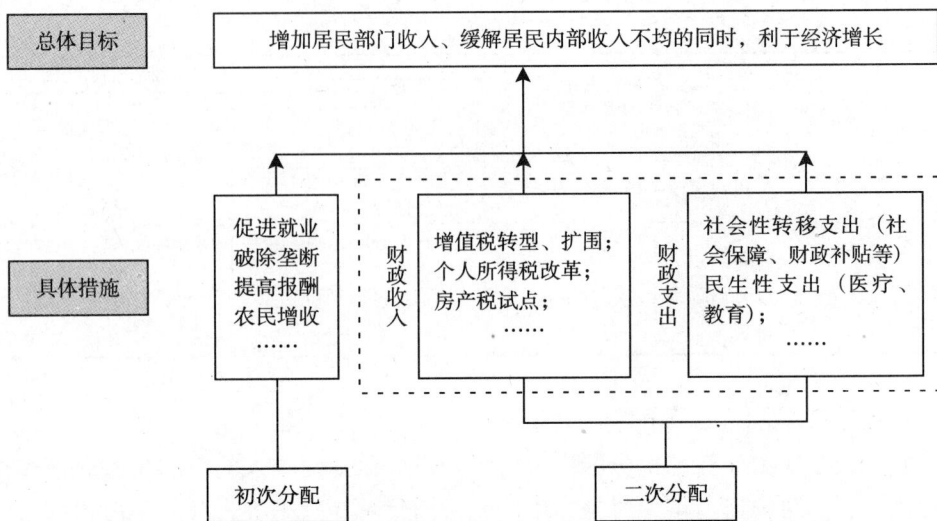

图 2　收入分配改革行动路线

三、提高税收调节收入分配功能的税制改革

税收是调节收入分配的重要政策着力点。针对中国当前两类收入分配问题，需要在明确税收调节收入分配方面功能定位的同时，推进若干重点税种的改革，以充分发挥税收调节收入分配的功能。

（一）我国税制结构特点及其对收入分配的影响

从表 2 可以看出，尽管与 2002 年相比，历年主要流转税税种占税收收入的比重有所下降，但变化幅度不大，一直保持在 60% 左右，而个人所得税的比重则一直保持在 7% 左右，2005 年以来逐年略有下降，其占 GDP 的比重则一直保持在略高于 1% 的水平。总体来看，我国税制结构具有以流转税为主体的鲜明特色。

此外，中国现行政府收入中，很多非税收入项目具有流转税的性质，典型的如教育费附加和地方教育费附加，前者属于纳入一般预算管理的非税收入，后者属于政府性基金，但这两个项目与城市建设维护税具有完全相同的税基和征收方

表 2 中国的税制结构（2002~2011 年）

单位：亿元

年份	税收收入	主要流转税合计	主要流转税种的比重（%）	企业所得税	企业所得税比重（%）	个人所得税	个税比重（%）	个税占 GDP 的比重（%）
2002	17636.45	11585.78	65.69	3082.79	17.48	1211.78	6.87	1.01
2003	20017.31	13536.39	67.62	2919.51	14.58	1418.04	7.08	1.04
2004	24165.68	16035.98	66.36	3957.33	16.38	1737.06	7.19	1.09
2005	28778.54	18683.07	64.92	5343.92	18.57	2094.91	7.28	1.13
2006	34804.35	21966.20	63.11	7039.60	20.23	2453.71	7.05	1.13
2007	45621.97	27366.60	59.99	8779.25	19.24	3185.58	6.98	1.20
2008	54223.79	32830.84	60.55	11175.63	20.61	3722.31	6.86	1.19
2009	59521.59	35043.71	58.88	11536.84	19.38	3949.35	6.64	1.16
2010	73210.79	43454.73	59.36	12843.54	17.54	4837.17	6.61	1.22
2011	89738.39	54575.92	60.82	16769.64	18.69	6054.11	6.75	1.28

注：流转税合计是国内增值税、国内消费税、进口环节"两税"、营业税、关税、城建税的和，再减出口退税得到。

资料来源：历年《中国统计年鉴》。

式。在纳入一般预算管理的非税收入中，除教育费附加外，排污费、水资源费、矿产资源补偿费等专项收入也具有类似的性质。

在政府性基金项目中，许多项目是直接针对特定商品或服务无偿征收的，也具有流转税的性质。2010 年全国各项政府性基金中，对电力、煤炭、水等能源资源类产品征收的基金共有 12 项，基金收入合计为 1012.49 亿元；对交通运输业征收的基金有 8 项，基金收入合计为 1894.21 亿元；对其他产品和服务征收的基金（或附加）有 7 项，基金收入合计为 1031.37 亿元。

以流转税为主体的税制结构在筹集收入方面具有优势，通过对生活必需品等商品征收较低税率、对奢侈消费征收消费税等制度安排也可以起到调节收入分配的作用。但比较来看，对居民个人收入流量征收的个人所得税和对财富存量征收的财产税能够更好地起到收入分配的作用。而我国现行的税制结构在居民个人取得收入环节的总体税负较轻，在调节财富存量的财产税方面，除车船使用税和正在上海、重庆试点的房产税外，其他几乎还处于"空白"状态，这不利于缓解我国严峻的收入分配形势。具体来说，体现在两方面。

（1）居民个人取得收入后，将收入配置为消费和储蓄（投资），在收入环节课征个人所得税相当于对消费和储蓄（投资）同时征税，而流转税则主要对消费征税。在消费环节施以较高税负，而放松在收入环节的税负，并不能从根本上调节居民内部的收入分配，反而抑制了消费需求的增长。

（2）由于边际消费倾向递减，随着收入的提高，消费占收入的比重不断下降。以流转税为主体的税制结构使整体税制具有明显的累退性特征，这既抑制了消费，又不利于收入分配的调节。

（二）调节收入分配的税制改革方向

为了充分发挥收入再分配功能，调节收入分配差距，我国税制结构下一步改革的基本目标应该是：逐步提高个人所得税、房产税等直接税在税收收入中的比重，相应降低增值税等流转税的比重，使税制结构由"单一主体"向"双主体"转变，降低整体税制的累退性，更好地发挥税收在调节收入分配和扩大内需方面的作用。具体来看，包括以下几个方面：

（1）进一步完善包括非税收入在内的政府收入制度，在推进税费综合改革的基础上调整流转税负结构，缓解税制的累退性。首先，应逐步整合归并各类具有流转税性质的附加和基金项目，尤其要减少流转税的附加和对电力、交通运输等基础性商品和服务征收的基金。其次，在增值税"扩围"改革的同时，可以考虑适当调低食品、日常生活用品等在中低收入居民消费中比重较大商品的增值税率。再次，进一步提高增值税、营业税的起征点，减轻个体经营者的税负。最后，进一步完善消费税制度，适度扩大对奢侈品等高档消费品的征收范围。最后，随着"营改增"改革试点的进一步推进，应逐步下调增值税标准税率，降低增值税的总体负担，加快整体税制结构的调整。

（2）完善个人所得税制，逐步提高个人所得税在税收收入中的比重。个人所得税改革一直是社会关注的焦点，未来中国个人所得税改革有两个相互联系的目标：一是在税制结构调整中，要逐步提高个人所得税的比重，个人所得税调节收入分配功能的发挥是以其筹集收入的总量为基础的，一个收入规模不足5000亿元、占税收收入比重不足7%、占GDP比重略高于1%的税种是难以承担扭转整体税制累退性任务的。二是要加快推进"综合和分类相结合"的税制改革，切实提高个人所得税对收入来源多元化高收入阶层的调节力度，同时逐步引进差别化的费用扣除项目，对于家庭或个人某些特殊支出需要，如子女教育支出、大额医疗支出，予以税前扣减，减轻中低收入阶层的负担，实现以"量能纳税"为目标的税制公平，更好地发挥个税调节收入分配的功能。

（3）加快推出对居民住宅征税的房产税改革。对不动产征收的财产税是财产税的主要组成部分，是发达国家调节居民收入差距的一个重要政策。我国目前仅在上海和重庆试点保有环节的房产税，且主要针对豪宅，从财政收入比重的角度看比重非常低。我们应及时总结完善上海、重庆房产税试点经验，抓住时机在全国全面推广。在税制设计上，可基本遵循上海、重庆的模式，即仅对一定限额以上的住房面积征税，这样更加能体现房产税调节收入分配的功能。推行房产税改革的目标不应仅仅着眼于当前宏观经济形势下对房地产价格的影响，更应从建立完善的税制体系，充分发挥房产税调节作用出发全盘考虑。

四、社会保障体制改革及对收入分配的影响

社会保障具备综合性的收入分配调节功能，能够推进社会公平正义，使共享发展成果的目标得以实现。发达国家的经验表明，以社会保障体系为主体的转移性支出在调节收入分配不均方面作用尤为突出。更为重要的是，社会保障体系的中国社会保障体系近十年已得到很大发展，但遗留的改革任务依然很多。本节重点从促进调节收入分配的视角出发，提出需要在未来十年重点推进的社会保障体制改革。

（一）我国社保事业的发展现状及其对收入分配的影响

改革开放以来，我国的社会保障制度改革取得了巨大成就，初步建立了与社会主义市场经济体制相适应的、多层次的中国特色社会保障体系，保障了广大人民的基本生活需求，提高了社会整体，特别是广大低收入群体的福利水平。但是，面对我国日益凸显的收入分配差距，社会保障领域依然存在诸多问题。

（1）社会保险覆盖面偏窄，保障水平存在较大的城乡差距。社会保险制度覆盖面依然较窄，尤其是在广大的农村地区，虽然新型农村合作医疗制度已经得到普及（2008 年底参合率已超过 90%），但受体制、管理水平和财力等多方面因素的制约，农村社会养老保险、最低生活保障制度、农村医疗救助制度、自然灾害生活救助制度等农村社会保障的覆盖率还比较低。

（2）社会保险缴费率偏高。数据显示，我国五项社会保险缴费率之和相当于

工资水平的 40% 左右，有的地区甚至达到 50%，这一比例超过了世界上大多数国家。按照世界银行 2009 年测算的实际承受税率（TTR，即税负占商业利润的比率），我国的社会保险缴费率在 181 个国家中排名第一。由于社会保险缴费属于累退性质的税制，过高的社保缴费率极大地破坏了社会保障调节收入分配的效果。

（3）社会保障制度间缺乏衔接性。由于存在部门分割以及统筹层次低等问题，我国社会保障制度呈现碎片化的状态，导致与配套制度衔接不通畅。例如，"三条保障线"（国有企业下岗职工基本生活保障、失业保险、城市居民最低生活保障制度）的待遇标准与最低工资标准、就业政策不衔接，不利于促进就业和再就业；养老保险未实现全国统筹，缺乏携带性，引发了部分地区农民工退保风波。

（4）社会福利和救助相对不足。随着我国城市化和工业化进程的深入，出现了一些传统的非缴费型社会项目难以瞄准的边缘群体，例如进城农民工和失地农民等，他们大部分属于非正规就业，流动性较强，难以为常规的社会保障项目所覆盖，对这类人群的保障不足加深了社会收入分配不均的程度。

（二）完善收入分配制度的社会保障体系改革建议

为了改进社会保障体系运行中存在的问题，更好地发挥其在调节收入分配，促进社会公平中的作用，应该从以下方面入手继续推进社会保障体系的改革。

1. 完善养老保险在收入分配中的长期作用

养老保险对收入分配的调节作用不仅反映在当下，更体现在世代间，具有长期性，是发挥社会保障调节收入分配功能的主要着力点。在养老保险下一步的发展中，要坚持全覆盖、保基本、多层次的原则，增强公平性和可持续性。

（1）提高基本养老金统筹层次。可以考虑逐步将养老保险统一上划为中央事权，中央负责基础养老金和个人账户养老金的发放，承担弥补基本养老金收支缺口的责任。养老保险经办机构和人员一起上划中央，由中央统一调配。这种垂直管理的养老保险体系能够实现基金的统一管理与调配，更利于弥合地区间的待遇差异，保持养老基金的可持续发展。

（2）完善个人账户的功能。在现阶段，养老保险可以继续实行名义个人账户制，每年根据在职职工工资增长率或 CPI 变动情况公布记账利率，不形成真正的资金积累。下一步，要调整统筹账户和个人账户的分配比例，适度提高个人账户规模。同时，增强待遇与缴费之间的关系，使基本养老金根据个人账户积累额及记账利率的变化进行调整，形成稳定的自动调整机制。发生人员流动时要将个人账户的积累额实实在在转出，现在的视同缴费不可再继续实行。在各项制度趋于完善，能够避免政策漏洞之后，推进做实个人账户，逐步建立起公平有序的养老金筹集和发放机制。

（3）推进基本养老保险"并轨运行"。机关事业单位建立与企业一致的基本养老保险制度，由单位与个人共同缴费，实行社会统筹与个人账户相结合的筹资模式，基本养老金待遇水平与本人缴费年限、缴费水平挂钩。在基金管理方面，可以先对机关事业单位养老保险基金进行单独核算管理，再逐步实现与企业的整合，建立统一的职工基本养老保险金。在制度实行的初期，可以由财政兜底，保证改革前后机关事业单位职工退休后待遇不降低，平稳度过过渡期。

（4）拓宽养老金筹资渠道。提高个人账户缴费比例，降低企业承担的统筹账户缴费比例，从而减轻企业发展所承担的人力成本硬约束。同时，参照国际经验，寻求以增值税、消费税等广税基的税种为支撑，为养老保险基金建立新的筹资渠道。这可以在最大程度上保证基金运行安全，减轻人口老龄化带来的冲击。

（5）增强养老保险基金的可持续性。从长期来看，为了应对老龄化和人类预期寿命延长对养老保险体系的冲击，延长退休年龄是必然选择。针对社会预期进一步提高养老保险替代率问题，应进行科学的精算平衡和宣传工作，引导公众正确认识这一问题。在基金保值增值方面，应当在完善法规、严格监管、保证安全的基础上，适当拓宽基金投资渠道，从利率相对优惠的定向国债，逐步扩展到投资央行票据，信誉较好的金融债、企业债等固定收益类产品，收益率应保持在高于 CPI 的水平。对于养老保险的历史债务和未来的养老金缺口威胁，要尽快落实《决定》提出的"划拨部分国有资本充实社会保障基金"的要求，扩充储备基金规模，提高基金支撑能力。

（6）建立多支柱的养老保险体系。在基本养老保险的基础上，鼓励以企业和个人为主体发展多样化的养老保险方式，形成多支柱的养老保险体系。以税收优惠政策促进有条件的企业为职工建立企业年金。例如，提高企业年金单位缴费的所得税税前扣除比例，对个人缴费实行递延征收个人所得税。鼓励商业保险机构发展养老保险产品，以递延征收个人所得税等方式支持有条件的个人在一定额度内购买这类产品。

2. 加强医疗保险在收入分配中的核心作用

医疗保险能够将个人疾病产生的经济风险分摊到全社会受相同威胁的个体身

上，向人们提供对赖以生存发展的健康问题的保障，在收入分配调节中发挥着关键作用。通过相关制度的完善，能够对收入分配改革提供极大的推动作用。

（1）以保大病为基础提高基本医疗保险保障水平。逐步提高职工医保、城镇居民医保、新农合筹资水平，调整职工医疗保险筹资在企业和个人之间的分配，减轻企业负担，加强个人筹资责任。在财政支持下，探索机关事业单位公费医疗向职工医保转变的路径。提高基本医疗保险政策范围内住院费用报销比例，保证基本医疗保险继续以大病保障作为政策重点。在基本医疗保险之外，继续完善城乡居民大病保险制度。现在大病保险资金来自城镇居民医保基金和新农合基金，筹资并没有额外增加，在医保资金本来就已捉襟见肘的情况下，兼顾保大病和保基本难度非常大。因此，大病保险首要覆盖的是贫困家庭，条件成熟时再逐步向中等收入家庭扩展。同时，要逐步增加纳入大病保障范围的疾病种类，加强保障措施的力度，避免贫困家庭因支付不起自付部分而放弃治疗。

（2）改革医疗保险支付方式。对支出的控制关系到医疗保险基金的积累，是维护医保基金支出公平性，保证医疗保险持续发展的关键点之一。我国现行的按服务付费的支付模式容易导致诱导消费问题，带来医疗费用居高不下和医疗资源分配不公等问题，改革支付模式是唯一选择。应全面系统地开展总额预付、按人头付费、按病种付费等多种付费方式相结合的复合付费制度改革。尝试在部分常见大病中推行按病种付费的支付模式，通过规范和简化操作流程来降低医疗成本。在门诊诊疗中尝试推行按人头付费的方式，促使医疗机构加强对参保人各类疾病的早期预防，有效控制成本。在推行过程中，还要完善各项配套制度，建立起严格的考核评估制度，防止为降低医疗成本而推诿病人或降低服务质量的现象。协调推进临床路径等方面的改革，加强信息系统建设，为付费方式改革提供技术支撑。通过各项制度综合发力，迫使医院加强自身管理和核算，提高服务效率，推进医疗技术进步，从而实现医疗保险费用在人群中公平且高效的分配。

（3）完善各项医保制度间的衔接。结合新一轮财政体制改革，将职工医保、新农合和城镇居民医保提高到省级统筹。完善各项医保之间、同一制度跨区域之间的衔接办法，实现医保关系的转移接续和异地就医结算，为劳动力合理流动和地区间均衡发展提供制度基础。为达成这一目标，要逐步将身份证号码作为各类人群参加社会医疗保险的唯一标志，以此为基础建立统一的缴费信息系统，保证缴费记录的完整性和连续性。

3. 发挥社会福利和社会救助在收入分配中的引领和托底作用

社会福利制度和社会救助制度分别处于社会保障体系的两端，中间由社会保险制度衔接，共同构成完整的社会保障体系。这两项制度安排能够实现对体系内人群多层次、全方位的保障，分别在调节收入分配中处于引领和托底的位置。

社会福利涵盖了老年人福利、儿童福利、妇女福利、残疾人福利等，不仅包括物质层面的扶持，还尤其关注精神保障，是帮助社会中的弱势群体充分享受国家经济发展成果的重要制度安排。我国目前经济发展的区域性差距仍然十分巨大，在社会福利制度建设中，不能盲目提高社会福利水平，应以建设覆盖全民的发展型福利社会为总体目标，随经济发展水平变动进行动态调整。对于社会中数量越来越多的空巢、高龄老人，应逐步完善以"居家为基础、社区为依托、机构为支撑"的三位一体的社会养老服务体系，财政对符合条件的老年人按月提供补贴，用于购买社会服务。对老年照料机构发展提供税收优惠政策，随着经济水平的提高，也可以考虑按床位对养老机构进行补贴。对于社会中的残疾人，应该逐渐从保证基本生活向增强生存能力转变，发展有针对性的残疾人职业培训项目，为残疾人的就业和独立生活提供支持。

社会救助的首要对象是"无生活来源、无劳动能力、无法定抚养义务人"的"三无人员"和"五保户"，是社会最后的"防护线"和"安全网"。完善的社会救助制度首先要实现部门间的配合，若各项制度政出多门且缺少相互协调，会导致救助制度挂钩太多，使救助对象获得很多其他收益，反而对边缘群体不公。对于有劳动能力人员的救助，可以考虑通过政府补贴的方式，将这部分救助对象纳入社会保险体系中，实现社会救助与社会保险的有效衔接。其中，最低生活保障可以与失业保险相衔接，临时医疗救助与医疗保险相衔接，住房救助与住房保障相衔接，还可以通过为他们缴纳养老保险，将他们纳入养老保险体系。这样既简化了社会救助体系的项目内容，减少了管理和协调成本，又可以将社会救助与社会保险有效衔接起来，实现资金的统一核算和管理，充分发挥社会保障体系的整体保障功能。

除了以上所论述的三项重点内容之外，尤为重要的是应着手建立更加完备的顶层设计和总体规划，优化和整合各类社会保障项目，避免社会救济、社会保险和社会福利项目交叉重叠所造成的资源浪费，逐步实现城乡间和地区间社会保障待遇的统一，实现社会保障制度全国"一盘棋"，推动收入分配改革尽快取得实质性进展。

参考文献

［1］白重恩、钱震杰：《谁在挤占居民的收入——中国国民收入分配格局分析》，《中国社会

科学》，2009 年第 5 期。

[2] 白重恩、汪德华、钱震杰：《公共财政促进结构转变的若干问题》，《比较》，2010 年第 7 期。

[3] 龚刚、杨光：《从功能性收入看中国收入分配的不平等》，《中国社会科学》，2010 年第 2 期。

[4] 谷成、李俊毅：《城乡收入分配差距的扩大与我国社会保障制度的整合》，《东北财经大学学报》，2004 年第 4 期。

[5] 李稻葵、刘霖林、王红领：《GDP 中劳动份额演变的 U 型规律》，《经济研究》，2009 第 1 期。

[6] 李实、罗楚亮：《中国城乡居民收入差距的重新估计》，《北京大学学报》，2007 年第 2 期。

[7] 李实、王亚柯：《中国东西部地区企业职工收入差距的实证分析》，《管理世界》，2005 年第 6 期。

[8] 刘怡、聂海峰：《间接税负担对收入分配的影响分析》，《经济研究》，2004 年第 5 期。

[9] 陆铭、陈钊：《城市化、城市倾向的经济政策与城乡收入差距》，《经济研究》，2004 年第 6 期。

[10] 中国社会科学院财贸所课题组：《中国财政收入规模:演变与展望》，《经济学动态》，2011 年第 3 期。

[11] 万广华、陆铭、陈钊：《全球化与地区间收入差距:来自中国的证据》，《中国社会科学》，2005 年第 3 期。

[12] 王小鲁：《灰色收入与居民收入差距》，《中国税务》，2007 年第 10 期。

[13] 岳希明、李实、史泰丽：《垄断行业高收入问题探讨》，《中国社会科学》，2010 年第 3 期。

[14] Joumard Isabelle, Mauro Pisu and Debbie Bloch. Less Income Inequality and More Growth-Are They Compatible? Part 3. Income Redistribution Via Taxes and Transfers across OECD Countries. OECD Publishing, 2012.

[15] Milanovic Branko. Can We Discern the Effect of Globalization on Income Distribution? Evidence from Household Surveys. The World Bank Economic Review, 2005, Vol.19, No.1.

[16] Simon Kuznets. Economic Growth and Income Inequality. The American Economic Review, 1955, Vol.45, No.1.

[17] Zhou Lei, Basudeb Biswas, Tyler Bowles and Peter J. Saunders. Impact of Globalization on Income Distribution Inequality in 60 Countries. Global Economy Journal, 2011, Vol.11, No.1.

专题五 深化我国能源资源性产品价格体制改革的战略思路与实施建议

温桂芳　张群群

经过三十多年的努力，我国价格改革已取得重要进展，绝大多数商品和服务价格已由市场决定。但在能源资源、公共事业、环保收费等领域，价格不合理的问题仍比较突出，改革任务还相当艰巨。中共十八届三中全会报告再次强调，要"加快自然资源及其产品价格改革，全面反映市场供求、资源稀缺程度、生态环境损害成本和修复效益。坚持使用资源付费和谁污染环境、谁破坏生态谁付费原则，逐步将资源税扩展到占用各种自然生态空间"。深化能源资源性产品价格改革已经成为坚持节约能源资源和保护环境的基本国策、推进生态文明建设的重要任务。

一、能源资源性产品价格体制改革的重要作用

1. 能源资源性产品是经济可持续发展十分重要的支柱性与稀缺性商品

经济社会的持续发展，离不开能源资源的支撑。能源资源性产品是国民经济中具有战略意义和全局影响的重要的基础性产品，与生产生活休戚相关。

由于能源资源性产品价格长期被扭曲，严重制约了这类产业的发展。理顺能源资源性产品价格关系，使其更好地反映市场供求、稀缺程度和环境损害成本，有利于发挥价格合理配置资源的作用，促进供给增加，抑制不合理的需求，提高使用效益，降低其对外依存度，增强企业竞争力。需求减少，也有利于减少污

染。可见，运用价格机制既能促进供给增加又能抑制需求，可取得事半功倍、一举多得的效果。更重要的是，价格合理了，价格机制能更好地发挥作用，对于推动节能减排、调整经济结构、转变经济发展方式、建设能源资源节约型和环境友好型社会都有重要作用。

2. 能源资源性产品是稀缺性产品，对外依存度高，但价格话语权严重缺失

一方面，随着工业化和城市化的推进，我国的能源资源需求不断增长，由此导致传统化石能源资源消耗迅速增加。我国是全球能源资源消费增长最快的国家之一。另一方面，我国能源资源禀赋较差，煤炭、石油和天然气人均探明储量分别占世界平均水平的 56%、11% 和 4.4%，人均水资源占有量不到世界平均水平的 25%，其他矿产资源也很有限。2012 年我国石油对外依存度已经达到 58%，天然气对外依存度接近 30%。从中长期来看，全球范围内的能源资源争夺战将愈演愈烈，我国煤炭、石油和天然气等能源资源供应将日趋紧张，对外依存度不断提高。一旦石油和天然气进口受到限制，我国将出现严重的能源资源危机。不仅如此，我国进口大宗商品价格话语权的缺失，使我国为此付出了巨大的代价。

3. 利用效率低，浪费惊人，造成的环境污染相当严重

目前我国电力、钢铁、有色、石化、建材、化工、轻工和纺织 8 个行业主要产品单位能耗平均比国际先进水平高 40%；钢、水泥和纸板的单位产品综合能耗比国际先进水平分别高 21%、45% 和 12%。在水资源方面，我国人均水资源不足 2200 立方米，不到世界人均占有水量的 25%，是世界 12 个贫水国之一。据统计，在正常情况下，全国年缺水总量在 300 亿~400 亿立方米之间，每年有 1 亿~3 亿亩农田受旱，661 座城市中有 400 余座城市供水不足，110 个城市严重缺水。尽管如此，我国水资源的利用率却十分低下，农业用水利用率只有 43%，远低于发达国家 70%~80% 的水平；全国万元工业增加值用水量为 218 立方米，是发达国家的 5~10 倍；用水的重复利用率只有 60%，而美、日、德等国已达到 90% 以上；城市人均耗水量为欧洲人的两倍；我国万元 GDP 用水量 540 立方米，远大于发达国家在 50 立方米以下、中等收入国家为 150 立方米左右的水平。

能源资源的大量使用和浪费，导致城市污水、废气排放量猛增，加上环境使用费用过低甚至不收费，造成对环境的过度消费。化石能源消耗成了温室气体排放最主要的来源，释放的二氧化碳量占人类活动二氧化碳排放总量的 80% 以上，占全球温室气体排放总量的 56.6%。如果不减少化石能源和其他资源消费对环境造成的影响，就不可能实现美丽中国的梦想。

4. 能源资源性产品价格形成机制不完善制约了市场作用的发挥

能源资源性产品价格形成机制不完善，加上其改革相对滞后，价格长期处于严重不合理的状态。一是受体制的制约，资源性产品价格市场化程度不高，由政府制定的价格不能真实地反映市场供求关系和资源稀缺程度，缺乏对投资者、经营者和消费者的激励和约束作用。二是资源性产品的价格构成不合理，许多资源性产品生产过程中资源破坏和环境污染的治理成本没有体现在价格中，外部成本没有内部化，导致价格偏低、浪费严重，也阻碍了转方式的顺利进行。三是资源性产品之间比价关系不合理，不利于能源结构的调整。四是资源性产品市场体系不健全，缺乏竞争的市场环境，影响价格作用的发挥。

综上所述，能源资源性产品价格不合理，是导致浪费的重要原因；而价格改革滞后，使许多能源资源消耗高的生产和消费难以制止，并导致破坏和污染环境等许多问题，更重要的是严重制约了转方式、调结构的顺利进行。根据世界银行的研究，能源资源使用量的降低，有55%归功于价格的调整。积极稳妥地推进能源资源性产品价格改革，既是改变价格不合理，更好地发挥价格机制的作用，更是落实科学发展观，调结构、转方式，更好地实现国民经济平稳发展的必由之路，也是完善社会主义市场经济体制，保障经济社会永续发展的内在要求，因而具有深远的历史意义。

二、深化能源资源性产品价格体制改革的战略构想

（一）改革的总体设想

1. 改革的基本目标

能源资源性产品价格改革的基本目标是：按照市场经济体制的要求，坚持社会主义市场经济的改革取向，建立能够反映资源稀缺程度和市场供求关系及环境损害成本的价格形成机制和价格体系，逐步理顺能源资源性产品的价格关系，健全市场体系，在更大程度和更大范围上使市场价格机制更有效地发挥"鼓励供给、激励效率、保障公平、促进环保"的作用，为建设节约型社会、转变经济增长方式创造良好的价格体制条件和政策环境。

2. 改革的指导思想

（1）**全面深化价格改革是推进和完成新一轮经济体制改革的重要抓手和突破口。** 应充分认识深化能源资源性产品价格改革在转方式、调结构和完善社会主义市场经济体制中的重要性，以此作为价格改革攻坚的突破口。坚持价格作用的主导性，要充分发挥价格配置资源的作用，把节能减排放在突出的地位，把转方式、调结构作为改革的主要动力。

（2）**坚持价格改革的市场导向和转变政府职能、完善宏观调控相结合。** 能源资源价格问题，关键在于价格形成机制不合理和市场体系不健全。深化能源资源价格改革的核心，是建立和完善反映市场供求关系、资源稀缺程度和环境成本补偿的价格形成机制，理顺和完善能源资源性产品价格体系，充分发挥价格配置资源的基础性作用。因此，改革必须以市场为取向、以问题为导向，正确处理改革与调整的关系，防止以调代改、只调不改的错误导向。在方法上要做好价格调整与价格形成机制改革的双向协调；要改革现行不合理的管理体制，转变政府职能，减少政府的干预，纠正政府定价和监管的失误与失效，要防止改革被既得利益集团绑架和操纵，坚定不移地发挥政府在改革中应有的作用；还要健全市场体系，促进行业内外的有序竞争，解决能源资源性产品的部门和行业垄断问题。应力求使改革过程成为市场机制和政府作用同时完善的过程。

（3）**实施价格改革必须注意处理好改革、发展和稳定的关系。** 价格改革的实施应与经济增长速度相适应，既要有利于经济平稳发展，又要能够保障改革顺利推进。既要推进能源资源性产品价格改革，又要保持物价总水平的稳定，还要在改革具体措施的推出、出台时机的选择、改革力度的把握、改革节奏的控制等方面慎重考虑，缜密筹划，以免给发展和稳定带来不利影响。

（4）**改革要体现差异性。** 能源资源性产品，由于其供求关系、生产经营状况、市场环境条件等不尽相同，其价格形成既有共性，又有差别。在价格形成原则、改革目标方面要反映价格形成的一般性；在价格形成方法和步骤方面，则要根据生产、输送和消费各环节的特殊性，根据各自的市场供求特点、竞争或垄断状况，有区别地分类进行改革。

（5）**全面推进，突出重点，逐步实施。** 能源资源性产品价格改革主要涉及石油及其制品、天然气、煤炭、水、土地等产品或要素，在国民经济发展中有着特殊的作用，其价格改革影响重大。我国现阶段市场价格水平已经上升到一个新的台阶，实施能源资源性产品价格改革，改变其形成机制和价格水平不合理的状况，其价格水平必将发生合理的上升，其传导作用和转嫁甚至会引起后续产品价格的全面上升，也容易加大通货膨胀预期。为了减少由此可能带来的震荡和对经济社会的负面影响，争取得到社会各方面的广泛支持，价格改革不能一蹴而就，而要积极稳妥，分步实施，要根据各类能源资源性产品的市场供求形势、竞争或垄断状况，围绕建立和完善科学合理的价格形成机制的要求，分清轻重缓急，实行分类推出、分段推进、小步快跑的办法，逐步把改革推向前进。

（二）改革的主要内容

能源资源价格合理才能起到"鼓励供给、激励效率、保障公平、促进环保"的作用。因此，能源资源价格改革的核心是健全科学、合理的能源资源价格形成机制。改革的主要任务包括：

（1）坚持价格形成的市场导向，打破垄断，鼓励竞争，建立和完善主要由市场竞争形成价格的能源资源性产品价格体制；完善由政府管理的能源资源性产品价格的形成机制（政府定价机制）、调控机制和补贴机制。

（2）按照补偿完全成本和获得合理利润的原则，区分能源资源的可再生性与耗竭性，实行不同的价格形成办法。相应完善能源资源价格的成本构成，建立和完善成本管理办法和成本监审机制。

（3）理顺能源资源性产品的比价关系，完善价格体系，用价格机制促进各种能源资源的有效配置，协调和平衡各种利益关系。鼓励清洁能源资源发展，限制非清洁能源资源的使用；促进企业在发展循环经济的"减量化、再利用、能源资源化"过程中，寻求各种能源资源使用的最佳替代方案。

（4）培育和完善开放有序的能源资源性产品市场体系，维护公平竞争，规范价格秩序。以价格改革推动国内能源资源性产品市场（包括现货市场和期货市场）的发育和完善。探索建立国内外市场价格关系协调机制，减少来自国外大宗商品价格上涨的输入性影响，逐步掌握国际市场上对重要商品的价格话语权。

（三）分类改革构想

1. 能源类产品价格改革

能源类产品主要包括石油及其制品、天然气、煤炭、电力等产品。作为能源产品，由于其供求关系、生产经营状况、市场环境条件等不尽相同，其价格形成既有共性，又有差别。在价格形成原则、改革目标方面要反映价格形成的一般性；在价格形成方法和步骤方面，则要根据生产、输送和消费各环节的特殊性，根据各自的市场供求特点、竞争或垄断状况，有区别地分类进行改革。

(1) **煤炭价格改革**。现行煤炭价格的主要问题是：①价格的成本构成严重缺项，煤矿开采的矿权取得成本、生态环境治理恢复成本、安全生产成本及能源资源枯竭后的退出成本等，没有或很少进入定价成本。②计划煤与市场煤刚刚并轨，电煤交易关系和价格联动机制尚在尝试和摸索之中，其制度安排的稳定性和成熟性有待进一步的检验。

煤炭价格改革的任务主要有两项：一是构建反映煤炭完全成本的价格形成机制。完善煤炭资源成本构成，关键是要将煤炭矿业权取得成本、资源开采成本、生态环境恢复治理成本、安全生产成本以及煤炭资源枯竭后的退出成本（代际成本）等列入企业成本的核算范围；通过改革使外部成本内部化、社会成本企业化，逐步建立起以完全成本为基础、以市场为导向的供需双方协商定价，并辅之以政府宏观调控的煤炭价格形成机制。同时，制定和完善煤炭成本核算法规，建立和完善生态环境恢复、安全生产和退出等方面的基金，使煤炭外部成本的补偿法制化。二是实现煤炭价格真正由市场竞争形成，探索有效解决煤价并轨前后积累起来的利益冲突问题的可行途径和长效机制。以前实行的煤炭价格双轨制，约有一半的煤是由政府控制的"计划煤"（又称合同煤），并实行由政府控制的"合同价"。实行"双轨制"的结果是煤炭价格名为市场化，实则仍由政府严格控制或干预，导致竞争十分不公平；由煤价"双轨制"，进而形成煤炭运输上也实行"双轨制"，导致运输市场乱象丛生，寻租和腐败现象严重；同时，也不利于"煤—运—电"全产业链的市场化改革，不利于全国煤炭统一市场的形成。此外，也不利于电力体制和电价改革的推进。因此，取消煤炭价格"双轨制"，让价格由供需双方在市场上通过协商形成，为整个煤电产业链改革打开了一个突破口，也为所有用煤企业创造了一个公平竞争的环境。

深化改革必须解决好以下问题：一是煤电价格联动问题。实现煤价形成市场化后，政府需适度放松对电价的管制，逐步实现由发电企业自行根据市场供求关系决定价格。现在实施的《关于深化电煤市场化改革指导意见》中规定了煤电价格联动的调整阈值（电煤价格波动幅度5%）和调整周期（年度），同时降低了电力企业消纳煤价波动的比例（由30%降为10%）。今后在调整周期、波动幅度调整阈值的规定和具体操作上，需要适度增强灵活性。要引导和促进煤炭和电力企业签订电煤供应的中长期合同，实现电煤市场的真正开放。二是电煤的运输问题。需要改变现行电煤运输由发改委分配和统一调配运力的做法，同时放开铁路运输，制定相应的规则，保证操作透明，实现所有煤炭运输的公平，电煤的运输可由电力部门与铁路部门通过中长期合同的方式予以保障。

（2）**石油价格改革**。目前，原油价格已经实行与国际市场价格接轨，成品油价格则按照政府指导价确定的原则，适时按照有关机制进行调整。根据市场取向的改革原则，油价形成既要反映国际市场石油价格变化，又要考虑国内市场供求、生产成本和社会各方面承受能力等因素。现行的原油价格与国际市场接轨的办法，只考虑国际市场的变化，不能充分地反映国内市场的具体情况，接轨只是对国际市场价格的被动接受，因而接轨办法有待于进一步完善乃至深化改革。

成品油价格改革有两种方案可供选择：一是完善现行接轨办法。此次价格机制的完善总体上属于在现行体制机制框架内的适当调整，国内油价水平的调整仍主要取决于国际市场原油价格走势，并未反映国内供给部分的作用与影响。为了更加及时地反映国际市场油价变化，调价周期还可进一步缩短，建议以一周（七天）为调价周期。在不涉及保密的情况下，新的油价形成机制的相关措施应细化。同时，建立石油企业内部上下游合理的利益调节机制、相关行业的价格联动机制、对部分弱势行业和弱势群体适当补贴机制等。二是放开成品油价格由市场竞争形成，政府在宏观上实行必要的调控，确保价格不发生大的波动。与此相适应，改革价格管理体制和流通体制，实行产、炼、销分开，各环节法人独立，自负盈亏，强化各环节内市场竞争；适当放宽对进口油源的限制，放开油品进出口权，打破"两桶油"的垄断，维护公平的市场价格秩序。建立成品油现货和期货市场，逐步健全和完善成品油价格发现和价格风险分散机制，使经营者和消费者在购销决策及规避价格波动风险等方面可以有更多的选择。

（3）**天然气价格改革**。天然气是重要的清洁能源，在我国能源消费中所占比重不断增加，对外依存度 2010 年为 15%，2012 年已提高到 29%，2013 年预计可达 32%。按国际能源署预计，未来 20 年天然气将成为全球增长最快的能源；到 2035 年，天然气在全球能源消耗中所占比例将与煤炭持平。天然气的生产和消费在国民经济的发展中具有举足轻重的地位，其价格改革的重要性和迫切性不言而喻。

天然气价格形成机制，应及时总结和推广广东和广西两省的试点经验以及四川"小气改"的做法，适时扩大定价改革范围，推行天然气的"市场净回值"定价法和自产与外购天然气综合作价法。同时，理顺上下游的价格关系，一方面提高输送费用，改变亏损状况，另一方面管住下游即终端销售价格，加强售价的成本监审，使之合理，保护消费者利益。应实行阶梯气价，保障居民生活的基本需求，鼓励节约用气。还要建立天然气与可替代能源之间的价格挂钩调整的机制，理顺天然气与可替代能源的比价关系，力争在"十二五"末使天然气价格与同等热值的能源价格挂靠比例从目前的 30% 逐步提高到接近国际水平的 50%。争取用 2 至 3 年的时间，使全国天然气的定价在符合新的定价机制上，取得突破性进展。

改革天然气价格形成机制，逐步提高天然气价格，能够起到促进供给增加和鼓励节约使用双重目的。但在现行管理体制下，不能仅靠价格的作用。从长期看，关键是要从技术创新上下工夫。因为提价可能演变成天然气垄断企业用于增加利润的手段，难以成为垄断企业创新技术的动力。只有改变现行的体制，降低准入门槛，允许有能力的企业和民间资本进入天然气的开发领域，尤其是允许拥有先进技术的企业进入，通过竞争，才能最终推动天然气行业的快速发展（傅蔚冈，2013）。从这个意义而言，此次的天然气价格改革对解决当下的天然气供给当然有意义，但要在更广的范围内解决中国天然气的供给问题，仅仅改变价格机制恐怕还不够，而是需要在天然气的开发上有一场技术革命。

此外，应运用价格政策和补贴政策加速推进页岩气的开发力度，增加页岩气供给。这样可以改善我国能源供应结构，提高我国能源安全，减少二氧化碳的排放量，也能增强我国在国际能源政治中的博弈能力。

（4）电价改革。电力价格改革的目标是建立既考虑成本、又反映供求关系，既有激励、又有约束的电力价格机制；区分自然垄断与非垄断环节，逐步建立起发电、售电价格由市场竞争形成，输电、配电价格实行政府定价的价格形成机制。同时，理顺各种发电形式的电价关系，完善电价体系，形成合理的电力结构。电力产业包含发、输、配、售等环节，随着电力体制改革的逐步推进，各环节之间应相互协调、动态平衡。为此，应坚持实行分类改革，即发电侧实行竞价上网，输电和配电环节实行管制，销售侧实施适度竞争。要加快推进竞价上网的改革，将上网电价由政府制定逐步过渡到由市场竞争形成；改进和规范输配电价格管理办法，形成合理的定调价机制，同时建立和完善电价成本监审机制，加强对电网输电成本的监审，以确保其合理；改革销售电价的分类和结构，形成有利于公平负担、鼓励节约的销售电价机制。对利用太阳能、风能等可再生能源发电，按照补偿发电成本、使投资者获得合理收益的原则制定上网电价，并逐步实现与火电、水电同网同价。

目前，电价改革应以电煤价格并轨后落实并完善煤电价格联动机制为突破口。实施并完善煤电价格联动政策，逐步实现煤炭价格、发电上网价格和销售电价的实时联动。与此同时，推进以下改革：

（1）大力推进竞价上网电价改革。由于历史原因，我国上网电价一直偏高。

目前，发电环节价格占终端销售电价的比例为 70%~75%。电价改革的目标之一就是如何在发电侧引入竞价机制，但有许多问题尚待解决：①大范围开展竞价上网的条件还不成熟，参与竞价的电厂为数不多；②竞价基本上是以政府制定的标杆电价作为基础，不能真实反映电厂实际成本的变化，不利于电厂之间的成本竞争；③集团控制下难以形成竞争。厂网分开后全国大部分电厂都是由几家大的发电集团公司控制，其议价能力很强，容易联合控制发电市场的垄断竞争局面（朱成章，2012）。

应逐步建立能够反映电力能源资源稀缺程度、供求关系及环境成本的上网电价机制：①探讨符合我国国情的煤电价格联动机制，及时解决短期内电煤涨价造成的发电成本上升问题。②根据电厂造价下降、发电煤耗降低、大型燃煤机组利用小时数有较大提高等情况，对燃煤机组标杆电价进行合理调整，激励电源结构优化。③按照有利于能源资源结构优化的原则，合理确定各类机组上网电价的比价关系，积极引导全社会电源结构的转化。④由于目前全国的火电量在总发电量中占有最大比重，且受煤炭等能源价格波动的影响较大，上网电价调整的压力很大。对此，可借鉴市场化产品的竞价模式，建立合理的火电竞价机制，推动其从总体上加强成本管理。⑤优化能源结构，合理确定各类机组上网电价的比价关系。

（2）**处理好输配电价制定问题**。进行电价改革，关键和难点在于输配电价的制定。电力体制改革的目标，要"放开两头，监管中间"，"中间"即为输配电环节，因其具有垄断性，价格必须由政府制定或进行监审。而这一环节的价格确定，主要涉及输配成本与收益的确定和分摊两个问题。电网的成本有很大部分与电网资产有关，如折旧费用、运行维护费等。应统一电网折旧、运行维护等费率标准，以便进行成本监审。由于近几年整个电网加大了投资力度，电网企业还本付息及经营成本压力逐年增加，在电价调整中需要加以考虑，以确保电网的可持续发展能力。

（3）**把握好终端市场电价的确定**。深化电力市场改革，逐步有序开放售电市场，在起步阶段可对销售电价实行调放结合，逐步放开，最终要把销售电价的定价权交给竞争性的售电市场。

（4）**改革销售电价的分类和结构**。销售电价市场化有待于售电市场的开放。为此，要重新调整销售电价结构，扩大峰谷电价及分类分档电价的实施范围；建立终端销售电价与上网电价间的联动机制，逐步放开销售电价，同时加强对销售电价的监管；完善居民用电阶梯电价，进一步探索低电价用电群体的激励约束机制；在改革过程中逐步解决电价交叉补贴的问题。

（5）建立分布式电源和微电网相关价格机制。

2. 水资源价格改革

经过多年的努力，我国水价改革迈出了较大的步伐。在建立科学的水价形成机制、开征水资源费和污水治理费、水费计收办法、实行阶梯式水价、超定额加价等方面实施了一系列的改革，取得了可喜的成绩：水价不合理的状况有所改观，水价体系逐步完善；一系列水价管理方面的法律、法规、制度和办法相继出台；价格在配置水资源和促进节约用水方面较好地发挥了作用。但也要看到，当前我国城市用水和农业用水价格仍然存在不少问题，水价机制难以更好地发挥作用。主要问题有：一是水价形成机制不完善。现行的水价形成机制在确定水价时只是部分地考虑了供水工程成本、水资源的稀缺程度和水环境治理成本，没有考虑保证水资源质与量的代际公平所耗费的成本以及实现人与自然和谐相处的社会成本，对体现公平的用水户承受能力没有明确的原则予以规定。显然，这种水价形成机制不能保证水资源可持续利用。二是水价水平不合理。衡量水价水平是否合理，通常有两个标准：一个是从用户方面，将居民的用水费用与生活费用进行比较，对企业则用水费占工业成本的比例来衡量；另一个是从生产经营者的角度，即用供水企业的供水成本与供水价格进行比较。以此衡量，水价仍有较大的调整空间。而农业用水的价格更低，只能补偿供水成本的30%~40%，更有必要通过深化改革加以改变。三是水资源费征收不到位。四是污水处理费也存在征收不足的问题。五是水价对促进提高水资源利用效率的作用没有得到很好发挥。从目前的情况看，水价的作用主要体现在节约方面，对开源方面的作用重视不足，即在制止对地下水的严重超采、提高污水处理和增加回用水方面的力度不足。

以上存在的水价问题，都在一定程度上不利于节约用水和提高用水的效益，反而在一定程度上助长了用水的浪费。这些问题表明，深化水价改革势在必行。

（1）**水价形成机制**。水资源价格改革的目标是，通过改革建立科学、合理的水价形成机制和运行机制，理顺水价及其关系，形成合理的水价体系；建立适应社会主义市场经济体制的水价管理体制；使水价能够起到合理配置水资源、节约和高效使用水资源、保护水资源、实现水资源持续利用的作用。改革的关键和核心问题是价格形成机制。改革内容和重点主要是建立和完善科学合理的水价形成机制。

科学的水价形成机制必须反映水商品的价值、水资源的紧缺状况、水的供给和需求以及经济社会等多种因素的影响，实行科学的水价计价办法，形成科学的比价、差价关系，做到不同的水量、水质、用途、地区、季节、峰谷乃至不同的供水工程等形成不同的水价结构。合理的水价则包含两层含义：一是其成本应由资源成本、工程（输送）成本、环境成本、制水成本构成，加上合理的利润和税金，就形成合理的水价。可见，合理的水价应是由完全成本构成的，这样的水价也是可实现可持续发展的水价。二是水价所决定的水供求不能超出水资源的承载能力和水环境的承载能力；水价所决定的收支水平必须保证供水工程能持续运行和用水户有支付能力。换句话说，可持续发展水价的制定必须能保证水资源的可持续开发与利用，使水资源再生、循环的环境和基础不受破坏，同时兼顾供水工程承受能力和用水户承受能力。

具体任务如下：①明晰水资源产权管理制度，规范水资源费（税）的征收。目前水资源费的征收尚未在全国全面推行，即使已经开征的水资源费标准也较低，由流域机构管理的跨省取水也未进行收费，导致国家对水资源的财产权益不能完全体现。因此，应加大水资源费的征收力度，全面开征水资源费，逐步实现用水补偿的合理化。②建立供水成本评价体系和约束机制，认真解决供水成本不实问题，夯实水价形成的基础。为此，要通过深化改革完善成本构成，使成本能够真实反映原水、工程水、制水及运营和管理等的合理成本费用，并使之通过价格得到补偿；按照价值规律的要求，使水价能够反映水资源的稀缺程度、供求状况和环境补偿成本。③改革水价计价方式，大力推行阶梯式水价和超定额用水累进加价制度，实行多用水多付费，浪费者受重罚。④逐步提高水价，使水价趋向合理。目前水价既存在偏低的问题，又存在成本不实和各种不合理收费导致的价格扭曲问题。在提高水价前，先要解决好成本不实问题，清理随水价一并收取的各种不合法收费，使水价调整建立在科学合理的成本基础上。基于此，实行阶梯水价，需要保障居民生活的基本用水量，但不能把基本用量部分的价格理解为固定不变，而是随着合理成本的提高而适当提高，以保障供水企业正常运营。

（2）农业水价。据水利部、国家统计局 2013 年 3 月 26 日对外发布的《第一次全国水利普查公报》显示，经济社会年度用水量为 6213.2 亿立方米，其中，农业用水为 4168.2 亿立方米，占全社会总供水量的 67.1%。而现行的农业用水价格偏低，用水效率低下，浪费现象相当严重，节水潜力很大。应把农业用水价格改革放在水价改革的突出地位，并把它作为解决水价和节约用水攻坚的关键。

农业水价改革的核心是建立科学合理的供水价格形成机制，保障供水成本的合理补偿和农业用水的可持续发展，促进农业用水的节约。理顺上下游各环节水价的关系，形成各用水环节比价合理的水价体系。这项改革主要涉及以下五个重点内容。

第一，水利工程供水价格。建立科学合理的农业用水价格形成机制，必须以理顺水利工程供水价格为突破口和基础。通过建立科学合理的水利工程供水价格形成机制，使供水价格能够合理补偿供水成本，并获得必要的收益，以保障其可持续发展。

目前，水利工程供水价格存在的主要问题是管理权限过于集中，政府的价格行为不规范，供水价格形成缺乏成本约束，还有水费计收、水价偏低、使用和管理不规范等问题。

深化水利工程供水价格改革应着力于以下五个方面：①水利工程供水价格形成的原则：效率优先，兼顾农民的支付能力；既要保证农业生产用水，又要利用价格杠杆引导有限的水资源用于最有效率的部门。②建立科学的水利工程供水价格形成机制。主要是完善科学合理的成本核算和成本约束机制，使供水价格的制定建立在合理成本的基础上。③建立适应市场经济体制的水价管理运行机制，以省、市、自治区为单位，实行分级管理和分级决策实施。④理顺农业用水价格体系，拉开供水差价，实行分灌区或小流域单位定价；协调好农业用本地水与外调水的价格关系。⑤完善水费收缴机制、水费使用监督机制，健全水费财务制度、财务监督和行业监督机制。

第二，终端水价，即农户种植用水价格。重点解决终端水价偏低和收费混乱的问题。要逐步提高农业用水价格，发挥水价促进节约的作用。对农业用水价格的调整，应主要考虑农民现金收入或人均纯收入情况、农业生产成本中水费所占比重及水费与其他生产资料在农业生产成本中比价关系等方面的内容，并依据当地的经济和社会进步水平来确定水价上限。即按全成本水价模式确定的水价只能接近或等于最高限价而不能超过最高限价。

第三，改革农业水费计收办法和使用监管制度。推行终端水价制，实行"一票到户"和水价、水费、水量三公开。同时，整顿水价秩序，清理和制止水费收取中的各种乱收费和"搭车"收费，并使水费的收取和使用的监督检查成为常态，以确保农户的利益不受到损害。

第四，建立农业用水有偿转让机制，让农民从节水中获益。通过改革使农民享有明确的水资源使用权、处置权和收益权，并建立规范的水市场，通过价格机制和利益补偿机制使农业节约的水量有偿向城市提供。

第五，运用水价机制合理调整农产品种植结构。鼓励南方水源富足的地方大力发展用水多的农产品（如水稻），引导缺水严重的北方干旱地区生产旱地作物（如小杂粮等），最后实现粮食生产和结构的合理布局。

（3）**生态环境水价改革**。在生态环境水价改革方面，要合理制定污水治理费、中水使用费和生态保护用水价格，加大污水处理费的征收力度。我国缺水和水污染问题同样突出，节水和治污的任务相当艰巨。目前，我国的污水处理率还不高，仅为40%左右，大部分污水未经处理就直接排放，约有一半城市市区的地下水遭到比较严重的污染。目前全国还有不少城镇没有开征污水处理费，即使已经开征的城市，也普遍存在收费标准低和收缴率低的问题。加上排污费又非完全用于水处理，致使相当一部分已建污水处理设施不能正常运转。要解决好这个问题，一是要加大污水处理费征收力度，提高污水处理费征收标准，尽快将污水处理提高到保本微利的水平。二是要区分不同用水（居民生活用水、事业单位用水、工业用水、特殊行业用水）和用水的污染程度，实行不同的收费标准；实行阶梯式水价制度的地方相应地对污水处理费实行阶梯式计量收取，多用水、多排污、多付费。三是实行相应的奖惩办法。针对目前存在"守法成本高，违法成本低"的问题，对肆意排污造成严重后果的企业，应严格执法，严厉惩处，使之倾家荡产，对行为责任人应绳之以法，才能起到震慑和警示的作用。对实际排污数量和污染物含量低于政策许可的，要予以适当奖励，弘扬守法正气。四是制定合理的回用水价格，大力促进污水再生利用和循环利用。目前使用回用水价格普遍偏高，不利于鼓励使用回用水，造成回用水的浪费，也不利于污水处理业的发展。因此，制定回用水价格应合理、适度。污水处理的成本和利润，不能仅仅依靠污水处理环节来解决，应该通过收取污水处理费和污水处理成本补偿解决。

3. 环境价格改革

（1）**建立科学合理的环境价格形成机制**。积极推进排污权、碳排放权交易和扩大生态环境补偿制度试点。完善主要污染物排污权有偿使用和交易试点制度，建立健全排污权交易市场；开展碳排放交易试点，建立自愿减排机制，推进碳排放权交易市场建设。

（2）**强化污染物减排的价格约束机制，加快建立生态环境恢复的补偿体系**。全面落实"谁污染、谁付费"的原则，依据可再生能源资源成本定价原理评估环境损失，制定排污费等环保价格政策。通过参与整个循环经济过程中的定价和分配，使生态环境最大限度地得到补偿和恢复，做到外部成本内部化、社会成本与私人获利相对称，外部效益内部化、内部成本与外部获利相对称。还要逐步推行排污权交易价格制度改革，将排污指标"价格化"，用经济手段促使企业主动治污，限制排污。

要充分发挥市场机制的调节作用，制定支持性价格政策，对治污的投资按高于社会平均投资回报率核定价格和收费标准，吸引民间或国际资本采用"BOT"等多种投资模式参与垃圾收集、运输和处理，最终实现生活垃圾处理的社会化、专业化、产业化。

（3）大力推行促进能源资源综合利用的价格政策。按照发展循环经济的基本原则，实现能源资源综合利用，就是要最大限度地将废弃物转化为能源资源，价格主管部门可根据能源资源综合利用的不同情况，拟定出相应的价格支持政策，引导更多的社会资本参与废弃物的综合利用，既让开发利用企业有利可图，又让购买使用企业降低生产成本，促进全社会能源资源环境实现节约利用、高效利用。

三、深化能源资源性产品价格体制改革面临的困境与难点

1. 能源资源价格问题积重难返

我国长期实行粗放的经济发展模式，对能源资源价格长期实行严格的管制，价格机制严重扭曲，不能有效地反映能源资源的供给与需求日趋紧缺的状况，起不到促进企业降低成本的激励作用；价格构成不完全，成本缺位和补偿不足，价格过低，抑制价格配置资源的作用，造成开发、利用的极大浪费和严重的污染。要改变这种状况，将面临许多的困难和问题。在价格接轨方面也有一些需要完善和改进之处。在价格管制上则存在有的放开由市场形成、有的仍然由政府直接制定价格的矛盾。总之，在能源资源价格方面欠账太多，问题累积成堆，要想改变这种状况，不是短期内所能做到的。深化能源资源性产品价格改革将是一场旷日持久的攻坚战。

2. 能源资源价格改革受经济发展方式转变滞后的掣肘

能源资源价格长期偏低，是"三高一低"（高消耗、高浪费、高污染、低效益）的落后经济发展方式得以长期存在的重要原因。而要改变能源资源价格不合理的状况，促进经济发展方式的转变，就必然导致企业成本的增加和利润下降，遭到维护落后发展方式的既得利益势力的阻挠。加上由于资金、技术等方面的制约和创新的滞后，无论是各级政府还是企业都难以在短期内适应转变发展方式的要求，由此形成了能源资源性产品价格改革的重重阻力或障碍。这是十几年来转变经济增长方式和能源资源产品价格改革无显著进展的重要原因。

3. 改革涉及和影响面大，各方面的利益矛盾难以协调

经过 30 多年改革，形成了利益多元化的格局。改革在一定意义上成为不同利益集团之间博弈和妥协的过程，改革的深化必将使一些既得利益者受损。改革面临公正和效率、就业和利润、当代人和子孙后代的利益如何协调和平衡的问题，还面临生产与消费各个环节的矛盾、地区（产地与销地）之间利益关系的协调、中央与地方之间利益分配、新能源资源与传统能源资源以及可再生能源资源与耗竭性能源资源之间价格关系与发展的协调、能源资源性产品价格改革与其他改革之间的协调、能源资源性产品价格改革与外贸竞争力的矛盾等。这些矛盾解决不好，将成为改革顺利推进的障碍。

4. 稳物价与价格改革的两难抉择

由于能源资源性产品价格长期扭曲和偏低，无论是改革还是调整，价格提高都将不可避免。受成本上升和其他不确定因素的影响，今后一段时间内市场价格将呈逐步上涨之势，管理通货膨胀预期、稳定市场物价是一项长期的任务，在深化改革的过程中也必须做好这方面的工作。

5. 现行的体制与垄断问题对改革的阻碍

能源资源性产品如水、气、油、煤、土地等，其生产经营多是国有企业为主导，又为垄断经营体制，加上产权不清，这些垄断企业不可避免地会利用自己的特殊身份来影响价格，既难以通过价格改革实现充分的竞争和由市场形成价格，又容易成为一些垄断行业和利益集团牟利的工具，还会加大改革的成本。从已有的能源资源价格改革情况看，基本上是以调价代替改革，甚至是只调价不改革，每次价格改革的成果主要为垄断行业所占有，广大民众并没有享受到改革的成果，有的甚至因此而增加了负担，广大群众对改革的热情下降甚至开始持反对的态度。而价格改革如果得不到群众的支持和参与，就必然会举步维艰。

6. 价格改革与相关改革措施难以协调

能源资源环境价格改革会导致生活必需品价格上涨，居民生活成本上升，那些生活水平本来就不高的社会弱势群体将不堪重负，对我国社会主义和谐社会的建设将带来一定的影响。这就需要协同推进收入分配改革、社会保障制度建设、能源资源税费改革、企业制度调整以及市场的发育与建设。否则，能源资源价格改革将因这些相关改革滞后而受到制约和不利影响。

7. 顺利推进价格改革需内外兼修，也增加了改革的难度

从国际环境看，中国的国家实力逐步增强，国际地位不断上升，最终将成为世界多极格局当中重要的一极。中国的每一项改革推进都会与国际息息相关，承受其制约和压力，尤其是在对大宗商品的对外依存度不断提高的情况下更是如此。中国的任何改革既是自己的事，也与国际化高度关联，简单地套用过去的办法来改革是行不通的。此外，进入后金融危机时代，发达国家实施的量化宽松政策，对新兴经济体形成巨大的通胀压力，这也加大了能源资源性产品价格改革和要素市场改革的难度和挑战性。

四、深化能源资源性产品价格体制改革的政策建议

推进能源资源性产品价格改革是一项系统工程，单靠价格改革孤军奋战难以解决所有问题，必须取得社会各方面的支持和配合。价格问题涉及面广、政策性强，社会关注、利益调整关系复杂。无论是价格机制的变化还是价格水平的变动，都直接牵涉到利益关系的调整，往往是"牵一发，动全身"。因此，推进价格改革需要社会各方面的理解与支持，需要顶层设计，需要综合协调。

（一）深化能源资源性产品价格改革的政策建议

1. 实施改革需要顶层设计

为保障改革的顺利实施，建议国务院设立专门负责综合改革、顶层设计的机构，内设主管能源资源价格改革的协调机构，负责能源资源价格改革的设计、规划、管理和协调，构建能源资源价格改革各个领域的协调机制，统筹推进改革，改变现行各项改革政企不分、各自为战、缺乏统一管理与协调的状况，也防止改

革被部门、行业利益所左右和被垄断集团所绑架。

2. 妥善处理政府与市场的关系，切实转变政府职能

政府的职能是对改革统筹兼顾、搞好规划、明确目标、把握节奏，精心组织、稳步推进，把改革的负面影响降到最低限度，让改革的成果惠及全体人民，使改革措施符合最广大人民群众的根本利益，得到绝大多数人的支持和拥护。但就目前而言，政府在处理与市场的关系中，依然存在一些缺位、错位和越位的问题，不利于市场价格机制更好地发挥作用。为此，转变政府的职能对于顺利推进价格改革十分必要。在深化能源资源价格改革上政府应从以下四个方面转变职能：

(1) 减少政府定价，在可以开展竞争的生产经营环节放松直至放开对价格的管制。完善对物价总水平的宏观调控机制，加强和改进政府的价格调控，确保市场平稳运行和国家经济安全。

(2) 进一步完善政府定价机制和制度。大体需要做好三件事：一是逐步完善能源资源价格的成本构成，使价格能够反映真实成本。二是建立和完善成本约束机制，加强对垄断行业成本的监管。三是改变现行的成本加利润的定价办法，实行价格上的限制，使价格调整真正做到以合理成本为基础。

(3) 减少行政审批。实行直购电交易是竞价上网改革的重要内容，但因需要国家相关部门的审批，导致这一改革难以大规模推进，2011 年全国大用户直接交易电量不足全社会用电量的 2‰。为此，应该改变现行的行政审批办法，给予发电企业自主交易的权限。可考虑选择高新产业比较集中或具备产业比较优势、电力供需比较宽松的地区，开展大用户直接交易试点，整体设计，分步推进。

(4) 完善国内与国际市场价格接轨的方法。加强与国际组织合作协调，与发达国家和发展中国家合作，以协调一致的方式稳定世界初级产品供应，减轻传导性通胀输入。

3. 建立新的能源资源性产品价格支持系统

(1) 形成机制和管理制度的支持系统。包括建立和完善科学合理的能源资源有偿使用制度，建立和完善能源资源产业管理制度，激励节约使用的制度和惩罚浪费的制度。

(2) 价格体系的技术支持系统。如能源资源价格的理论测算系统，完善国民经济核算体系中对能源资源价值的核算指标体系，以及能源资源资产化的会计核算方法的建立与完善。

4. 建立并完善推进新能源发展战略的价格政策

在电源投资布局方面，应着力促进清洁能源的发展；对清洁能源实施随技术进步、成本降低的价格递减标杆电价，公布逐年递减的标准，努力提升价格引导的科学性；建立分布式电源和微电网相关价格机制，积极引导其科学发展。

在电力运行环节，需重点提高电网调峰积极性，吸纳更多的清洁能源。目前，煤电、热电、燃气、核电打破现行平均上网电价，均实行峰谷分时标杆上网电价；水电按流域实行峰谷分时标杆上网电价；建立健全发电辅助服务价格、抽水蓄能电站和蓄能价格机制。

在电力输送环节，重点提高对低谷清洁能源的利用率，力争全部电力用户实施峰谷电价或季节性峰谷电价，加大价差，居民用电逐步实行峰谷分时阶梯电价；尽快制定电动汽车充换电价格政策。

5. 建立和完善成本监审机制

合理的成本是制定合理的价格的关键和基础。在现行的体制下，水、电、气等能源资源价格仍由政府制定，其价格合理与否，取决于成本是否合理。因此，能源资源价格的制定和调整应以成本合理为基础，而建立和完善相应的成本核算制定和成本监审办法，就显得十分必要和迫切。

（1）建立完善由政府定价的产品成本核算和监审机制。油、气价改革的核心是建立科学合理的价格形成机制，而不能理解为改革仅仅是与国际市场价格接轨，把国内市场价格与国际市场价格简单地画等号。与国际市场接轨，应考虑国内市场价格状况，因为价格变动所带来的各种影响并不能通过接轨来解决。现行的接轨"办法"对炼油企业没有形成相应的成本约束机制和降低成本的激励，接轨的结果是成品油价格随着国际市场原油价格上涨而上涨，把增加的成本通过涨价转嫁给消费者。因而，必须把对企业进行严格的成本监审作为实施接轨"办法"的前提。在实施接轨前，首先要搞清楚本国油价的成本基础是否合理，即涨价必须建立在合理成本的基础上，企业必须为降低成本做出努力。水资源价格的形成同样存在成本问题。因此，需要尽快建立和完善包括成本考核指标体系、企业成本预审制度、成本及相关资料的定期报告制度、成本专家评审制度的成本监审体系，增强对政府定价的成本约束。

（2）对于价格已经放开由市场竞争形成的资源性产品价格，要解决成本构成的不合理，实现外部成本内部化、社会成本企业化，必须制定相应的法规，强制企业实施。

（二）深化能源资源性产品价格改革的配套措施

1. 深化能源资源性产品价格改革必须反垄断

（1）要改革现行的天然气生产经营管理体制。即改革现行的由中石油实施的产、输、售一体化的垄断体制，拆分为产（开采）、输（输送）、售（销售）三个各自独立的环节，政府只管管输部分的价格（服务收费），把两头放开，价格在市场竞争中形成。另外，在气源方面也要降低准入门槛，允许有能力的企业和民间资本进入天然气的开发领域，尤其是允许拥有先进技术的企业进入，通过竞争，才能最终推动天然气行业的快速发展。同时，放开进口气的管制，从而打破中石油一统天下的局面，抵制其通过控制气源挟持价格损害消费者利益的不良行为。至于煤层气的开采，现行的规定只能由石油企业开采，煤炭企业不能参与，这是不合理的。建议修改现行规定，把煤层气的开采权划归煤炭企业，以便使煤层气和煤炭的开采统筹进行，彻底解决油、煤企业（部门）在采气上的矛盾和利益纷争。

（2）加强对垄断行为的监管。为保障发电主体多元化发展策略的实施，近期应加强对垄断行为的监管和惩治，防止少数几个发电集团公司合谋控制发电市场；远期则应考虑打造竞争性的发电产业组织格局，在控制发电企业集团规模、地域分布、市场准入等方面，创造公平竞争的产业环境和市场条件。

2. 推进企业制度和产权制度的改革

现行的能源资源管理体制存在政企不分、利益固化、政策性经营与商业性经营混淆交叉、寻租现象严重等问题。为此，对能源资源行业要实行政企分开、政资分开、政事分开，对石油行业，应实行采（油）炼（油）分离，对电力行业实施网电分离，各自建立独立的企业法人。要建立产权明晰的现代企业制度，积极推行资产化管理，确保国家作为自然能源资源所有者所享有的权益；完善能源资源产业管理制度，保证能源资源合理开发和利用；打破政府部门的行政垄断和能源资源的行业性垄断及其既得利益的固化。

3. 加强法律法规建设

截至目前，我国尚未制定石油和天然气的单项法律，有的能源资源则是有法规缺细则，但操作性不强。为此，应以深化能源资源价格改革为契机，加快相关法律的建设，完善能源资源的法律法规体系，保障改革的顺利推进。

（1）制定石油和天然气的单项法律，同时对已有法律法规制定实施细则，增强法律法规的可操作性。

（2）加快电力法律法规修订。电力行业现行法律法规大多还是 20 世纪 90 年代前制定的，许多条文目前已不再适用。伴随新一轮电力体制改革的启动，电力法律法规必须进行相应的修订，以确保改革的法律保障。此外，针对目前存在的销售电价整体偏低、交叉补贴严重、电力营业网点少和多数用户对直购电没有选择权等问题，放开两头实行市场定价，也需要修改完善相应的法律法规，破除少数企业垄断的局面。

（3）加强监管立法，提升价格监管的法律层次。可考虑将《制止价格垄断行为的暂行规定》、《政府制定价格成本监审办法》等部门规章上升为行政法规。

（4）建立和完善相应的制度、机制。包括企业降低成本的激励机制、污染环境的惩罚机制和相应的监督管理制度、能源资源性产品内部上下游合理的利益调节机制、相关行业的价格联动机制等。

4. 建立和完善能源资源性产品的分类市场体系

没有市场就没有竞争，没有竞争价格机制就无用武之地。因此，应加快建立和完善包括期货市场和现货市场的全国统一的分类能源资源性产品市场及体系，同时加强市场的监管机制建设。

（1）加快区域性煤炭交易中心和全国统一煤炭市场公共服务平台建设，引导现有的煤炭交易中心提高组织化程度，创新交易方式，增强服务功能，完善交易中心的市场监管和风险防范措施。

（2）推动电力市场和水权交易市场建设。

（3）加强期货市场的建设。完善期货市场的交易品种结构，适时推出铁矿石、动力煤等期货合约，丰富国内企业控制成本、锁定利润和管理风险的工具和手段。有序扩大国外投资者参与国内能源资源性产品期货市场的渠道和规模，增强我国在国际大宗商品市场上的价格影响力和定价权。严格市场交易组织和整个市场体系的监管，加强风险的防范与控制。

5. 财政税收的协调配合

（1）既要强化对能源资源税的征收，又要防止或降低推出能源资源税所造成的冲击，应考虑给能源资源类企业清费减负。取消各种不合理的收费，为能源资源性产品价格改革留出一定空间。

（2）处理好东西部地区（产地与销地）的利益矛盾，实施利益向西部地区倾斜的政策。

（3）要控制好由于改革产生的成本推动的价格上涨及其连锁反应，同步建立和完善相应的保障制度或补偿机制。

（4）实施合理有效的能源资源价格补贴。一是合理解决电价的交叉补贴问题。目前业内有两种思路：第一种，由政府以财政补贴形式解决电价交叉补贴问题；第二种，将交叉补贴单独提出来，以"价外价"或补贴基金形式体现，建立"补贴专项基金"。两种思路都有其应用价值。第二种办法可先行先试，第一种办法可与终端销售电价的市场化改革配套推进。二是运用价格政策和补贴政策加速推进页岩气的开发力度，增加页岩气供给，改善我国能源供应结构，提高我国能源安全。三是完善农业用水补贴机制。应充分利用 WTO 规则，建立农业供水补偿机制。加强财政对农业生产基础设施、技术推广、科学研究等的补贴力度，并尽量向灌区灌溉工程设施的配套建设和更新改造倾斜。同时，应改革农业用水的补贴办法。现行的办法是国家补贴水利工程供水，其弊端是导致农业终端用水价格扭曲和低廉，造成长期的严重浪费和效益十分低下。为此，应在理顺水利工程供水价格的基础上，把补贴环节放到终端即对用水户进行补贴。同时，改现行按亩补贴为按产量给予补贴，以此鼓励农户增加生产和供给。

参考文献

［1］伍世安：《深化能源资源价格改革：从市场、政府分轨到"市场+政府"合轨》，《财贸经济》，2011 年第 5 期。

［2］伍世安：《论循环经济条件下的能源资源环境价格形成》，《财贸经济》，2010 年第 1 期。

［3］柳德舫：《关于推进资源环境价格改革的思考》，《广东行政学院学报》，2008 年第 5 期。

［4］姜毅君：《我国电价改革中若干问题探讨》，《能源技术经济》，2012 年第 7 期。

［5］朱成章：《电改核心：深化电价改革》，《中国电力企业管理》，2009 年第 4 期。

［6］朱成章：《电价改革要解决八大问题》，《大众用电》，2012 年第 7–8 期。

［7］张汉斌：《我国碳交易和碳金融市场将经历长足发展过程》，《中国经济时报》，2012 年 12 月 20 日第 5 版。

［8］王彩娜：《电煤并轨政策落地——电煤供需双方各退一步签合同》，《中国经济时报》，2012 年 12 月 21 日第 9 版。

［9］周健奇：《煤炭交易中心的主要问题、成因及建议（上）》，《中国经济时报》，2012 年 12 月 17 日第 5 版。

［10］周健奇：《煤炭交易中心的主要问题、成因及建议（下）》，《中国经济时报》，2012 年 12 月 19 日第 5 版。

［11］刘春长：《建立铁矿石期货市场——争夺国际定价权》，《中国证券报》，2013 年 1 月 18 日第 A04 版。

［12］何清：《四川"小气改"启动内外气价格并轨》，《21 世纪经济报道》，2012 年 12 月 12 日第 18 版。

[13] 范思立:《电力体制改革挑战跃入前台》,《中国经济时报》,2012 年 11 月 26 日第 1 版。

[14] 傅蔚冈:《价格改革解决不了中国能源问题》,网易新闻,2013–04–12。

[15] 温桂芳、钟玉秀:《我国水价形成机制和管理制度深化改革研究——进程与问题》,《价格理论与实践》,2004 年第 10 期;《我国水价形成机制和管理制度深化改革研究——改革思路与对策》,《价格理论与实践》,2004 年第 11 期。

[16] 温桂芳:《能源价格改革的目标是建立科学合理的价格形成机制》,《中国经贸导刊》,2009 年第 24 期。

专题六　深化我国能源管理体制改革的战略思路与实施建议

史　丹　冯永晟　李雪慧

未来十年，中国将由社会主义市场经济体制的初级阶段进入建设"成熟社会主义市场经济体制"的新阶段。能源管理体制作为经济管理体制的重要组成部分，需要与时俱进，加快转型步伐。从转型的一般意义来看，建立与成熟市场经济体制相适应的能源管理体制，是为了促进能源产业的有效竞争和先进生产力的发展，提高市场效率和能源普遍服务水平、保障能源安全、增进社会福利。从我国的实际情况来看，建设与成熟市场经济相适应的能源管理体制，既要具有一般市场经济的共性，也要体现本国国情；既要适应宏观经济体制总体要求，也要反映部门特点和产业发展的需要。本文首先总结了市场经济国家的能源管理体制及其演进，能源管理体制的基本特征，并归纳了三种能源管理体制的模式；其次分析了中国目前的能源管理体制所面临的问题；最后在经验借鉴和问题分析的基础上，提出了我国能源管理体制的改革方向和重点。

一、 以英美为代表的市场经济国家能源管理体制的基本特征

近年来，发达国家进行了一系列能源管理体制改革，尽管这些国家的政体与我国有着根本的不同，但是研究其能源管理体制的演进规律和基本特征，为我国建立成熟市场经济下的能源管理体制具有重要的借鉴意义。

（一） 能源管理体制的基本特征

1. 能源管理体制根据发展需求适时进行调整

管理体制的变革是根据能源产业的发展需求和宏观经济管理调整进行的。以欧美为代表的市场经济国家，其能源管理体制的演进大体上经历了由无序到管制，由管制到自由化，由自由化到寻求参与全球治理的过程。英美能源管理体制大约经历了以下四个阶段：

（1）能源市场的自由竞争阶段，能源管理体制缺位。在这一阶段，私人企业以追逐利润最大化为目标，依托新技术的发明、新产品或新服务的开发，进入新兴的能源产业中，比如美国 19 世纪中后期石油产业的大发展。这一阶段的能源产业竞争非常激烈，甚至发生价格战，在一些情况下，还会发生重复建设和共谋等问题。在这一阶段，能源管理体制尚未有效建立，竞争仍处于无序状态，产业发展问题逐渐显现出来。

（2）能源市场的一体化或垄断阶段，能源管理体制建立。随着能源产业规模经济的不断显现，能源产业开始向一体化或者垄断阶段过渡，这种趋势在各主要能源产业，特别是石油、电力行业表现得十分明显，石油产业中的大型企业正在形成，比如美国的洛克菲勒，而全世界的电力产业都采取了纵向一体化。在世界范围内，这种过渡呈现出两种模式：一种是欧洲模式，即国有化模式；另一种是美国模式，即规制模式。在美国模式下，能源产业仍保留私人所有制，但是企业利润要受到政府的规制。这两种模式都促进了能源产业的发展，但由于政府失灵或者规制失败，这一阶段的发展趋势也受到了许多质疑。

（3）能源市场改革和产业重组阶段，能源管理体制随之调整。这一阶段大致从 20 世纪 70 年代末 80 年代初开始，一直持续到 21 世纪，重要的能源产业都进行了重大的改革和重组，尤其以电力产业的变革最为显著，这些改革与重组的主要方向是打破一体化和垄断结构，放松政府管制，并推行私有化。与之相对应的是，能源管理体制也以放松管制力度、促进产业竞争为主要导向，但是这一改革和重组潮流也面临着新的重大问题，即能源供给和能源安全问题。

（4）能源市场的全球化特征更加突出，政府干预再度强化，能源管理体制出现新特征。进入 21 世纪之后，这些特征逐步强化。随着对能源问题认识的不断加深，环境保护、能源安全和可持续发展越来越成为各国能源发展的重要议题。同时，在全球化背景下，国际能源市场的竞争已经越来越成为各国综合国力的角逐。政府对市场的干预已经不仅仅是市场运行的需要，更是保障国家能源安全的要求。能源管理体制上升到参与全球能源治理的高度。

2. 能源管理体制以促进竞争的法律为基础

成熟市场经济是法治经济。法律制度不仅能够保障基本的市场经济原则的执行，而且还需要针对能源产业的具体特点，建立专业性的监管法律体系。国外发达国家成熟能源管理体制的法律基础可以分为两个层面：一是反垄断法体系；二是监管法律体系。两大体系虽然地位和职能存在差异，但其根本目的都是维护能源市场的有效竞争和高效运行。

反垄断法被喻为经济宪法，发达国家的能源市场发展同样以反垄断法为基础。尽管不同国家反垄断法体系的模式存在差异，但在市场经济中的地位却是相同的，即市场经济的根本法。西方国家的反垄断法体系相对比较完善，从而为能源市场的有序运行提供了有力保障。美国的反垄断法也称为反托拉斯法（Antitrust Law），它不是一部独立的法律，而是由多部法律构成，其基本法律有三部：1890 年颁布的《谢尔曼法》、1914 年颁布的《克莱顿法》和《联邦贸易委员会法》。欧盟的《反垄断法》则称为《欧盟竞争法》(EU Competition Law)，也不是一部独立的法典，而主要是由《欧共体条约》第 81 条、第 82 条和《理事会关于企业之间集中控制条例》、《关于委员会执行条约第 81 条、第 82 条的程序的第 773 号/2004 号条例》等所确定的规则构成的体系。反垄断法体系从根本上保护了能源市场公平竞争的秩序，促进了有效竞争格局的形成。

针对能源产业监管的专业性和复杂性，以及能源产业所固有的产业关联性高的特点，西方国家往往也建立起了完备的能源监管法律体系。以美国为例，早在1906 年就制定了第一部能源法《Hepburn 法案》，这也是第一部规制石油产业的法案；1920 年出台了《联邦电力法》；1938 年又制定了《天然气法》；此后又陆续制定了《原子能法》、《菲利普斯决议》、《天然气政策法》、《1978 年公用事业监管政策法案》、《2005 年能源政策法案》等法律法规。类似地，加拿大政府依法对能源的开发和利用实行监管，先后制定了多项法律法规，形成了较为完备的能源监管法律体系。其中主要的法律有《国家能源委员会法》、《能源管理法》、《石油和天然气操作法》、《环境评价法》、《石油资源法》、《竞争法》等。此外，加拿大的国家能源委员会和相关各省也都制定了一些法律法规，如《陆上石油天然气管道条例》、《管道仲裁委员会处事规则》、《管道公司资料保护条例》等。此外，像英国、德国、法国、日本、韩国等欧亚国家在能源监管立法方面都做了大量工作，形成比较完备的监管法律体系。这些监管法律体制在维护主要能源市场的稳定运行、保障能源供给上发挥了重要而积极的作用。

3. 能源管理体制以市场机制为前提

欧美的能源管理体制是根据其完善的市场机制设立的。只有完善的市场机制才能使政府和企业职责分工明确，政府在发挥市场配置资源的主导作用的同时找到自身的定位和职责。市场机制中最重要的是定价机制。完善的价格机制不仅对能源投资和能源技术创新发挥引导作用，而且可通过能源市场证券化获得超额利润。英美两国目前拥有对世界能源价格影响最大的交易所，对石油、天然气和煤炭等大宗产品的定价发挥重要的影响作用，因而在对全球能源治理中也占有绝对优势。

市场机制在能源管理体制中的前提作用体现在对监管的需求上，即监管是根据市场机制的需要而设立的，政府对能源市场的干预要依市场而定。过度的干预会损害能源市场和消费者的整体利益。以美国为例，美国联邦政府大规模地干预能源市场始于 20 世纪 30 年代，并持续到 70 年代。然而这一时期的许多政策出现了过度干预的问题，从而导致这些政策影响到了美国能源市场的稳定，制约了有效竞争，抑制了国内投资，从而减少了国内产量，进而影响了消费者的利益。这些问题也就引发了 20 世纪 80 年代以来世界范围内放松规制和加强市场基础性作用的改革浪潮。

总之，能源管理体制的建立和完善要适应于市场机制的运行，换言之，市场缺陷的存在要求必须建立能源管理体制。首先，确保整体和长期利益。以石油为例，地表的所有权与地下油藏的分界线往往不完全匹配。如果无法有效确定油藏的财产权机制，那么油藏的投资者往往只关注短期利益，进行掠夺性开发。其次，石油市场的短期价格弹性较小，市场对供求的变化无法迅速作出反应，这种便利繁荣和萧条交替出现，损害整体经济，这就需要政府予以适当的宏观调控。再次，石油、煤炭和天然气是大宗商品，相对而言，国内生产商较难享有稳定收入，这就需要政府对国内产业进行适度保护。最后，由于不同产地或不同来源的能源生产商的成本差异明显，因此，如何保证公平的竞争环境就成为政府需要关注的重要问题。因此，无论从保证市场运行还是从弥补市场缺陷的角度，国外的能源管理体制均是以市场机制为前提导向的。

4. 能源管理体制以监管为核心

成熟市场条件下政府不直接干预企业经济活动，能源管理体制以完善的市场机制为前提，宗旨是维持公平的市场竞争，制定准入规则和行业行为规范，保护消费者的权益，其核心是市场监管。成熟市场经济国家的能源监管往往具有较高的独立性和透明度。以美国的联邦能源监管委员会（FERC）为例，其前身联邦电力委员会在 1920 年还不具有独立性，但在 1935 年被改组为独立监管机构后，虽职权历经调整，但独立性一直牢不可破。FERC 已经成为美国最强大的独立监管机构。保持监管的独立性，在于避免政府机构或者大企业过分地影响监管过程。不过监管独立并不意味着监管措施独立于政府制定的相关政策（如产业和贸易政策等），而是指监管机构在执行监管工作时不受政府的行政干预，但监管方向一般会与政府的政策方向保持一致。采取独立市场监管，可以避免非独立监管中存在的规制俘获等问题，从而提高监管效率。明确的法律规定使得监管具有较高的透明度。美国法律规定监管机构的权限，并清晰界定权责范围。在实施监管措施时，监管机构能够向社会公众介绍其目标、流程、工作记录和相关决策，并对决策的制定过程做出解释。透明性要求的是法律框架及机构运行的合理性。与透明性紧密相关的是能源管理体制的明确性，这一特征要求监管机构的工作必须体现法律的意志。立法机关不仅要负责委任执行市场监管工作的机构，而且要为该机构工作的实施推进制定明确的原则。

（二）能源管理体制的三种模式

成熟市场经济国家中，与能源管理相关的政府职能界定比较明确，并有完善的政府机构设置。由于各国和能源禀赋和经济发展阶段不同，因此，各个国家能源管理体制的具体机构设置也存在差异。目前理论和政策研究主要集中于专业市场（油、电、煤、气）的监管模式，对整体能源管理体制的比较研究还不多，结合国内外已有相关研究（如：董小君，2008），及国外主要国家的现行能源监管体制，可以归纳出三种比较典型的能源管理体制。

1. 政监分离模式

政监分离模式在国家层面设有最高管理职能的能源管理部门，同时设立若干专业性的规制机构对具体的产业或具体的问题进行监管。这些专业性的监管机构具有很高的独立性，其工作不受能源主管部门的行政干预。采用政监分离模式的国家主要是地域辽阔、资源相对丰富的发达国家，如美国、加拿大和澳大利亚等。

以美国为例，在联邦层面，美国能源部（Department of Energy）是美国联邦政府的能源主管部门，对美国能源产业拥有最广泛的管理权，主要负责制定和实施国家综合能源战略和政策。同时在能源监管领域，美国设有联邦能源监管委员会（它同时授权北美电力可靠性公司，即 NERC 行使部分电力监管职能）。联邦能源监管委员会是一个独立监管机构，它的决定由联邦法院审议，而非美国总统和国会。委员会的主要职责是负责依法制定联邦政府职权范围内的能源监管政策及实施监管，具体包括监管跨州的电力销售、批发电价、水电建设许可证、天然气定价和石油管道运输费，还负责批准和许可液化天然气接收站、跨州的天然气管道和非联邦的水电项目。此外，在能源和电力产业的具体管理领域，美国也设有专门的规制机构行使相应职能，主要的机构包括：核管理委员会（NRC），海洋能源管理、监管和执行局（BOEMER），化学安全与危险调查局（CSHIB），环境保护署（EPA），矿山安全和健康管理局（MSHA），国家标准与技术研究所（NIST），地表采矿、复垦和执行办公室（OSMRE），职业安全与健康管理局（OSHA）。

加拿大也是采取这种模式，自然资源部是加拿大联邦政府的能源主管部门。其使命是确保能源发展与环境、社会目标的协调，促进可持续和可替代能源的发展，构建全面的能源监管体制框架。为了确保国家能源政策的落实和能源的有效利用，加拿大联邦政府早在 1959 年就建立了国家能源委员会，负责对加拿大联邦政府职责范围内的石油、天然气、电力行业实行监管。该委员会的主要职能包括：①市场准入许可和收费；②市场分析和咨询；③制定能源监管的政策目标和具体的监管政策。该委员会隶属于自然资源部，通过自然资源部长向议会报告工作，但它是一个相对独立的机构，不受自然资源部的行政领导，自然资源部各职能部门也不得干预其工作。

澳大利亚同样采取这种模式，澳大利亚联邦政府管理油气资源的部门主要是澳大利亚工业、旅游和资源部，同时设有能源部长理事会。能源部长理事会是澳大利亚政府委员会的国家能源政策组织。该理事会是监管澳大利亚能源市场的国家政策和治理主体，包括电力和气体资源。它的职责是制定有效的能源政策来应对能源领域的机遇和挑战，并确保国家能源政策的可持续发展。为了提高监管水平，澳大利亚能源部长理事会下设了一个专业的能源监管机构：澳大利亚能源监管机构（the Australian Energy Regulator）。能源部长理事会和能源监管机构的成立，形成了澳大利亚新的能源监管机制，能源部长理事会主要负责能源政策的制定和管理，能源监管机构主要负责市场监管和市场发展，这个新监管机制综合了联邦政府、不同的州和领地监管机构、澳大利亚竞争和消费者委员会、国家电力市场安全委员会、国家电力法执行有限公司、国家竞争委员会的能源监管职能，形成了监管分离的政策制定和执行模式，建成了覆盖全国的能源监管体系，在地方政府和领地政府大部分都有单独的能源监管机构和能源部长理事会的成员。

2. 转型过渡模式

转型过渡模式是指从原来比较松散的能源管理体制向集中型体制过渡的模式，这种模式的特点是将分散的能源管理权向中央集中，但往往在行政和监管之间的界限并不明晰。采用转型过渡模式的代表国家主要有俄罗斯和印度等。

俄罗斯自苏联解体后便将能源作为经济重新崛起和发展的重要支点。为此，俄罗斯一直致力于制定有效的能源战略，加强能源管理。俄罗斯联邦 1991 年成立能源部，1993 年将能源部改组为燃料动力部，主要负责协调石油行业的管理工作。2000 年燃料和动力部又被改组成动力部，负责俄罗斯联邦石油和天然气的管理重任。从总体上讲，2004 年以前俄政府将自由化视为能源政策的主要内容，但是 2004 年普京连任俄总统以后，随着国际能源市场形势的变化，俄罗斯也随之调整了能源政策的方向：国家对能源工业、特别是石油资产的控制不断加强。为了最大限度地有效利用资源和能源潜力，2003 年俄罗斯政府制定了《俄罗斯联邦 2020 年前能源发展战略》。俄罗斯能源政策的发展目标是：最大限度地有效利用资源和能源潜力，促进经济增长和提高国民的生活水平。国家能源长期优先发展的战略方向是能源和生态安全问题以及能源和预算的有效性。

长期以来，印度实行高级别分散型的能源管理模式，设有煤炭部，这与我国计划经济时代的能源管理模式相似。20 世纪 90 年代以来，印度经济改革不断拓展和深化，经济实现持续强劲增长。现在印度已成为世界经济增长的主要亮点和主要的新兴大市场之一。随着其经济规模的不断扩大，印度对能源的需求与日俱增。然而，印度自身能源十分匮乏，每年需耗费巨额外汇进口能源。能源问题已成为制约印度经济发展的最大"瓶颈"。近年来，印度政府特别重视对能源部门的统一领导，不仅设立了石油天然气部，而且正考虑建立一个由电力部、煤炭部、石油天然气部、原子能部和计划委员会的功能部委组成的最高能源委员会，协调能源部门各方以及之间的目标，并使国家能源政策得以有效贯彻。这是印度确保经济长期强劲增长和实现争当世界大国目标的关键举措。

3. 集中型模式

集中型模式是指能源管理职能主要集中于政府部门手中，虽然也有可能设有专业性的能源监管机构，但监管权限相对较小，主要起补充配合的作用。采用这一模式的国家主要是地域较小，资源匮乏的发达国家，比如日本、韩国等。

日本政府对能源实行低级别集中型能源管理模式，能源管理工作主要由政府内设机构来承担。经济产业省是日本政府的能源主管部门。日本经济产业大臣负责能源管理工作，具体职责主要有：编制能源基本计划草案，谋求内阁会议的决定；制定关于促进新能源利用的基本原则并予以公布，制定或修改新能源利用方针；听取综合能源调查委员会的意见，制定新能源利用目标；统一管理电力、天然气、石油等的市场运作，如许可、取消许可、编制相关能源计划等。经济产业省下设若干职能部门，如资源和能源厅、核能和工业安全厅等，分别管理与能源相关的某一和某些方面的事务。厅下再设若干部、处负责管理相关的具体事务。

除了专门的管理机构之外，日本政府还设立了能源管理协调机构，如能源咨询委员会、新能源和工业发展组织、日本核能安全委员会等。另外，日本政府还通过一些行业监管机构行使能源方面的监管职能。以日本电力系统利用协会为例，它是一个电力业务监管机构，主要承担电力系统各种规则的制定和监管任务。

韩国实行的是国家集中型能源管理模式。产业资源部是韩国政府的能源主管机构，负责对全国能源政策的制定、国内外能源开发、市场运行、节能、替代能源、能源安全等进行专门管理。主要职责是制定综合性的能源政策及与能源、资源相关的计划。产业资源部下设的能源资源政策总部、能源资源开发总部、能源产业总部分别主管韩国能源的政策制定、勘探开发和产业运营。此外，产业资源部还设立了一些专门性的委员会，承担能源政策与技术的审议和研究工作。

除产业资源部外，韩国国家能源委员会、科技部、韩国能源管理公团和一些隶属于产业资源部的大型国有能源企业也具有部分能源管理职能。国家能源委员会是韩国能源管理的最高议事机构，由总统担任委员长。科技部主要负责核工业的审批、立法和监督。韩国能源管理公团是韩国主要的能源服务机构，其服务宗旨是促进提高能源效率和能源安全。该公团的主要任务是具体执行国家节能计划和组织提高企业及社会的能源利用效率。

二、当前能源管理体制存在的问题

（一）　能源法律体系建设逐步完善，但滞后于管理体制和产业发展的需要

自新中国成立以来，中国能源法律体系建设大致经历了三个阶段，分别为

20世纪50年代到80年代初期计划经济体制下的能源法律建设，20世纪80年代初到20世纪末计划经济向市场经济过渡期的能源法律建设，以及21世纪以来市场经济条件下的能源法律建设。截至目前，中国已制定出《电力法》、《煤炭法》、《节约能源法》和《可再生能源法》4部单行法，《矿产资源法》、《环境保护法》、《循环经济促进法》等30多部相关法律，《乡镇煤矿管理条例》、《中华人民共和国煤矿安全监察条例》、《电力供应与使用条例》、《对外合作开采海洋石油资源条例》、《电网调度管理条例》等多个中央及地方行政法规、规章，并批准和签署了《联合国海洋法公约》、《联合国气候变化框架公约》、《京都议定书》、《及早通报核事故公约》和《核材料实物保护公约》等多项国际条约，基本上形成了纵跨宪法、能源法律、行政法规、行政性规章、能源标准、国际条例等8个层面，横跨煤炭、石油天然气、电力、可再生能源、原子能、节能6个子系统的能源法律体系。

　　能源法律体系的不断健全和完善，为中国能源开发、生产、利用和管理提供了法律依据和保障，同时还有效推动了技术创新，促进节能产业发展，为实现能源、经济和环境的可持续发展发挥了重要的作用。然而，相比于西方发达国家成熟完备的能源法律体系，中国现有的能源法律体系还存在着很多问题，而且随着改革的不断深化以及能源工业的快速发展，能源问题和环境问题的不断凸显，这些问题更是日益明显，主要表现在：

　　1. 结构不健全

　　能源法缺位。作为能源基本法，能源法在整个法律体系中起着统领全局的作用。中国目前仅制定出了《能源法》（征求意见稿），但尚未正式推行。能源基本法长期缺位使得国家重大政策的制定缺乏必要的法律依据，各个单行法的修改也由于缺乏统筹协调和统一的指导原则，而进展缓慢，这些都严重影响了能源工作的统一性、协调性和稳定性，大大降低了能源管理的效率。

　　部分领域缺乏相应的法律。石油、天然气和核能是中国主要的能源消费品种，而且未来随着低碳经济的转型和发展，其在中国能源消费结构中将会占据越来越重要的地位。但目前中国还没有在这些领域内制定出相应的单行法，同时也缺少天然气供应法、热力供应法等能源公共事业法，缺乏对能源产品销售、服务的规范，这些都使得中国在石油、核能等重要能源领域的建设、管理和运营不能有效规范和依法监管。

　　2. 内容不健全

　　与市场经济发展不相适应。能源法律法规的制定具有一定的时代性，中国目前实施的能源法律法规多是在计划经济向市场经济过渡时期制定的，由于在制定之初对市场经济理解不够全面和深入，使得部分能源法律法规仍带有计划经济的色彩，部分法律内容也已与现阶段市场经济的发展不相适应。如《电力法》中缺少有关电力交易规则、电力形成机制、电力建设的规定，《煤炭法》中也有诸多内容已无法适应当前煤炭工业的发展，需要尽快对其进行修改和完善。

缺乏相应配套法规、措施和标准。中国能源法律法规制定过于原则，可操作性比较差，必须配套制定相应细则、标准才能得以实施，但目前仍有很多法律法规缺乏必要的实施细则和配套法规。如《煤炭法》中对煤矿安全生产、合法经营等问题就缺乏相应的配套法律法规；《节约能源法》中与之对应的机构设置、资金保障、强制手段、财税激励措施等必要的支撑条件薄弱甚至缺位；《可再生能源法》相应的实施细则也并未及时推出等。

3. 缺乏协调性

中国能源行业具体业务的规定分散在效力等级不同的法律、行政法规、地方性法规和部门规章之中，由于缺乏统一的指导原则，各个法律法规之间缺乏必要的衔接，使得不同层级的法律法规在同一业务的设定方位、管理权限、具体实施细则等方面存在着不相一致的情况。如根据《政府核准的投资项目目录（2004年本）》和《企业投资项目核准暂行办法》，电力项目建设许可（核准）具体实施机关是国务院投资主管部门（国家发展改革委）和地方政府投资主管部门，而根据《电力监管条例》，电力业务许可实施机关却是国家电监会。

4. 有法不依，执法不严

能源行业事故频发，除因能源行业自身的高危性外，主要原因还包括现有的法律法规对于一些违规行为恶劣、无视规章制度的企业缺乏震慑性处罚手段，企业违规成本低，执法机构监管缺位，执法不严等。

5. 市场机制建设进展缓慢，宏观调控微观化

健全的市场机制是成熟的市场机制的核心。改革开放以来，我国经济管理体制由有计划的市场经济逐步过渡到社会主义市场经济体制，并进行了投资、财税、价格等一系列经济制度的改革。能源行业虽然也进行了相应的改革，但一些领域和行业的改革进展缓慢，政府和企业界限不清，政府对能源经济活动有较强的干预，而企业的一些活动往往以国家利益的名义，企业亏损要求政府"埋单"。

6. 市场准入以行政审批为主

所谓市场准入，是指政府基于对公平、效率和安全等问题的考虑，对进入某领域和市场的主体或活动进行规制。常见的市场准入方式包括许可、审批和制

定标准等。其中许可分为一般许可和特殊许可，特殊许可又分为立法特许和行政特许。审批是指有关部门对企业或其他主体从事特定市场经营活动进行审查并作出是否允许的行政决定。较之于许可而言，审批中行政机关的自由裁量权更大。

以往中国能源行业主要采取的是审批的准入方式，2004 年，《国务院关于投资体制改革决定》将能源行业项目审批制更改为核准制。核准制是行政许可的一种，是政府从维护经济安全、合理开发利用资源、保护生态环境、优化重大布局、保障公共利益、防止出现垄断等方面出发，对不使用政府资金的重大建设项目和限制类项目进行审查核准，而项目的市场前景、经济效益、资金来源和产品技术方案等均由企业自主决策、自担风险，政府不再对其进行审批。表 1 概括了我国能源各行业市场准入情况。

表 1　能源各行业市场准入情况

行业		准入方式	准入机构
电力	火电站	核准	国务院投资主管部门核准
	水电站	核准	总装机容量 25 万千瓦以上由国务院投资主管部门核准；其余由地方政府投资主管部门核准
	风电站	核准	总装机容量 5 万千瓦以上项目由国务院投资主管部门核准；其余由地方政府投资主管部门核准
	核电站	核准	国务院
	电网	核准	330 千伏及以上电压等级工程由国务院投资主管部门核准；其余由地方政府投资主管部门核准
煤炭	煤矿	核准	国家规划矿区的煤炭开发项目由国务院投资主管部门核准；其余由地方政府投资主管部门核准
	煤炭液化	核准	年产 50 万吨及以上项目由国务院投资主管部门核准；其余由地方政府投资主管部门核准
油气	原油	核准/备案	年产 100 万及以上新油田开发项目由国务院投资主管部门核准；其余由具有石油开采权的企业自行决定，报国务院投资主管部门备案
	天然气	核准/备案	年产 20 亿立方米及以上新气田开发项目由国务院投资主管部门核准；其余由具有天然气开采权的企业自行决定，报国务院投资主管部门备案
	液化石油气接收、存储设施	核准	省级政府投资主管部门核准；进口液化天然气接收、储运设施由国务院投资主管部门核准；国家原油存储设施由国务院投资主管部门核准
	管网	核准	跨省（区、市）干线管网项目由国务院投资主管部门核准；年输气能力 5 亿立方米及以上项目由国务院投资主管部门核准；其余由省级政府投资主管部门核准

行政许可是发达国家能源领域普遍采用的市场准入方式，中国推出核准制取代审批制，其目的在于厘清政府和企业职责，简化流程，规范政府和企业投资行为。然而，在实际操作中，核准制仍然更多地表现为一种行政审批，而且相比于成熟发达国家的行政许可，这种行政审批存在着诸多问题，主要表现如下：

（1）所有制歧视。"非公经济 36 条"允许非公资本进入到电力、石油等领域，"新 36 条"也大力鼓励民营、外资企业进入能源领域，但考虑到能源生产利用攸关国民经济安全和社会稳定，再加上民营企业自身存在着技术低、融资困难等问题，相关行政机构在进行资格审查、项目核准时，往往倾向于大型国有企业，对民营企业、外资企业实行了较高的准入标准，形成进入壁垒。再加上能源价格仍为政府宏观调控工具，国有企业行政垄断，民营、外资企业即便是进入能源行业，也因为缺乏必要的利益保障而纷纷退出。以石油行业为例，根据《矿产资源法》规定，国家授权中国石油天然气集团公司、中国石化集团公司、中国海洋石油总公司从事陆上及海上油气资源的勘探开发，特许以外的企业禁止入内，而在原油进口方面，即使获得非国营贸易配额，民营企业进口的原油也不能在市场上自由销售，而必须在中石油或中石化出具排产证明之后，海关才予以放行，铁路部门才会给予安排运输计划，在这种原油开采和进口都归三大石油公司所有的制度安排下，民企生存空间有限。

（2）缺乏统一准入制度。《国务院关于投资体制改革决定》规定了核准机构，但并没有具体设定权限、职责、准入标准。而且由于能源管理权限分散于多个部门，审批程序不规范，不透明，这一方面导致项目审批缺乏统一的规划，如在部分风能资源富集区，风电项目规划主要依照当地风能资源情况确定，地方政府为了满足 5 万千瓦的审批条件，将适合集中开发的风电项目化整为零，大量小规模风电场接入低压电网，导致部分输变电设备出现过载现象，增加了电网安全运行风险；另一方面导致不同地区准入差异性大，地方政府为了推动地方经济的发展，借机推行地方保护主义，造成一些不合格的企业或产品的进入，市场混乱，产能过剩，资源浪费严重。如风电项目发展初期，由于缺乏统一的准入标准，各地政府普遍采取了较低的准入门槛，有的地方政府甚至规定风电项目必须使用项目所在地风电设备制造企业生产的设备。

（3）审批程序复杂，企业风险加大。核准制将审批制时期的《项目建设书》、《可行性研究报告》和《开工报告》三个环节，缩减为《项目申请报告》一个环节。其目的在于简化流程，但实际情况却是，企业必须获得项目建设的所有行政许可，投资主管部门才会予以核准。也就是说，核准制实际上是将一家审批改为多家审批。审批环节增多，过程复杂漫长，项目的风险增大。以电力项目为例，项目申请单位必须经历加大前期工作深度，获得"路条"（为了防止重复投入，有关部门设置的"同意开展前期工作"的批复），获得多个部门的行政许可，再到最后核准的多个环节审批过程，任何环节出现问题都有可能导致前期人力和物力的浪费，企业投资风险加大。而审批过程的漫长复杂又导致了大批项目未批先建、边批边建，违规项目成为常态。根据电监会《2012 年上半年电力市场准入监管报告》，截止到 2012 年 6 月，全国单机 100 兆瓦以上未核准发电项目约 100个，装机容量约 35000MW；部分新建风电机组暂不满足许可条件。

（4）缺乏事后监管。长期以来，中国政府对于市场准入管理更多地放在前置性审批环节，而对申请人获得许可证之后的行为活动是否合规，是否符合公共利益，则缺乏必要的监督与管理。监管缺乏法律法规基础，监管职能缺位、错位，对违规企业缺乏有效的处罚手段和力度，导致行政许可成为了企业获取利益的保护伞。以风电发展为例，近两年各大电力集团纷纷跑马圈地，抢上风电项目，并不是为了发展风电，而更多的是为了获取配额，以至于运行风电项目中存在着风电场设计存在着缺陷、工程质量问题突出、设备质量有待提高、风电场安全管理不到位、尚未建立风电功率预测系统、调度管理不适应大规模风电并网运行要求、人员管理素质不高等问题。

（5）容易导致寻租。行政审批容易引起行政机关滥用权力，利用许可形式滥收费用，设管卡、搞垄断，实行地方保护主义，行政机构工作人员利用审批权进行权钱交易，滋生腐败。

（二）改革行政垄断演变成所有制垄断

受资源、技术、沉淀成本、规模经济、范围经济、信息经济等因素的影响，能源产品生产本身就具有自然垄断的属性。然而，随着技术的进步、产业的发展，自然垄断产业也可能转变为竞争产业。市场化改革的任务就是要科学划分出能源产业中的竞争业务和非竞争业务，对于竞争业务，要打破垄断，引入竞争，对于非竞争业务，政府要发挥宏观调控、监督与管理职能。

中国能源行业经过十多年的改革，已相继在煤炭、发电领域打破垄断，实现了竞争，然而在油气行业、输配电领域，仍然呈现出国有企业"一家独大"的局面，民营、外企企业缺乏公平竞争的环境，多元化的市场主体尚未形成，价格机制尚未理顺，企业缺乏提高效率的动力，资源配置效率低下。表 2 为中国能源各行业市场结构状况。

表 2　能源各行业市场结构状况

行业	产业链	所有制构成	市场集中度	市场类型
煤炭	生产	公有制占 52%	四大煤炭企业产量占全国总产量的 22%	竞争
石油	原油开采	公有制为主	三大石油公司原油产量占总产量的 97%	寡头垄断
	炼油	公有制为主	三大石油公司原油加工量占总产量的 86%	垄断竞争
	销售	公有制为主	三大石油公司加油站数量占总量的 51%	垄断竞争
电力	发电	公有制占 95%	五大发电集团装机占总装机的 49%	垄断竞争
	输配售	国有独资	两大电网公司	垄断

中国能源行业行政垄断源于计划经济时期的政企不分，虽然近年来，所有制改革打破了过去国有经济一统天下的局面，但国有经济在能源领域仍然占据着绝对主导地位。电力行业中民营及外资发电企业装机容量仅占全国总装机容量的5%，石油行业中三大石油公司的原油产量占到了全国总产量的97%以上，三大石油公司原油加工量占到全国总量的80%以上，三大石油公司加油站数量占到了全国的50%左右。在政企不分的国家垄断体制下，垄断利益和行政权力相结合，政府既是行业的管理者，也是经营者，这必然会导致市场主体之间竞争的不公。

（1）垂直一体化经营强化了垄断。无论是油气行业，还是电力行业，垄断企业都采取了垂直一体化的经营模式。三大油企集上游开采、运输、炼油、批发销售为一体，电力行业虽然在发电侧实现了竞争，但电网企业在输配售环节集电网资产运营、工程施工建设、电力系统调度、电量财务结算于一身，部分电网企甚至通过大规模收购兼并，将业务延伸至设备制造领域。垂直一体化的经营模式从两方面巩固了企业的垄断地位：一是一体化经营企业可以通过对其他主体实施开放限制、价格歧视等不正当竞争行为，而对内部可以通过实行交叉补贴的方式来提高企业自身的竞争力，使其他竞争性主体不具备同等竞争地位，从而形成不公平竞争的格局；二是一体化经营企业可以利用买方市场或卖方市场的优势地位减少上下游企业或消费者选择的机会，进一步巩固垄断地位。

（2）政府定价无法有效引导民间资本进入。在能源市场不完善，能源价格市场化改革尚未完成的大背景下，政府定价会导致价格扭曲严重，价格无法真实地反映企业经营状况，确保民间资本的投资收益。以电力行业为例，由于上网电价、销售电价主要由政府制定，当煤炭价格快速上涨时，政府为了维持社会的稳定，确保经济的增长，往往会将电价作为政府宏观调控的工具，进而导致电价不能及时调整到位，发电企业亏损严重。为了保障电力供应，国家往往会对五大发电集团提供补贴，但对于民营企业来说，亏损严重时也无法从国家获得相应的补贴，投资回报率难以保证，因此，即便是获准进入发电领域，民营企业也会由于无法获得稳定的投资收益而纷纷退出。

（3）政府对垄断管制缺位。首先，缺乏专门的垄断监管机构。政府监管职能分散于多个部门，缺乏一个集中的监管机构担任监管主体，多头执法、各自为政的现象普遍存在，监管责任分散、部门间协调困难，甚至相互掣肘，监管责任无法落实，监管效率低下。其次，在垂直一体化经营模式下，垄断企业的经营活动具有较强的专业技术性和成本隐蔽性，政府与垄断企业之间存在着较为严重的信息不对称，政府难以对被垄断企业的成本结构、竞争行为等实施有效监管。

（三）尚未形成完全的市场定价机制

市场条件下最有效率的信息就是价格信号，准确、灵活的价格信号可以有效调节供需、引导投资、优化资源配置。但从中国能源各领域改革现状来看，除了煤炭外，其他能源产品都尚未建立起合理透明的能源产品价格形成机制，上网电价、销售电价仍然依靠政府制定，成品油价格、天然气价格虽然实现了与国际接轨，但定价权仍未下放给企业。能源价格不能有效反映供求关系、资源稀缺程度和环境的损害程度，无法有效发挥对于消费、投资和资源配置的引导作用。

中国煤炭价格改革自20世纪70年代末开始，在经历政府定价、政府指导价和协议价并存的格局，到逐步放开煤炭价格，到取消对电煤的指导价格，再到取消煤炭价格双轨制，到目前，各种煤炭产品基本上实现了市场化定价，电煤价格实现了重点合同价和现货市场价双轨制。然而，现阶段煤炭价格形成机制还存在很多问题：①煤炭价格不能完全反映煤炭资源的稀缺程度；②煤炭价格没有完全体现安全生产成本和环境治理成本；③煤炭价格在流通环节产生的成本过高，流通环节过多，不合理收费、哄抬煤价、寻租等问题严重；④电煤尚未完全实现市场化；⑤煤炭交易制度不完善等。

伴随着中国经济由计划经济体制向市场经济的转轨，中国成品油价格机制经历了政府定价、多种价格形式并存、价格并轨制和与国际接轨的市场化四个阶段。2008年12月，国家出台《国务院关于实施成品油价格和税费改革的通知》，推出了与国际原油市场有控制地间接接轨的新定价机制。按照现行的成品油价格机制，国内成品油出厂价格以国际市场原油价格为基础，加国内平均加工成本、税收和适当利润确定。新的成品油价格机制存在内在缺陷：①成品油价格被动地跟着国际原油价格变动，使得成品油价格无法真实、有效地反映国内供求状况和消费结构的变化；②由于政府和企业之间存在着信息不对称，采用原油成本加炼油企业加工成本的定价方法，无法对炼油企业形成有效约束；③"22个工作日+4%"调价条件使得国内价格调整滞后于国际市场价格变动，这一方面会导致市场出现囤油套利等投机行为，另一方面会造成国内外成品油价差拉大，引发公众质疑；④该定价机制仍属于政府定价，价格变动容易受政府宏观政策的影响。

2002年《电力体制改革方案》提出了建立合理的电价形成机制。时隔十年之久，目前，中国电力行业仍然没有建立起合理透明的电价形成机制。电价仍然主要依靠政府定价。上网电价实行经营期电价、标杆电价、煤电联动定价等政府定价方式，同时还实行跨区交易协商定价、招标定价等市场定价方式；输配电价也主要由政府制定，省级电网通过购销差价体现，跨区、跨省电网实行政府定价和企业内部协商定价；销售电价也为政府定价，目前已推出了峰谷分时电价、差别电价、居民阶梯电价等。电价机制目前存在的问题有：①"市场煤"和"计划电"导致煤电矛盾愈演愈烈，电价不能及时合理地得到调整，电价水平及上下游产品比价关系被人为扭曲，进而导致发电企业亏损严重，投资缺乏积极性；②统一标杆电价导致发电企业经营效益差异不断扩大，为取得良好效益，部分地区可能会上马不合实际的大容量机组和大的供热机组，从而导致社会资源浪费；③由于没有明确的成本核算机制和考核机制，输配电成本核算无法清晰界定，输配电价难以形成；④销售电价种类繁多且复杂，电价结构扭曲，交叉补贴严重；⑤补贴等配套政策不健全，不利于可再生能源的发展。

中国天然气价格分为出厂价、管输价、城市门站价和终端用户价。其中出厂价经历了政府定价、政府定价和政府指导价并存、政府指导价三个阶段。2011年底，国家发改委在广东省、广西壮族自治区开展了天然气价格形成机制改革试点，将原有的以"成本加成"为主的定价方法，改为按"市场净回值"方法定价，即模拟市场的办法，以市场竞争形成的可替代能源价格为基础，折算相应的天然气价格，建立起反映市场供求和资源稀缺程度的价格动态调整机制。该机制的推出有利于发挥市场机制的作用，引导天然气资源的合理配置，促进经营者增加生产、扩大进口，引导消费者合理用气、节约用气。但由于在该机制下，天然气调整周期为1年，天然气价格还不能完全实现市场化，另外，天然气价格体系混乱，价格倒挂现象严重，补贴等相关配套政策不完善也是现行天然气价格机制中存在的问题。

（四）市场监管不健全

监管是由行政机构制定并执行的直接干预市场配置机制和间接改变企业和消

费者的供需决策的一般规则或特殊行为。监管能够解决市场失灵，是市场有效运作的基本保障。因而，构建完善的监管体系是实现市场化改革的重要组成部分。

中国能源行业目前正处在发改委、商务部、电监会等多头分散监管的模式之下，这种监管模式存在以下主要问题：

（1）综合协调能力不强。各个部门之间、中央与地方政府之间在监管目标、利益、步调上存在着不一致，进而导致部门间的综合协调能力不强。职能缺失和监管真空，监管职能分散，监管机构面临问题职能缺失和监管真空问题。以电力行业为主，由于电力监管机构没有投资准入监管权、价格监管权，使得电监会对于一些没有取得电力业务许可证就进入的电力项目，在开展电力业务之前，无权干预。

（2）重审批、轻监管。政府监管的重点集中在项目审批环节，项目的事中、事后监督与管理则相对较弱，存在"重审批、轻监管"的现象。社会性监管不足，政府将监管的重点放在投资准入、产品和服务价格、产品和质量服务、生产规模等经济性监管上，而对资源保护、安全问题、环境问题、质量问题等外部性问题的社会监管相对薄弱。法律依据不足，缺乏严格的能源监管标准、科学的监管手段，监管方式单一。

三、我国能源管理体制改革的方向与重点

（一）建立完善的能源市场机制

1. 建立以市场为基础的定价机制

价格作为重要的经济杠杆，在建立和培育市场，优化配置资源，调整各种利益关系方面具有不可替代的作用，因此，建立以市场为基础的价格形成机制是整个能源体制改革的关键和核心内容。发达国家能源市场化改革的经验表明，竞争性能源产品应逐步引入竞争，充分发挥市场的基础配置作用，建立起反映能源供求关系、资源稀缺程度和环境损害成本的价格形成机制，形成不同能源品种间合理的比价关系；非竞争性能源产品，则应充分发挥政府的宏观调控作用，加强监管，建立起有利于降低成本的约束机制。

中国的资源禀赋及经济发展现状决定了在未来的一段时间内，中国的能源消

费结构仍将以煤炭为主，因此煤炭价格的改革对于整个能源体制改革有着举足轻重的作用。从中国目前煤炭价格的改革现状来看，要建立成熟煤炭市场，煤炭价格改革的重点应集中在：①取消电煤重点合同价，实现电煤价格市场化；②继续深化煤炭流通体制改革，推进铁路运力市场化配置，减少并逐步取消由于运力不足而导致的中间环节成本；③深化煤炭资源税改革，逐步健全生态环境恢复成本、煤矿安全成本、煤矿转产成本等补偿机制，实现外部成本内部化；④规范涉煤收费，减少行政干预；⑤创建煤炭价格指数，建立全国统一的煤炭交易平台。

与国际油价接轨只是成品油价格向市场化迈进的重要一步，培养多元化的市场主体，实现成品油价格由企业根据国内外供求关系自主决定才是市场化改革的最终目标。从短期来看，中国成品油价格改革的主要任务包括：①结合国内外石油市场形势变化，提高国内成品油价格调整的灵活性；②扶持民营、外资企业发展，增加企业调价的自主权；③健全配套的税收、补贴等政策；④建立原油期货市场，强化我国在原油定价机制上的发言权。

随着城市化进程的推进，以及四大油气通道的开通，我国天然气的消费量将会呈现出快速增长的趋势。成熟市场的天然气价格应该理顺三方面的关系，即天然气供求关系、国内外天然气价格关系、天然气与可替代燃料之间的关系。从长期来看，天然气市场化改革的最终目标是放松天然气出厂价格的管制，实现出厂价格由市场决定，而政府负责天然气管道运输价格的制定，并对其加强监管的机制。短期内，天然气价格改革的重点是：①全面推行市场净回值定价法，建立与可替代燃料价格挂钩、反映市场供求关系和资源稀缺程度的价格动态调整机制；②调整天然气价格结构，实行合理的分类气价；③合理提高天然气价格，理顺天然气与替代燃料关系，缩小国外天然气价差。

电价改革的长期目标是"放开两头，管住中间"，即在可竞争的发电环节，培育和规范市场主体，制定市场交易规则，逐步放开上网电价，实现竞价上网；在具有自然垄断特性的输配环节，实施输配分离改革，加强政府对输、配电环节的成本监督，确定合理的输电费用和配电费用；在零售环节，引入零售商制度，放开售电侧市场，允许竞争性用户对供电方享有充分的选择权，通过采取多边交易、集中竞价等方式，优化销售电价结构，建立有利于公平负担的销售电价制度。从短期来看，电价改革的重点任务是：①进一步理顺煤电价格关系，完善煤电价格联动机制；②完善可再生能源定价机制，建立节能环保电价机制；③继续推行上网竞价试点改革；④推进大用户与发电企业直接交易；⑤实行电网主辅分离，解决输配电主业、辅业和多经混业经营问题，清晰资产和成本；⑥实现输配分离，逐步建立独立的输配电价形成机制；⑦建立销售电价与上网电价联动机制，继续推进销售电价分类改革，理顺不同类别用户电价关系，取消不同种类电价之间的交叉补贴。

2. 规范市场准入，打破国有企业垄断

取消有利国企垄断的政策、法律法规和相关文件，打破市场准入中的所有制歧视，完善鼓励引导民间投资健康发展的配套措施和实施细则；坚持政企分开，科学区分政府与市场职能，继续深化企业所有制改革，鼓励能源企业上市；清理、减少和规范现有审批事项，建立健全新设行政审批事项审核论证机制，建立公平、规范、透明的核准制度；建立独立和统一的监管机构，加强对垄断企业成本核算和监管，加强社会监管。

煤炭行业应进一步规范市场准入制度，提高准入门槛，坚持"优进劣退"、"大进小退"的原则，加快推进煤矿企业的兼并重组，提高企业的市场集中度，防范资源整合中出现"国进民退"，为退出煤炭产业的民间资本创造更多机会，加强对企业安全生产的监管。

油气行业应放宽准入门槛，开放市场，撤销阻碍民营企业进入石油行业和赋予中石油、中石化等油企垄断地位的有关文件和规定，让民营资本自由进入石油行业，不受限制地参与竞争，特别是在上游勘探、开采环节，要建立明确的准入制度，鼓励具有先进技术的中外合资企业、民营企业进入，在进入方式上，可以将特许经营更改为招标租赁制。放松原油进口管制和使用限制，允许部分通过非国营贸易进口的原油在市场上自由流通，鼓励民营油企充分利用国外油源参与国内储备。

电力行业应统一制定并公布电力建设规划，制定明确的土地、环保、能效等方面的准入标准，逐步放开新建发电项目的市场准入，完善可再生能源的发电市场准入政策，简化电力项目审批程序，加强市场准入监管，防止可再生能源的无序发展和产能过剩。进一步推行输配分离，配售分开改革，建立独立和统一的监管机构，制定新能源、可再生能源和分布式能源电能质量及并网标准，促进形成分布式能源发电无歧视、无障碍的上网新机制。对电网服务、成本、价格严格监管，核定独立的输配电价。打破电力销售市场的绝对垄断，鼓励民间资本进入，推进大用户直购电，促进双边交易和多边交易市场的形成。支持国有发电企业整体或主营业务上市、引入战略投资者，实现产权多元化。

3. 进一步明确政府和企业职责

成熟能源市场的有效运作既需要"看不见的市场之手"，同时也需要"看得见的政府之手"。市场化改革的目的就是要清晰界定政府和市场的边界，加快推进政企分开、政资分开、政事分开、政府与市场中介组织分开，明确政府与企业职责，把原本应该市场解决，现在却被政府干预的事情交还给市场自行解决。而政府则应该在创造良好发展环境、提供优质公共服务、维护社会公平正义中发挥基础性的作用。

推进政府机构改革。针对当前能源管理机构职能分散、政出多门，缺乏有权威的协调和管理机构，政策"缺位"、"越位"等问题，加快管理机构改革，在国家层面上建立一个统一、协调、权威的能源管理机构，科学划分中央和地方权限，明确各个部门责任，健全部门间协调配合机制。

加快政府职能的转变。政府应将其主要精力致力于：①健全能源领域的法律法规，为能源市场创造公平、开放、透明的市场竞争制度环境；②制定能源战略，完善行业规划和产业政策，建立能源战略储备体系，确保能源安全；③减少政府对市场的行政干预，更多地运用财税、金融、补贴等经济手段对能源市场进行间接调控；④逐步完善市场监管体系，依法实施有效监管，加强对垄断企业的监管。

推进政企分开改革，实现政府与企业社会职能分开，完善企业所有制制度，实现产权多元化，建立和完善新型的政企分开的融资投资体制。

（二） 健全与成熟市场经济相适应的能源法律体系

1. 修改和完善现有法律法规

成熟市场化国家的能源法律体系一般都包括能源基本法、相应的能源单行法以及相配套的法规，涉及能源的诸多方面，体系完备，内容具体，可操作性强，并能根据形势的变化，及时进行调整，具有很强的灵活性。

借鉴成熟市场化国家的经验，中国应尽快推出能源基本法，制定《石油法》、《天然气法》、《原子能法》等单行法，并根据改革与发展的需要，尽快完成《煤炭法》、《电力法》等的修改，完善能源专门法的体系和内容。中国在制定和修改能源基本法以及能源专门法时，应注重法律法规的可操作性，并详细制定相关法律规范的实施细则和配套法规，确实保障能源基本法和能源专门法的贯彻实施。

2. 建立规范政府行为和能源监管的法律法规

成熟市场化国家的能源法律法规对政府管理机构的设置及其主要权限进行了明确的界定和分工，从而保证了法律法规的有效实施。

受历史因素影响，中国目前的法律法规体系还不健全，能源管理部门的设定和权限的划分缺乏法律授权，部分领域缺乏完整的法律体系，部分法规与法律相冲突，使得政府管理行为缺少科学的法律依据，再加上能源管理职能分散，政出多门，政企不分，责任主体不明，彼此之间缺乏有效的协调机制，导致政府更多地倾向于行政干预，寻租现象严重。因此，为了规范政府行为，减少政府行政干预，使政府部门管理行为有法可依、有章可循，我国必须完善能源法律法规体系，并在相关法律法规中对相关事务的管理机构的地位和权限进行明确规定，清晰界定不同部门之间的权限和职责，未经法律修改不得随意加以变更。

监管本质上是一种依法监管。但从目前中国的能源监管体制来看，除了电力行业设立了专门的监管机构电监会外，其他行业都处在多头监管之下，而且监管部门的职责和权限缺乏有效的法律授权，监管无规可循，这严重影响了监管的效率。因此要提高监管效率，监管立法的支撑不可或缺。建立和完善监管法律体系，赋予监管机构足够的法律地位，为监管工作提供更高、更充分、更全面的法律支持，已成当务之急。

（三）根据行业特点建立和健全监管标准

1. 完善电力监管体制

自 2002 年中国电监会成立，到目前为止，中国电力监管体制已初步形成。然而相比成熟市场化国家的电力监管，中国目前的电力监管存在着诸多问题：①电力监管机构缺乏明确的法律授权；②电力监管职能分散于多个部门，其中项目审批权和价格审批权都归属于发改委，企业的经营范围由工商行政管理部门核定，电力企业成本及财务制度由财政部制定与监督，而电监会只具有根据市场形势向政府价格主管部门提出调整电价建议的权利；③监管职责不清，监管方法和手段缺乏协调；④对电力监管机构缺乏有效监督。

上述问题的存在直接导致中国电力行业监管缺位，政府行政干预严重，缺乏有效的电力监管。未来，随着城市化进程的推进，电力在中国终端能源消费结构中的比重将会进一步增大，因而为了推动电力市场化改革，确保电力监管目标的实现，中国还需要尽快完善电力监管体制：①通过政监分离，政企分开，确保监管机构的独立性；②尽快修改《电力法》，通过法律对电力监管机构的地位、具体的职责和权力进行授权；③规范行政程序和监管透明化；④加强对电力监管机构的监督。

2. 建立其他行业监管机构和监管办法

同电力行业一样，中国煤炭、石油天然气行业的监管体制中也存在着缺乏法律法规依据，监管部门职能过于分散，政监不分、政企不分，监管主体不明，缺乏有效的监管手段和方法，监管成本高、效率低等问题。因此，要健全煤炭、石油天然气行业的监管体制，首先需要建立一个独立的监管机构，并通过法律法规明确监管机构的职责和权限；其次完善监管法律法规建设，确保监管有法可据；再次要转变监管模式，将以往的经济监管为主，社会监管为辅的监管模式转型为以社会监管为主、经济监管为辅的模式，完善市场准入监管和价格监管，加强社会性监管，增强对垄断企业的监管，维护市场秩序；最后要加强对监管机构的监督，建立对监管机构权力制衡机制。

（四）积极参与全球能源治理

能源是经济社会发展的基础，也是影响经济发展的主要因素。为了确保能源供应的安全，成熟市场化国家除了在促进国内能源产业发展的同时，还积极参与到全球能源治理当中。全球主要的能源治理机构 IEA 就是发达国家为了应对 20 世纪 70 年代的石油危机而产生的。中国作为世界上最大的能源消费国以及最大的二氧化碳排放国家，参与全球能源治理对于维护全球能源安全、推动全球气候变化问题谈判、解决环境污染等问题都有着重要的意义。

参与全球能源治理有利于保障能源安全。能源短缺问题是近年来中国经济发展面临的主要问题。2011 年，中国一次能源消费量约达到了 34.8 亿吨标煤，超过能源生产总量达 3 亿吨标煤。其中，煤炭净进口量为 1.68 亿吨，占煤炭消费总量的 5%左右；石油净进口量为 2.5 亿吨，占石油消费总量的 56%；天然气净进口为 300 亿立方米，占消费总量的 23%。而且未来随着工业化和城市化进程的推进，能源供需缺口仍将进一步拉大。中国新增的能源需求将主要依靠进口，国际政治、经济局势的变动以及国际能源价格的变动都将会对中国能源供应安全造成重大的影响。因而基于对能源安全的考虑，中国急需参与到全球能源治理当中，通过加入国际能源机构、参与全球多边合作等方式，获取稳定的外部能源供应，争取更多的话语权和定价权。

参与全球能源治理还有利于缓解中国减排的国际压力。作为世界上最大的碳排放国，日益增长的碳排放使得中国面临着越来越严峻的国际压力。积极参与全球治理，加强与欧美等国家的合作，有利于中国引进发达国家先进的可再生能源、节能技术，同时还可以加强与发达国家在预测预警、价格协调、金融监督等方面的合作，促进中国低碳经济转型。另外，参与全球能源治理，还有利于减少中国与欧美国家的贸易争端。

参考文献

［1］董小君：《能源管理体制：从分散走向集中是国际大趋势》，《广西电业》，2008 年第 6 期。

［2］董小君：《能源管理的国际"潮流"》，《中国石油石化》，2008 年第 7 期。

［3］葛秀芳：《论新时期如何完善我国电力监管体制》，《华北电力大学学报（社会科学版）》，2009 年第 3 期。

［4］何勇健：《打破电力体制改革僵局的几点思考》，《价格理论与实践》，2012 年第 05 期。

［5］胡涛：《政府和市场边界的界定与能源管理体制的构建》，《改革与战略》，2012 年第 6 期。

［6］黄庆业、马卫华：《澳大利亚能源监管新机制及其借鉴意义》，《华北电力大学学报（社会科学版）》，2007 年第 2 期。

［7］来有为：《我国电力体制改革面临问题及其监管体系催生》，《产业经济》，2012 年第 3 期。

［8］李嘉娜：《中国煤炭行业监管体制中的利益冲突及其平衡机制》，《经济管理》，2009 年第 2 期。

［9］李涛：《我国能源法律体系现状分析》，《中国矿业》，2010 年第 3 期。

［10］李艳芳、林树杰：《可再生能源市场准入制度研究》，《中州学刊》，2010 年第 3 期。

［11］李占五：《"十二五"时期我国能源管理体制改革任务及着力点》，《中国能源》，2011 年第 6 期。

［12］刘振秋、唐琪：《关于当前煤电价格矛盾的再认识》，《价格理论与实践》，2009 年第 01 期。

［13］刘振亚：《中国电力与能源》，中国电力出版社，2012 年。

［14］刘增光：《我国能源定价机制市场化改革面临"制度性困境"——制度变迁视角下的尝试性解读》，《内蒙古科技与经济》，2009 年第 17 期。

［15］陆胜利：《世界能源问题与中国能源安全研究》，《中共中央学校博士学位论文》，2011 年 5 月。

［16］单东：《中国石油行业行政垄断的成因、危害及解决之对策》，《经济社会体制比较》，2010 年第 5 期。

［17］唐松林、任玉珑：《电力行业政府监管体制改革：国外经验与中国对策》，《经济问题探索》，2008 年第 8 期。

［18］唐要家、谢远祥：《中国电力体制改革的困局与突破》，《价格月刊》，2012 年第 2 期。

［19］王新兰：《我国石油行业政府监管机制存在的问题及对策》，《行政与法》，2010 年第 10 期。

［20］肖惠朝：《我国现行煤炭管理体制的问题及对策建议》，《煤炭经济研究》，2010 年

第 9 期。

　　［21］岳福斌、邵懿博：《创新煤炭管理体制》，《中国能源》，2006 年第 5 期。

　　［22］张晓然、肖太寿：《完善煤炭管理体制的思考》，《宏观经济管理》，2011 年第 4 期。

　　［23］张岩：《我国争取国际能源定价主动权问题研究》，《中国能源》，2010 年第 11 期。

　　［24］赵会茹、符力文：《国外清洁能源电价形成机制研究》，《华北电力大学学报（社会科学版）》，2011 年第 4 期。

　　［25］International Energy Agency. The Strategic Value of Fossil Fuels： Challenges and Responses. IEA/OECD，Paris，1995.

　　［26］International Energy Agency. Worldwide Trends in Energy Use and Efficiency： Key Insights from IEA Indicator Analysis. IEA，Paris，2008.

　　［27］Peter Van Doren：《美国石油天然气市场政策的演变——美国能源规制简史（节选）》，林娜编译，《国际石油经济》，2009 年第 11 期。

　　［28］Youngho Chang，Swee Lean Collin Koh，Rethinking Market Governance and Energy Security，M. Caballero−Anthony et al.（eds.），Energy and Non−Traditional Security（NTS）in Asia，SpringerBriefs in Environment Security，Development and Peace 1，2012.

深化我国住房基本制度改革的战略思路与实施建议

倪鹏飞

　　我国住房及房地产发展取得了巨大的成绩，但近年来也出现了严重的问题，对居民的安居乐业和国家经济社会发展产生了十分不利的影响。本报告将对中国住房问题机制的失衡，即住房发展目标偏颇与制度无序导致住房相关主体的行为扭曲，进而导致住房市场的失衡的原因进行分析；并利用"制度—行为—绩效"的分析范式（ICP）对住房的发展定位与制度体系、核心制度以及配套制度进行系统的修正性目标设计；对全面深化改革，建立住房基本制度的重点突破和整体推进提出了实施建议。

一、中国住房发展的制度、行为与
目标关系问题分析

　　新制度经济学认为，目标绩效、主体行为、制度体系三者之间存在着相互作用和相互影响的循环和反馈关系。

（一）住房目标绩效的偏颇与制度体系的无序

　　制度体系是目标绩效的函数，目标绩效又是制度的复合函数。住房制度体系是国家总体制度的一部分，由住房核心制度、支撑制度及制度环境三部分构成；而住房发展目标也是国家总体发展目标的组成部分。中国住房制度的无序，首先既与其核心制度失序（不完善、不合理）有关，也与住房支撑制度和制度环境失序及不匹配有关，同时住房制度体系的失序也决定于住房及国家总体发展目标的偏颇。

1. 住房发展目标定位的偏颇

虽然住房兼具消费和投资的属性，住房发展具有促进经济发展和社会发展的双重作用，但其最本质的属性是基本生活必需品。因此，住房发展的合意目标绩效首先应该是保障"住有所居"；其次才是促进经济增长。但是，一方面，受制度等因素影响，政府始终将经济增长的目标长期保持在10%以上的过快速度；另一方面，由于相关制度等方面的原因导致国内消费需求不足，加上国际市场的不确定性，这使得促进经济增长成为住房发展目标的主要内容。1998年，新的住房制度被确立的同时房地产被作为新的增长点，住房被作为新的消费热点；2003年，国家更是明确提出：房地产是国民经济支柱产业。房地产目标定位的偏差影响了整个住房供应体系和制度体系。

2. 住房核心制度的失序

（1）住房供应体系过度商品化。 1994年国务院提出"建立和完善以经济适用住房为主的多层次住房供应体系"，但在2003年修改为"逐步实现多数家庭购买或承租普通商品住房"。尽管2011年提出到2015年家庭保障对象的比例达到20%的目标，还有大约50%的中等及以下应保家庭将被完全推向市场。

（2）住房保障制度的缺失。 为了刺激经济增长，经济适用房作为刺激经济增长的重要工具，一产生就缺乏严格准入标准和封闭运行的保障特征，其弊端导致2003年住房保障体系的废止；总体住房保障体系保障比例低，界限不明，标准不清；缺乏完善的准入、轮候、退出机制；缺乏可持续的投资、融资、建设、管理、运营与管理的机制。

（3）商品房制度的缺失。 按照目前有关法律和制度规定，无论商品性或保障性住房均需由住房开发公司垄断开发；商品房销售采取期房预售制度；缺乏有效的租户利益保障制度；没有建立住房货币分配额度与房价同增长的住房货币分配机制。

3. 住房支撑制度的失序

（1）土地制度问题。 ①城乡土地分割。农村土地属于集体所有，城市土地属于国家所有。农村集体土地不得自由转让。城市规划区的集体所有的土地经强制性征用转为国有土地后，使用权方可有偿出让。②管理体制不顺。由于缺乏详细的制度规则以及土地出让收益主要归地方的制度安排，使土地国有制度变成"地方政府的多部门实际占有"；而目前土地行政管理体制无论是上级土地管理部门和同级土地管理部门，都无法监管地方党委和政府。③政府垄断土地。一方面，政府集管地者、用地者和裁决者为一身，采取行政强制征收集体土地，形成"买方垄断"；另一方面，政府集唯一的管理者、出让方和监管者为一身，出让土地使用权，形成"买方垄断"。

（2）**金融制度问题**。住房融资主要来自商业信贷失衡的金融体系，商业信贷的利率非市场化及高存贷差；住房保障金融体系主要是公积金制度，是为了适应住房供应体系以经济适用房为主体而设计的，但目前政府已经放弃经济适用房为主体的保障性形式；公积金远未覆盖全部保障家庭，尤其是低收入家庭、个体户和外来人口；补贴与收入及缴存成正比的公积金制度设计不合理；住房公积金制度与其他保障性基金隔绝。

（3）**税收制度的问题**。整体税收体系没有形成调节收入分配的机制；税收征管机制亟待以企业或单位纳税人间接税征管为重点；房地产税课税范围过窄、免税范围宽，计税缺乏差别和累进性，流转环节税费种类多、税费重，保有环节税种少、税负轻；缺乏稳定、规范、健全的保障性住房投资、融资和消费等税费减免政策。

4. 住房制度环境的冲突

（1）**公共产品与服务供给的户籍歧视**。地方政府不提供非户籍居民的住房保障等一些公共产品与服务。

（2）**收入分配制度有缺陷**。最低工资标准低且没有形成最低工资标准稳步增长的机制，贫困线标准和最低生活标准偏低，个别行业、部门和地区存在行政垄断。

（3）**政府纵向财权与事权的不对称**。自 1994 年分税制改革以来，国家同时实现了事权下放和财权上收，地方政府差不多以全国 40% 的收入支撑全国 60%以上的公共产品与公共服务。

（4）**政府有关住房的纵向分工不明确**。在房地产的调控与监管方面，在住房保障的投资、建设和管理等方面，各级政府还没有明确的分工和清晰合理的制度性安排。

（5）**政绩考核机制不完善**。政府内部缺乏综合、协调、分工、制衡的行政管理机制；重视经济发展、忽视住房等民生发展的政绩考核制度；房地产市场调控和住房保障目标责任制度不完善。

（二）住房制度失序导致追求目标集合的相关主体行为冲动

行为主体以自身利益最大化为目标函数，根据其目标集合、制度规则及最佳境况集合的关系，或利用现有制度，遵从现有制度，违反现有制度等，选择有利于自己的最佳行为。就制度与行为主体的关系而言，一项制度影响多个主体，一个主体行为也受多个制度影响。而偏颇的住房发展目标、失序的制度体系与行为主体自身利益最大化的目标结合，其行为无论是利用、遵守或违反制度都将产生非合意的扭曲和冲动。

1. 中央政府的刺激增长冲动

一方面，基于外部压力和内部动力，政府要确保高增长的目标集合；另一方面，税收制度、金融制度、市场准入制度、收入分配、社会保障等制度的缺陷，导致居民消费需求和实体产业投资不足，使得政府时常有刺激房地产发展的国家利益冲动，而失去合理发展及解决住房的理性。

2. 地方政府的炒卖土地冲动

现行的政绩考核制度与财税体制使得地方政府一方面热衷于发展包括房地产在内的地方经济，扩大地方财政收入；另一方面推卸住房保障等社会民生的责任，减少财政支出。而土地制度使地方党委与政府作为土地的实际所有者和市场垄断者通过最小化农村集体土地的征收"价格"、最小化工业用地的"出让价格"、最大化提高经营性用地的"出让价格"、最小化提供保障房用地，增加预算外收入、弥补财力不足、发展地方经济。不少城市的土地出让金占预算外收入的比例超过50%，房地产税收占地方税收的50%以上。

3. 开发企业的全企建房冲动

商品房预售制给房地产开发提供的低门槛和低风险，导致开发企业爆炸式增长，助长了开发企业的商业欺诈，抑制了房地产租赁业的发展；开发公司制度导致开发企业的供给垄断；缺乏累进性的开发交易税费制度激励企业开发高档商品房；而失范和宽松的土地税制刺激了企业囤地和撂荒的冲动。受土地制度制约，大量小产权房出租处在非法和黑市状态。

4. 金融机构的房地信贷冲动

单一制的间接融资体系赋予商业住房信贷的绝对优势，高额的存贷利差激发金融机构强烈的住房信贷冲动；缺乏有效的政策性住房金融制度安排，金融机构对利润低、风险大的保障性住房融资刻意回避。

5. 购买主体的投资投机冲动

金融体系单一导致投资渠道狭窄，房地产税缺陷导致持有环节税负轻，租户利益保障制度的缺失，刺激了全社会的购买房地产的冲动。由于过度商品化而被推向市场的大量中低收入家庭，被迫调整其行为或目标，推迟、减少或改变住房消费，甚至产生不满或反抗。

6. 土地供给者的制度外行为冲动

作为集体农地的所有者和使用者的农民，在土地征用和拆迁过程中，因为基本权益无法得到保证，基本目标诉求难以实现，他们会采取制度以外的行为即抗议、上访或其他过激行为达到自己的目标。而对于拥有与国有土地相邻，而又没有被政府征收的集体土地的集体组织或者使用土地的农民，为追求利益的最大化，开始打破现有的制度安排，大量建设现行制度所不允许的小产权房，以便出租或出售。

（三）行为冲动导致住房以及经济社会发展目标的失衡

当所有主体都采取各自的最佳行为集合时，行为主体博弈的解就是其产生的特定局势即总体的经济绩效。而住房相关主体的"最佳行为集合"冲动，不仅使每组博弈的特定局势失衡，也使这些特定局势相互影响，加剧住房整体特定局势的失衡。

（1）**地方政府的炒地冲动导致土地供给结构和土地市场失衡。**一方面，地方政府通过垄断供给和市场竞拍，导致住房用地相对短缺，价格持续暴涨。除2006年外，2003~2010年各年居民住宅用地价格上涨幅度均达到两位数，2009年后，各地更是"地王"频频涌现。另一方面，地方政府厌恶民生支出的偏好使得保障房、普通商品房用地相对不足。

（2）**金融机构的商品房信贷冲动导致住房金融市场结构的失衡。**一方面，商业性住房信贷过度；另一方面，政策性住房金融严重不足。2005年以来，住房信贷在整个信贷中的比例不断上升。在房地产企业的资金来源，银行贷款高达80%左右[①]；2008年商业性住房个贷占全部个贷的83%，公积金仅占17%。

（3）**地方政府、金融机构、开发企业偏好商品房、高档房，厌恶普通商品房、保障房的冲动导致住房供应结构的严重失衡。**一方面，商品房和小产权房大量空置，包括已出售存量商品房空置4.4亿平方米[②]、小产权房空置11.2亿平方米；另一方面，普通商品房供给相对不足。同时，相对于应保家庭需求，保障性

---

① 中国人民银行的《2004房地产金融报告》，国务院发展研究中心的"中国土地政策改革"课题组的相关研究成果。

② 数据是课题组据综合存量住房总量、构成的统计和调查数据的估计，详细情况请参见课题组《中国住房问题研究报告》全文。

住房供给存在巨大的缺口，保障性住房即居住廉租房与经济适用房的家庭仅占城市人口的 8%，大大低于 20% 的应保比例。

（4）购买者投机冲动导致需求结构的严重失衡。投机需求不断放大进而导致房地产泡沫消费需求被挤压。国家统计局《2006 中国生活报告》，针对北京、上海和广州等 10 座大城市共 5126 名年收入超过 11 万元的高收入人士的调查显示，超过 40% 的人拥有两套以上住房。而假定人均拥有 50 平方米以上的家庭为两套以上住房的家庭，则这些家庭占全部城市家庭总数的 16.5%，达 22%（参见表 1）。

表 1　2010 年全国城市与小家庭人均住房面积构成情况

单位：平方米

住房类型	合计	无住房	8 及以下	9~12	13~16	17~19	20~29	30~39	40~49	50~59	60~69	70 及以上
城市家庭数	8249325	8739	683910	629927	755819	503703	2018411	1398376	885830	432035	320896	611679
城市家庭比例	1	0.001059	0.082905	0.076361	0.091622	0.06106	0.244676	0.169514	0.107382	0.052372	0.0389	0.074149
小家庭数	5537545	10154	236314	294232	444834	270348	1331881	1034416	698642	356355	307538	552831
小家庭比例	1	0.001834	0.042675	0.053134	0.080331	0.048821	0.240518	0.1868	0.126165	0.064353	0.055537	0.099833

资料来源：第六次全国人口普查数据。

（5）地方政府炒地、金融机构房贷、开发企业垄断定价与购买者投机等的集体冲动导致总体住房市场的严重失衡。1998~2009 年，住房销售面积年均增长 22%，但住房市场仍长期供不应求，2009 年全国新建商品住宅市场存货面积仅为 6756 万平方米。自 2003 年以来，住房价格持续暴涨（2008 年除外）（参见表 2），2009 年增幅达 25%。

（6）消费者、投资者和开发商持有住房的冲动，使正规住房市场租售比例严重失衡。近年来欧盟国家家庭住房拥有率大致保持在 60% 的平均水平。"六普"数据显示，中国城市家庭的住房自有率高达 74.2% 以上，小住房自有率为 86.8%。而集体土地使用者建房冲动、低收入居民在住房总体局势下的无奈选择，使得小产权房等非正规住房租售市场异常活跃。

表2　1997~2008年我国商品房及住宅平均销售价格及增长率

年份	商品房平均销售价格（元/m²）	同比增长	住宅房平均销售价格（元/m²）	同比增长
1997	1997		1790	
1998	2063	3.3%	1854	3.6%
1999	2053	−0.5%	1857	0.2%
2000	2112	2.9%	1948	4.9%
2001	2170	2.7%	2017	3.5%
2002	2250	3.7%	2092	3.7%
2003	2359	4.8%	2197	5.0%
2004	2778	17.8%	2608	18.7%
2005	3168	14.0%	2937	12.6%
2006	3367	6.3%	3119	6.2%
2007	3864	14.8%	3645	16.9%
2008	3800	−1.7%	3576	−1.9%

资料来源：中国统计年鉴。

表3　2010年全国城市与小家庭住房来源构成情况

住房类型	租赁廉租住房	租赁其他住房	自建住房	购买商品房	购买二手房	购买经济适用房	购买原公有住房	其他	合计
城市家庭数	329846	2869199	2039582	3231278	618097	627345	2147896	553319	12416562
城市家庭比例	0.026565	0.231078	0.164263	0.260239	0.04978	0.050525	0.172986	0.044563	1
小家庭数	158780	845218	4244922	1112202	307562	185238	436025	264836	7554783
小家庭比例	0.021017	0.111879	0.561885	0.147218	0.040711	0.024519	0.057715	0.035055	1

资料来源：第六次全国人口普查数据。

（7）中央与地方政府的投资冲动使得宏观需求尤其投资结构严重失衡。房地产投资远超警戒线，宏观经济过度依赖房地产。从1998年开始，房地产开发投资占全社会固定资产投资的比重稳步上升，2004年为18.78%，2005年为20.98%，远远超过10%的国际警戒线。国内房地产投资占GDP的比重从1998年的4%上升到2010年的12.6%，2010年达15%，远超过5%的国际警戒线。

（8）大量企业转向住房开发，产业结构严重失衡，经济过度房地产化。房地产开发企业从2000年的27303个增长到2010年的85218个，十年增长2倍多，年增长为14%，2009年浙江百强民营企业中70%左右涉足房地产业。包括高科技在内的大量企业转向住房开发，大量资源错配到房地产领域，严重制约了产业升级和经济转型。

（9）集体冲动加剧了社会不公，扩大了贫富分化，导致社会结构严重失衡。住房价格泡沫加剧了投机者、投资住房者与无房者的收入差距。住房保障体系不完整，中低收入者和外来人口不仅住房困难，生活更加困难。

（四）中国住房当前供求问题与未来需求估计

1. 当前中国住房状况的估计与供需矛盾

（1）**城镇人口状况及构成**。结合"六普"发现，2010 年总人口为 13.4 亿。其中，城市非农人口 4.4 亿人（占比 33%，每年增加 0.1 亿人），流动人口 2.2 亿人（每年增加 0.12 亿人），城镇人口 6.66 亿人（每年增加 0.21 亿人），城镇半年以下的暂住估计人口 1.1 亿人。2009 年抽样调查结果显示，每户平均人口 2.69人。在 4.4 亿非农人口中，90% 是家庭户口，大约 10%（主要是迁移人口，大学生）是集体户口（0.44 亿人）；在 2.2 亿流动人口中，20% 是集体户口（打工者），估计 50% 以上属于 5 年以上人口。

（2）**城镇住房状况及构成**。研究发现，近年来住房和城乡建设部关于城镇人均住房面积的数据，实际上是以城镇非农人口除以住房建筑面积得出的。建设部公布 2010 年人均住房面积为 30 平方米（根据城镇非农人口 4.6 亿，这个数据和"六普"数据 4.4 亿不一致），可以推算，2010 年城镇住房总建筑面积约为 138 亿平方米（见表 4），详细构成如表 5 所示。

表 4　中国住房的总体变化状况

年　份	存量住宅 (亿平方米)	城镇新建住宅面积 (亿平方米)	农村新建住宅面积 (亿平方米)	城市人均住宅建筑面积 (平方米)	农村人均住房面积 (平方米)
2000		5.49	7.97	20.3	24.8
2005	107.69	6.61	6.67	26.1	29.7
2009	130.5	8.21	10.21	29	33.6
2010	138	8.5	10.21	30	34.6

表 5　中国城镇住房构成的估算

	居民类别	住房类型	人均 (平方米)	自住 (亿平方米)	需租 (亿平方米)	供租 (亿平方米)	总量 (亿平方米)	人口比例 (%)	人口总量 (亿)
非流动城镇居民	大中专学生	集体宿舍	5			2.2	2.2	10	0.44
	私有房主	原有私房	40	13.2			13.2	5	0.44
	征地拆迁户	征地还原房	60	17.6		4.4	22	10	0.44

续表

居民类别	住房类型	人均(平方米)	自住(亿平方米)	需租(亿平方米)	供租(亿平方米)	总量(亿平方米)	人口比例(%)	人口总量(亿)
非流动城镇居民								
最低收入+无房	自租私房	10		1.32	1.32	1.32	3	0.132
最低收入+无房	廉租公房	20		1.76	1.76	1.76	2	0.088
低收入+住房困难	棚户区	20	4.4			4.4	10	0.44
中下收入+有房	经济适用房	30	4.4			10.56	5	0.22
中下收入	房改房	20	17.6			17.6	10	0.88
中上收入+有房	房改房+商品房	50	17.6		4.4	22	10	0.44
中等收入+有房	商品房	40	17.6			17.6	10	0.88
中等收入+无房	租住商品房	20		4.4			10	0.44
中等收入+无房	租住小产权房	20		4.4			10	0.44
高收入+商品房	两套以上商品房	60	17.6		8.8	26.4	10	0.44
高收入+无房	租住私人	20		8.8			5	0.44
小计						139	100	4.4
流动城镇居民								
高收入+两套	商品房	80	4.4		4.4	8.8	5	0.11
高收入+一套	商品房	40	4.4			4.4	5	0.11
高收入+无房	商品房	40		8.8			10	0.22
中等收入+无房	商品房	20		4.4			10	0.44
中等收入+无房	小产权房	30		13.2			10	0.44
低收入+无房	集体宿舍	5		0.11			20	0.22
低收入+无房	小产权房	20		13.2			30	0.66
投亲靠友	借助						10	0.22
小计						13.2	100	2.2
暂住人口								
高收入流动人口	宾馆						10	0.1
高收入流动人口	商品房	40		4			10	0.1
中等收入流动人口	商品房	30		3			10	0.1
中等收入流动人口	小产权房	30		6			20	0.2
低收入流动人口	小产权房	20		8			40	0.4
投亲靠友人口	借助						20	0.2
小计				21			100	1

续表

居民类别	住房类型	人均 (平方米)	自住 (亿平方米)	需租 (亿平方米)	供租 (亿平方米)	总量 (亿平方米)	人口 比例 (%)	人口 总量 (亿)
郊区及城中村	小产权房			44.8	66	66		
总计		26.8				204	7.6	

与此同时，国土资源部不完全统计的估计数据，2010 年郊区及城中村小产权房为 66 万平方米。从空置状况看，商品房空置 4.4 亿平方米、小产权空置 11.2 亿平方米。考虑估计有出入，可能更多的人租赁小产权房，商品房空置可能会更高一些。

(3) 家庭住房状况及构成。 按照住房和城乡建设部人均居住面积 30 平方米 (4.6 亿户籍人口) 推算，6.6 亿城镇常住人口，理论上城镇住房完全利用人均居住面积为 20.9 平方米，但如将小产权房的 50% 视为合法并加以利用，同时将半年以下的暂住人口中的 0.5 亿加上，人均居住面积可达 24 平方米。

但实际上城镇居民住房状况差异很大。综合一些调查（中国国情研究会，2006；樊学志，2007；国家统计局，2010；上海市统计局，2010）估计具体构成：在 4.4 亿非流动人口中，城镇人口中有 50% 的家庭人均住房在 40 平方米以上，基本解决了住房 (2.2 亿人)，其中 15% 的家庭可出租住房，10% 的居民也通过廉租房、经济适用房解决了 (0.44 亿人)；10% 是集体户口的大中专学生居住集体宿舍 (0.44 亿人)。在 2.2 亿的流动人口中，10% 住在条件较好的职工集体宿舍中 (0.22 亿人)，10% 的流动人口 (0.22 亿人) 购买住房，10% 的流动人口有能力租赁住房，10% 的流动人口与非流动人口一起居住 (0.22 亿人)。

(4) 当前住房问题与缺口。 ①还有 20% 的非流动人口住房没有解决 (0.88 亿人)。10% 的低收入和低收入年轻家庭租房困难，这个比例在不断增长；并且未来还会增长；10% 的棚户区居民住房困难。②还有 30% 的非流动人口住房需要改善 (0.88 亿人)。10% 的房改家庭 (人均住房面积 20 平方米) 需要改善住房；10% 的中等收入家庭租房困难；10% 的高收入家庭需要市场购房。③还有 70% 的流动人口住房比较困难 (1.52 亿人)。首先，20% 的流动人口 (0.22 亿人) 居住在条件较差的集体宿舍里。其次，50% 的居民居住在条件比较差的商品房和小产权房中。10% 的流动人口需要市场购房；目前政府至少需要解决 20% (0.44 亿人) 流动人口的住房问题。④在 1 亿的暂住人口中也需要适当居住。除 20% 投亲靠友居住，10% 住宾馆饭店；10% 租住在商品房中；60% 租住条件恶劣的小产权房城中村之中。⑤动态需求较大。首先，非流动人口每年增加近 0.1 亿。其次，流动人口每年增加近 0.1 亿。最后，全体城镇居民从整体上有进一步扩大面积、提高质量的要求。

2. 未来中国城镇住房需求预测

从中国与主要国家经济发展历程的比较看，我国目前的经济水平大致与美国 40 年代、英国 50 年代、日本 60 年代中后期、韩国 80 年代中后期的发展水平相当；我国在 2020 年将达到美国 70 年代、日本和英国 80 年代中期、韩国 2000 年左右的收入水平。

从长期来看，住房需求是由消费需求决定的。在未来城市人口收入水平快速提高、城市建设快速发展的背景下，未来中国城镇住房需求仍然会呈快速上升趋势。借鉴国际经验，考虑中国的历史与现状特点，结合"十二五及中长期发展规划"，本书大致预测了未来中国城镇住房发展的趋势。

（1）未来人均收入与人均住房。估计 2020 年我国城镇居民家庭人均可支配收入将达 40000 元左右（2010 年价），2030 年达到 60000 元左右（2010 年价）。2020 年城市人均住宅建筑面积应达到 35 平方米，户均 1:1 套；2030 年应达到 44 平方米，户均 1:1.2 套。

（2）未来人口总量与住房总量。估计 2020 年中国总人口峰值可达到 14 亿左右。城镇人口将达 8.4 亿（每年人口增加 0.18 亿），3.5 亿个家庭，考虑 0.5 亿暂住人口的需求，2020 年我国城镇住宅存量将达到 312 亿建筑平方米；2030 年城镇人口将达到 9.8 亿（每年人口增长 0.14 亿），不考虑暂住人口，住宅存量达到 431 亿建筑平方米。

（3）未来人口结构与住房结构。未来家庭平均人口将继续减少，按照第五、第六次人口普查数据变化率以及 2005 年抽样调查数据推算，2020 年城镇家庭平均人口 2.4 人左右，家庭数量将增长 1 亿，老龄化人口将超过 16%，由于可能的家庭合并，一个大家庭拥有两套房的比例将提升。与此同时，新迁徙居民（流动人口，迁徙时间 5 年以下）的比例也将进一步增加，2020 年将占城市人口的 40%，这预示着公共和私人租赁房的比重比例将进一步提高。

（4）未来新增住房需求及其增长。按照 2010~2030 年城镇人口每年人均增加 1 平方米计算，2011~2020 年净增住房面积 108 亿平方米，2021~2030 年净增 119 平方米。2010 年我国城镇新建住宅为 8.5 亿平方米，加上小产权房估计 0.5 亿平方米，共计 9 亿平方米；考虑到住房拆迁改造，估计 2020 年将达到 15 亿平方米，2030 年达到 16 亿平方米。城镇住宅投资占城镇总投资的比重将从 2011 年到 2030 年平均增长 18%。

二、发达国家与地区住房发展及政策模式的借鉴

（一）国外住房发展的基本趋势

（1）**住房与收入水平：人均住房面积随着收入水平的提高而增加。**日本 1968 年套均建筑面积约为 92 平方米，2008 年建筑面积约为 118 平方米；与此同时，人均住房建筑面积由 23 平方米增加到 45 平方米；目前套均住房建筑面积稳定在 118 平方米左右。

（2）**住房与城镇化：住房建设投资/GDP 的峰值在城镇化进程的完成阶段。**1955~1972 年是日本城镇化进程较快的阶段，城镇化率年均增加 1.1 个百分点。住房建设量年均增幅为 12%，新建住房规模在 1972 年达到峰值，接近 200 万套，占当年住房存量的比例超过 6%，住宅建设投资/GDP 于 1973 年达到峰值 9.1%；韩国在 1980~1990 年城镇化率年均增加 1.7 个百分点。住房建设量年均增幅为 17%，新建住房规模在 1990 年达到峰值，超过 75 万套，占当年住房存量的 9.8%，住房建设投资/GDP 于 1991 年达到峰值 8.9%。

（3）**住房数量发展：户均在 1.1 套左右是房地产市场进入成熟稳定阶段的标志。**国际经验表明，在户均住房套数接近 1.1 之前，住房存量将保持较快增长，此后住宅市场将进入成熟稳定阶段。日本户均住房套数于 1968 年超过 1，20 世纪 80 年代中期户均住房套数超过 1.1，之后则基本保持稳定。美国在 1965~2009 年间的户均住房套数基本稳定在 1.12 左右。英国自 20 世纪 60 年代以来户均住房套数超过 1，80 年代该值达到最高为 1.08。韩国户均住房套数于 2002 年超过 1，目前该值达到 1.08。

（4）**租销比例：租赁在各国都占有很大比重。**澳大利亚、加拿大、新西兰、英国、美国、日本以拥有住房为主。奥地利、荷兰、瑞典、瑞士和德国以租赁住房为主。近年来欧盟国家家庭住房拥有率大致保持在 60% 的平均水平，但德国 58% 的居民选择租房。大城市居民租房比重高。伦敦的家庭住房拥有率大大高于全国平均水平，有将近 40% 的家庭租房。年轻家庭以租房为主。日本租房结婚者比例高达 67.1%，买房结婚夫妇比例仅为 14.3%。德国主要采取租金管制与补贴、

发放鼓励私人建造低租金住宅的优惠贷款、住房储蓄奖励和私人建购房减税优惠。

（二）政策原则与目标：目标具有阶段性

（1）**住房政策的目标**：西方发达国家的住房政策大致经历了四个阶段。第一个时期，是 19 世纪城市化迅速崛起到第二次世界大战结束的住房数量绝对不足时期，住房政策目标是"住有所居"。最低标准是"一户一房"。第二个时期，20世纪 50 年代以后，住房严重不足大大缓解后，住房政策目标是扩大公民的住房面积，政策目标是"一人一室"。如美国联邦政府在住房政策上提出的目标就是"让全体居民有足够的住宅"。第三个时期，20 世纪 60 年代以后，住房政策的目标是提高现有住房质量和舒适度。如瑞典政府在 20 世纪 60~70 年代制定的住房政策就明确提出，"使全体人民能够以合理的价格住进宽敞、舒适和设备齐全的高质量的房屋"。第四个时期，20 世纪 70 年代以后，政策目标是提高住房总体水平，实现住房"共同富裕"和住房现代化。如美国提出：确保住房质量有其最低限度；保持房租和价格平稳；鼓励住房自有，保持建筑和商业周期平稳；减少拥挤；减轻种族和经济隔离；培育社区发展。

（2）**住房政策的原则**：以美国为例，住房政策须和其他社会政策相联系、相配套，扩宽政策的关注面并与更宽泛的经济、社会和环境目标整合；住房规划应与市场共同起作用而非逆市场而动；有必要推行区域性解决方案，要求州和地方政府在清除管制障碍上成为负责任的伙伴。

（三）住房发展模式与解决途径

各国住房发展模式受以下因素影响：其一，人地关系紧张的国家容易形成以公平地保障公民居住权利为目的的福利性住房保障模式。其二，供求矛盾紧张时，大规模兴建公共住房，供求矛盾缓解后，逐步利用市场的作用和功能。其三，住房政策与该国宏观经济体制紧密联系。福利国家其住房保障模式倡导公民普遍地享受住房福利。

（1）**市场模式**：**发挥市场的基础作用解决住房问题**。采用这种模式的国家包括美国、加拿大、日本。美国 2%、日本 8%、加拿大 4%。日本由政府直接供给的住房占 13%，政府提供帮助的家庭占 70%；日本的经验比较适合中国，高收入的 30% 由市场解决。日本采用三种法定机构：住宅（金融）公库向中低收入的家庭提供住房融资以及开发融资；住宅（都市整备）公团向中等收入的家庭出售或出租住房，住宅（供应）公社向低收入的家庭出租和出售住房。

（2）**合作模式：发挥准市场的基础作用解决住房问题**。采用这种模式的国家包括奥地利、法国、北部意大利和德国等欧洲国家，住房合作社所提供的住房占住房总量的比例相当高，德国达 30.9%，挪威达 20%。1999 年底，德国 41% 的居民拥有住宅，42% 的居民租住私人住宅，17% 的居民租住社会住宅，政府提供的公共住宅占全部住宅的 3%。可以看出合作模式在德国的地位。

（3）**福利模式：发挥政府的主导作用解决住房问题**。新加坡 80%、中国香港 50%、荷兰 37%、英国 31%、瑞典 23%、法国 37.8% 的家庭租住公益性住房，其中廉租房占住房总量的 17%。公益性住房每年由住房部和财政部联合制定建造计划和贷款规模，经过开会讨论后由各省确定本省规模，并落实到公益房开发机构，再向中央储蓄银行申请优惠长期贷款，同时申请中央和地方政府相当于住房总价 12%~25% 的财政补贴，同时政府规定公租房的面积标准、租金、承租对象、租金补贴等。

（四）中央与地方责任分工

（1）**中央政府主导**。英国、法国、荷兰、奥地利和爱尔兰。其特征是：住房是政府的关注核心，中央领导、带动地方行动。

（2）**中央与地方共担**。美国、加拿大、新西兰和丹麦。在美国，给住房消费者提供补贴的重要政策由中央（联邦）政府制定，其他政策由地方政府决定。

（3）**地方政府主导**。比利时、德国和瑞典。其特征有：中央的作用很有限；政策范围和关注领域狭窄；地方的政策发生变化并造成不平等的后果。

（五）财政对住房消费的补贴

（1）**货币补贴**。直接将货币补贴给保障对象。英国、瑞典、美国实行这一制度。美国的住房补贴一般占财政拨款的 2.5% 左右。主要包括：向低收入居民提供贷款贴息；向低收入居民租赁私人租赁或提供租房补贴；发放住房券。

（2）**实物补贴**。将费用补贴给住房供给者，由供给者向保障对象提供住房实物。当实际房费超出规定标准时，政府对超过部分给予补贴。住房实体补贴对扩大工薪阶层的住房需求起直接的作用，收入越低的家庭补贴就越多。

（3）**两者结合**。法国实行住宅人头补贴和住宅实体补贴相结合的政策。一方面，当低收入居民房租超过其家庭收入的 25% 时，承租人可向国家申请房租补贴；另一方面，政府资助非盈利性建房企业建造公共住宅，可贷款额一般占建房预算的 50%~60%。

20世纪90年代以来，发达国家的住房政策正在变化。从实物补贴即补"砖头"转向货币补贴即补"人头"；从建设公共住房转向利用现有的私人租赁市场；从政府修建、拥有和管理房屋转向发放住房券和房租凭证给符合条件的家庭，购租市场住房。这些变化值得我们重视和借鉴。

（六）房地产税收政策

（1）**房地产税是地方财政收入的主要来源**。如美国的一般财产税（主要是对房地产征收）约占全部地方税收的80%左右。20世纪90年代后，房地产税收作为各国地方政府财政收入主体税源的地位进一步加强。

（2）**体系完善，保有税是主体**。主要包括保有、取得和收益三部分，来自房地产保有税类的税收收入占总税收的比重较高。如英国，来自房地产保有的不动产税、经营性不动产税收收入占总税收的30%左右。

（3）**税制简明，避免重复征税**。中国香港地区的税种少而简明，主要有差饷、物业税、利得税、薪俸税、个人息税、印花税、博彩税、遗产税、酒店房租税、地租，由差饷物业估价署负责评估和征收。对在港投资的所有企业都一视同仁，采用统一的税收政策。

（4）**采用比例税率，实行累进课税**。各国的房地产税收，在税率形式上主要是采用有差别的比例税率，课税多数采用累进税率。2007年韩国的财产税和综合土地税高达房产总值的30%，如果第二套房产被出售，各项税率加起来为房产总值的50%，第三套房产为60%。

（七）住房金融制度

不论是发达国家还是发展中国家，其住房金融既要受到政府的干预，又要有高度灵活的市场调节。政府的作用主要表现为对住房抵押贷款实施担保；对住房抵押贷款的贴息；推行减免税政策；对住房金融市场的有限度参与；制定完善的住房政策、法规和法律。

（1）**资本市场融资与住房抵押贷款制度**。主要集中在北美和北欧地区，以美国、加拿大和丹麦最为典型。资本市场融资是指由政府指定的住房金融机构通过在资本市场上发行住房抵押债券来筹措住房资金。条件是需要有发达的金融市场体系。

（2）**合同储蓄融资与契约性住房储蓄制度**。起源于英国后在德国、奥地利等国得到发展。合同储蓄融资是指借贷双方通过合同契约来筹措住房资金。合同储蓄实际上是"高进低出",即实际存款利率高于贷款利率,这样才可能把资金吸引到住房方面。"高进"和"低出"之间的差额由国家通过减免利息所得税或直接贴息等方式解决,因此必须得到国家的优惠政策支持。

(3)**强制储蓄融资与公积金制度**。实行强制储蓄的国家有新加坡、马来西亚、菲律宾、印度、巴西、墨西哥、智利、加纳、尼日利亚等国。强制储蓄融资是政府凭国家权威和信用,通过国家法令和行政规定等强制手段,要求将雇员工资收入的一定比例定期存入指定机构,专项用于雇员消费支出的一种住房金融类型,特点是资金稳定性强、存款期限长、筹资数额巨大、筹资成本低。

(4)**基本结论**。基于对住房现实问题与未来预测的分析:第一,住房是当前和今后相当长时期内的重要社会问题和经济问题。解决好住房问题,对改善未来民生和促进经济的增长具有重要作用。第二,在当前城镇住房供给存量的总量短缺、结构失衡,未来需求增量需求高速增长、结构发生变化的背景下,未来城镇住房发展措施应着眼于补欠账、转结构、保未来,加快推进针对高收入、中收入和低收入的"安居、康居、乐居"三大工程。第三,针对中国住房制度、政策和战略上存在的问题,借鉴国际经验,未来城镇住房制度改革应着眼于廓清战略思路、修正目标定位、完善住房体系,设计顶层制度、构建长效机制、完善管理体制,建立新的住房基本制度体系框架。

三、住房发展战略与住房基本制度体系的总体设计

(一) 制定住房发展中长期战略规划

鉴于住房发展定位目标与住房制度及住房相关主体行为的关系,解决当前和未来的住房问题,首先需要制定住房的中长期发展规划,修正有关住房发展的定位、目标和路径。

1. 将住房定位为关系国计民生的支柱产业

首先,住房是人类最基本的生活必需品,住房产业是一个关系人民生活利益的民生产业;其次,住房产业也是国民经济的重要部门,具有促进经济发展的功能。借鉴国家有关产业定位的表述(如"战略性新兴产业"的表述),将住宅产

业定位由原来的"国民经济"的支柱产业改为"支撑社会经济发展的民生产业"。作为国计民生的支柱产业，住房既关系国民经济发展，又关系社会民生发展，既是国民经济的支柱，又是社会民生的支柱。

2. 将实现所有在这里工作、学习或生活的人都能"居有定所"作为基本目标

调整国家的发展规划，将单纯追求经济快速增长转变为追求经济社会的全面协调可持续发展。在国家经济社会发展的"经济增长、可持续发展、社会福利状况、社会公平程度"全面提升的原则目标下，一个理想的住房目标应该是"实现住有所居，带动经济增长，促进社会公平"。而基于"十二五"规划已经有了新调整的国家经济社会的中长期发展目标，住房的主要发展目标是，实现所有的在城市里工作和生活的人都能够居有定所，但并不意味着每人拥有自有产权住房。具体又可分两个阶段：

（1）到 2020 年总体人均住房建筑面积达到 35 平方米，实现"一户一房"。高收入家庭实现乐居：提供面积较大、功能多样、节能环保、品质高端的住房；中等收入普通家庭实现康居：拥有面积适中、功能齐全、节能环保、质量较高的住房；低收入家庭（包括低收入家庭、中等以下收入的新就业职工和中等以下收入的外来人口的无房户或住房在基本住房条件以下的住房困难户）实现安居：拥有面积不大、基本功能齐全、节能环保、质量可靠的保障性住房。

（2）到 2030 年总体人均住房建筑面积达到 44 平方米，实现"一人一间"。高收入家庭实现乐居、中等收入普通家庭实现康居、低收入家庭实现安居的标准均应有所提升，同时三大体系的比重也将相应调整。

与住房目标匹配的阶段性提升的居住环境，大致包括集中集约的居住小区、便捷一体的基础设施、均衡完善的公共服务、混合一体的居住空间布局。

3. 遵循四个基本原则

（1）"局部与整体配套协调"。国家和区域的住房发展，要与国家和区域的人口、资源、环境条件相适应，要与国家和区域的社会、经济发展的现状和未来趋势相吻合，要与国家总体经济社会发展规划以及其他专项规划相匹配。与此同时，住房制度的设计同时与国家整体的经济体制相协调，住房制度改革也需要配套制度的改革。

（2）"统一与差别统筹兼顾"。一方面，坚持住房制度框架和基本政策，包括供应体系、开发制度、土地制度、金融制度、交换制度、消费制度、分配制度等基本方面实施全国一致；另一方面，在具体的制度、政策和标准方面，允许大城市、中等城市、小城市和东部、中部、西部等城市，因地制宜地创新探索。

（3）**政府与市场的动态结合**。凡是能够由市场解决的部分尽量交给市场，凡是市场无法解决的由政府无缝补缺，政府在发挥作用时，采取模拟市场的方式进行，当经济社会发展水平和住房相关行为主体条件发生变化时，住房与市场的结合形式也随之而变。

（4）**保障与调节的取予并举**。住房是人的基本权利，因此，对住房在基本住房条件以下的住房困难户，提供基本的保障性住房。中国人口多、土地等资源少的国情决定了中国居民的住房消费是节约型的，要对奢侈消费和投资、投机进行调节和抑制。

4. 构建三大住房供应体系

由于住房价值巨大，并非所有家庭具有完全负担能力，根据以上目标和原则，可以通过三种途径建立由安居、康居和乐居三部分构成的住房供应体系，实现"居有住所"的目标。

（1）**针对中等收入以下家庭推出"政府主导、市场参与"的安居住房体系**。对低收入非流人口、中下收入非流人口、中等以下的流动人口、新就业人口及家庭（工作 7 年以下）等（占全部人口的30%），通过"政府主导，市场参与"的方式提供安居住房。其中，购买占10%，租赁占20%。政府肩负兜底保障的责任，同时考虑个人能力、鼓励社会参与、利用市场力量实现公平有效保障。

（2）**针对中等收入家庭推出"市场配置、政策支持"的康居住房体系**。对中等收入的非流和流动人口工作年限较长（7年以上）等（约占全部人口的40%），通过"政府支持，市场配置"的方式，提供普通商品房即康居房。其中租赁占10%，购买占30%。政府主要通过政策抵押担保、贷款贴息以及对金融机构的优惠等，通过税费减免（包括免征物业税）实现保障。

（3）**针对中等收入以上家庭推出"市场主导、政府调节"的乐居住房体系**。对中上和高收入的非流和流动人口（占全部人口的30%），采取"政府调节，市场配置"的方式，提供质量好、标准高的乐居住房。其中租赁10%，购买20%，通过物业税对奢侈消费进行调节。对于租房超过普通商品房标准，租房者通过市场获得住房，政府通过监管保护租房者权益，但不对租房者进行财税和金融补贴及优惠；对于购房家庭成员工作年限在 7 年以下，购房超过普通商品房标准以上的住房，购房者通过市场获得住房，政府向所持物业收取累进制的物业税。

除此之外，对于居留时间较短（半年以下）暂住人口的居住问题，主要有三个供给渠道：第一，流动人口自己解决，通过独租、合租或投亲靠友解决；第二，由受雇单位提供临时住房或租赁市场商品房；第三，特殊情况提出申请，由政府提供援助。这些居住场所分别包括宾馆饭店、高档或普通商品房、公共住房、小产权房等。

（二）建立新的住房制度体系框架

鉴于住房制度与住房发展目标及住房相关主体行为的关系，解决当前和未来的住房问题，实现所有居民"居有住所"的目标，需要修正和完善现有的住房制度体系，建立有序的制度体系。

1. 建立住房的基本制度体系

（1）实行"自有为主，形式多样"的产权制度。公有产权和法人产权（占全部住房的 15%）住房主要包括公租房、廉租房；共有产权（占全部住房的 15%）：经济适用房，棚户区改造房；自有产权：私有产权（占全部住房的 70%）包括优抚政策优惠取得的普通商品房（40%），私人市场购买和出租高档商品房（30%）。

（2）建立"基金主导，多元开发"的开发制度。打破住房开发的垄断，形成政府（或委托开发公司）、集体组织（或委托开发公司）、开发公司、住房合作社和业主自己开发相互竞争的多元开发格局。公租房与廉租房由政府或委托开发公司开发；经适房由开发公司或住房合作社开发；商品房主要由合作社或开发公司开发。同时建立以基金为主导的房地产开发与投资并重的模式。

（3）实行"租售并举，先租后买"的交换制度。住房交换体系也应由租售两类构成，总体租售比例为 40 : 60。其中，占全体家庭 30% 的中下收入者中，租售比例为 2 : 1；占全体家庭 40% 的中等收入者中，租售普通商品房比例为 1 : 1；占全体家庭 30% 的中上收入者，租购比例为 1 : 2。无论是保障性住房还是商品房都可以实行先租后买的交换方式，当然具体规定应该合理规范。

（4）实行"货币分配为主，实物分配为辅"的分配制度。住房作为耐用消费品的消费支出来源于收入分配，住房都可以理解为收入分配的重要构成部分。住房分配应采取实物分配和货币分配两种形式。但是，货币分配能够更好地发挥市场配置资源的基础性作用，提高效率，降低成本。廉租房、公租房、经适房可采用直接的实物分配或实物和货币分配相结合。普通商品房和高档商品房主要采取货币化分配形式。

（5）实行"一户一房，抑制投机"的消费制度。中国人口多、土地等资源少的国情决定了居民不可能占用更多的资源，居民的住房消费是节约型的；但由于中国处在城市化的加速期，大量的农村家庭向城市迁徙和过渡，城市间的人口也在流动中，因此，部分家庭暂时拥有更多一些住房资源也有必要性。因此，应实行保证"一户一房"，允许"一户两房"，禁止"一户多房"的消费政策。

2. 构建住房健康发展的长效调节机制

引导住房相关行为主体的理性行为，确保房地产的健康发展及"居有住所"目标的实现，除了设计健全合理的市场制度，还要配以科学合理的政府调节机制。

（1）**"累进增减，有保有抑"的税收调节机制**。第一，针对高端住房投资、开发和消费，其交易和保有环节的税收实行累进征收；第二，对于房地产的投资和投机行为，其交易和保有环节的税收也实行累进征收；第三，针对普通商品房和保障房的投资、开发和消费，其交易和保有等环节的税收实行累退减免。一方面体现多占用稀缺资源多付出的社会公平；另一方面，具有鼓励节约抑制浪费的作用，同时也实现了收益的转移支付和收入的二次分配。

（2）**"溢价补贴，随市浮动"的土地调节机制**。第一，商品房的用地实行有偿使用，而保障房的用地实行无偿或有偿优惠使用；第二，将商品房用地出让金部分用于保障房投资或消费补贴；第三，建立地价上涨的牵制机制。如果商品房价格上涨过度，用土地上涨价来补贴因房价上涨超过购买力的差额，补贴额度随房价浮动。

（3）**"梯度保障，政府兜底"的财政调节机制**。政府通过财政等手段，对每一个自身无力完全通过市场解决住房问题的家庭提供保障，以确保每个家庭实现"居有住所"的目标。对不同收入的家庭状况，政府提供不同程度的保障，政府提供保障的份额是住房"价格"与支付能力的差，对于完全没有支付能力的家庭，政府给予完全保障。

（4）**"长借短还，动态平衡"的金融调节机制**。住房的投资、消费主体（包括政府、企业或家庭等）短时期内，一方面利用自有资金，另一方面通过信贷、债券等方式从外部借入资金，进行住房开发、建设、投资、消费，然后在长期内通过投资主体或住房产权人随后长期的资金投入，分期分批偿还借款本息而实现财务动态平衡的融资机制。

3. 完善多层次的住房管理体制

住房既涉及市场又涉及保障，既包括住房本身又包括金融、土地、财税等，既需要政府的宏观调控、市场监管，也需要住房保障，因此，应建立综合性、多层次的房地产宏观调控、市场监管和住房保障的管理体制，准确定位住房参与主体的角色并规范其行为。

（1）**建立多层次的住房综合管理协调机构**。中央成立由国务院领导挂帅、发展和改革委员会、财政部、税务总局、国土资源部、住房和城乡建设部、银行业监督管理委员会、央行、国有资产监督管理委员会等相关部门领导参加的住房政策委员会及其办公室，地方省、市（县）各级政府同时建立对应的住房政策委员会及办公室。

（2）**完善各级政府的职能部门对住房发展的事权分工及责任制度。**各级住房政策委员会作为决策机构，定期研究商讨和决定房地产调控和住房保障及改革问题等相关事宜，负责对相关部门及其保障房管理部门的领导和监督。办公室作为日常办事机构，负责跟踪情势、信息汇总、决策协调和联合行动；负责住房计划与决策落实以及职能部门的协调，负责具体领导和监督住房保障管理部门；参与住房政策委员会的相关部门履行部门职能。

（3）**完善中央与地方对住房发展的事权分工负责制度。**第一，中央政府负责全国住房法律与政策的制定、规划的编制、全国房地产市场调控、督查地方的调控、监管住房保障责任的履行，承担保障性部分住房的公共服务责任（包括对落后地区提供转移支付）。第二，省级政府负责法规和政策的总体落实、全省的住房保障规划编制、辖区房地产市场调控、低收入家庭住房保障的资金支持，承担全省保障性住房的公共服务责任。第三，市县政府负责执行全国的住房法律、制度、政策和规划，接受上级政府的督促和监督，制定本地的住房政策，编制辖区的住房保障规划，监督当地住房市场，承担当地保障性住房的公共服务的提供。

（4）**完善中央与地方对住房发展的财权分工负责制度。**第一，对于低收入家庭的保障性住房由中央和地方共同承担。总体各承担50%，具体情况可根据各地财力状况，在30∶70与70∶30之间进行调整。中央及省市县财政要分别从一般预算中列出住房支出。第二，在具体承担的项目上，中央政府负责保障房投资、融资、建设、租售、物业管理等税收优惠，负责政策性住房银行和金融机构的资金和资产注入，负责公租房、廉住房的补贴；地方政府负责投资、建设、出售、出租、物业管理的收费减免，负责保障对象支付能力的差额补贴，负责公共租赁房的建购投资和租赁补贴，负责基础设施配套和公共服务的提供；共同负责部分有保障房土地由国有土地资产管理委员会统筹解决，政府从土地出让金和将来的物业税中提出一定比例资金建立住房保障基金；对于保障性住房政府进行土地及其他收益和非收益性资产投入。

（5）**建立住房"经济调控、社会保障、市场监管"的目标责任制。**第一，根据经济社会及住房发展的长期定位目标，制定并细化住房阶段性发展的目标，确定各级政府及相关职能部门的"经济调控、社会保障、市场监管"等相关任务。

第二，建立综合的考核指标，制定科学的考核标准，作为考核的依据。第三，完善监督考核制度，根据目标任务，考核标准，按照制度对相关部门进行督察和考核。第四，完善问责制度，根据问责制结合有关规定，对考核合格的给予表彰奖励、提拔重用，对工作失误、失职造成损失的干部要严格实行问责制，依法依纪严肃处理。

总之，在合理、配套、完善的住房制度规则系统约束下，住房相关行为主体根据自身的目标集合和所面临的特定局势，选择最有利于自己的但又是合理而理性的最佳行为，同时相关行为主体的最佳境况集合符合其目标集合，才能确保产生均衡合理的目标绩效，即全体居民"居有住所"的实现。

四、构建住房三大核心制度体系

实现所有居民"住有所居"的目标，需要根据乐居、康居和安居三大住房供应体系，修正、完善和构建对应的住房核心制度。

(一) 建立"政府调节，市场配置"的乐居住房市场制度

1. 建立"政府调节，市场配置"的住房体系

第一，供应对象包括两类家庭，即收入中上及高收入家庭和工作年限较短（7年以内）购房的家庭（包括流动和非流动）。第二，住房标准主要是高档商品房，面积限定在1人45平方米以上或三口之家140平方米以上。第三，住房构成是以售为主、租售并举。第四，住房产权归投资者自有。

2. 建立"现房销售，临时限价"销售制度

第一，建立现房销售制度。取消预售制，实行工程验收合格、各项权属关系办结后的现房销售制度。第二，建立临时限价机制。制定房价及涨幅与经济社会发展、居民收入的关系标准，根据房价和涨幅超标状况，启动不同的限价措施。第三，允许部分小产权房转让。允许符合城乡发展规划，在完成土地集体所有制向国有制的转变，补交土地出让金后，农民自住房和小产权房自由出售。

3. 建立"承租者保护，承租者市民待遇"制度

第一，制定承租者保护制度。实行长期合同制度，规范住房租赁的操作规

定，实行租金价格年长制度。第二，实行承租者市民待遇。签订长期承租合同，有固定职业，有缴税证明的承租者，享受社保、教育、医疗、就业的公共待遇。第三，允许小产权房出租。小产权房在土地没有转为国有之前不得转让，可以合法出租，郊区农民空置的自住房也可以合法出租。

4. 构建"累进征税，遏制投机"约束机制

结合"一户一房"的消费政策，构建约束机制。第一，各地根据自身的等级和经济发展水平等，以家庭人口及构成为单位，制定支持、允许、限制消费住房面积和套数标准。第二，建立差别化、累进制的房地产税收制度，对占用更多资源的消费、投资、投机进行经济约束。

5. 培育"行业自律，政府合意"监管机制

第一，构建全国一体的房地产信息系统。第二，建立行业自净机制。建立民间信用信息系统，改革质量监理市场制度，完善行业协会自律制度。第三，建立一体化的审批制度。健全信息披露制度，完善房地产行业规则，建立严格的违法及违规惩处制度，完善监管体制。

(二) 建立"政府支持，市场配置"的康居住房保障体系

1. 建立"轻度保障，申报审核"的保障体系

第一，保障对象主要是两类家庭。工作一定时间（7年后）的家庭和中等收入的家庭（包括流动和非流动）。第二，保障水平是轻度保障。主要提供购租普通商品房的税费优惠，贷款贴息和担保，房价超出承受标准的补贴。第三，保障方法采取申报与审核相结合的办法，对保障对象保障程度进行调整。

2. 建立"租售并举，开放运行"的供应体系

第一，住房构成是租售并举。第二，住房标准是普通商品房。将租售保障房的基准统一。康居的标准为1人30平方米左右，三口之家限定在90平方米左右；总建筑面积不高于140平方米。第三，住房产权归投资者所有。第四，普通商品房可以在市场自由出售、出租、赠与、继承。但出售和出租后，经审核不符合保障对象的，不得再享受住房保障的政策优惠。

3. 建立"货币补贴，市场分配"的分配制度

将住房分配量化到工资中，实行货币化分配，同时根据住房价格变化动态调整货币化的额度，中等收入居民、普通居民通过市场购买、自建或租赁普通商品房。

4. 建立"政策优惠，人头补贴"的保障制度

康居住房保障体系最重要的保障是政府对按标准购买普通商品房的保障对象，进行金融支持、财政补贴和税费减免。第一，融资支持。公积金贷款、全国住房抵押银行及城市住房储蓄银行对中等收入保障对象购买和自建普通商品房进行低息和无息优惠贷款，政府给予贴息支持。政府建立政策性抵押担保公司对中等收入家庭购房进行担保和保险。政府投资建立政策性金融机构，同时对政策性金融机构进行税费减免。第二，开发支持。允许城乡居民在城乡规划许可的范围内，按照简洁、规范的程序，申请自建房和合作建房，并给予税费减免。第三，租售支持。中等收入、工作时间较长者购买和租赁普通标准商品房，政府给予营业税、契税、土地增值税、个人所得税政策优惠。

5. 建立"溢价补贴，随市浮动"的保障机制

制定中等收入家庭最大承受房价的上限标准（通过家庭年收入折算，比如 8 倍），当普通商品房价格上涨超过最高线，地方政府对房价高出标准家庭承受能力部分，提供固定比例的保障补贴，补贴资金由土地出让金等财政收入支出。

（三）建立"政府主导，市场参与"的安居住房保障体系

1. 建立"梯度保障，动态调整"的保障体系

（1）根据三个标准，细分三类保障家庭。根据家庭负担（人均收入）、家庭资产（包括住房）、工作年限（包括外地人口）三个主要标准，限定中等以下收入、住房困难的家庭为保障对象。第一，工作稳定、工作年限较长、收入中等、有一定资产的家庭。第二，工作稳定、工作年限较短、收入中等，没有资产的工薪阶层、个体户、外来移民家庭。第三，失业、无固定职业或工作不稳定，老弱病残孤，收入较低或无收入的家庭。

（2）针对三类保障家庭，实行中度和完全两级梯度保障。对本地户籍低收入住房困难家庭，根据廉居标准，实施完全保障；对工作稳定、收入中等，但没有资产的家庭，主要是工薪阶层、工作年限较短者以及部分个体户和新移民，根据安居住房标准，提供中度保障；对工作稳定、收入中等、有一定资产的家庭，主要是工薪阶层和工作年限较长者，根据康居住房标准，提供轻度保障。

（3）针对三类家庭，实行租售有别的保障。对于低收入住房困难家庭或家庭人口工作 6 年之内的家庭提供租房保障支持；对于中等及以下收入，家庭人口工作 6 年以上者可提供购房保障，支持购买不完全产权和完全产权的政策房。

（4）针对保障对象的收入资产状况，定期审核，动态调整其保障标准。对保

障对象进行定期的人口、收入、资产和住房状况及其变化审核，根据新的状况，对照住房保障标准，对其住房保障进行调整。另外，根据经济社会发展变化的情况，定期对国家和城市的住房保障比例、标准和保障形式进行调整。以适应经济社会发展和人民生活的需要。

2. 建立"以租为主，封闭运行"的供应体系

(1) **在供应结构上，租售并举，以租为主。** 将住房保障体系分成租房和售房保障体系。未来，租房体系应该成为主体，达到整体的 60% 以上。

(2) **在保障标准上，租售统一，三个基准。** 将租售保障房的基准统一，制定三类基准保障房。其中廉租房标准为 1 人 15 平方米左右，三口之家限定在 50 平方米左右，不超过 60 平方米；安居的标准为 1 人 25 平方米左右，三口之家平均为 70 平方米，不超过 90 平方米。

(3) **在租赁体系上，公廉并轨，建购储定。** "公廉并轨"，即将公租房与廉租房合为一体，统称为公租房。"建购储定"是指公租房供应体系主要由四类构成：建设新的公租房，收购旧房作为公租房，政府向社会收储商品房作为公租房，认定保障家庭租赁商品房为公租房。

(4) **在出售体系上，政策不同，产权有别。** 销售保障房包括政府支持建设的拆迁安置、棚户区改造、限价房、政府投资建设或购买的经济适用房、先租后买的保障房，要根据政府土地优惠、基础设施配套和税费减免情况，明确界定政府的股权比例，界定未来收益分配。

(5) **在住房使用上，封闭运行，过滤使用。** 随着保障对象的条件发生变化，保障对象在获得其他级别的保障或退出保障体系时，必须将租赁或者购买的保障房尤其是政府所有和共有的保障房，退给政府住房保障部门或转给符合保障标准的家庭，不得将其作为商品房自由交易和转让。

3. 建立参与主体分工配合的管理体制

(1) **行政机构：** 总体决策，分工负责。各级住房委员会，负责住房保障、住房规划、重大决策，对涉及住房保障的行政部门、参与住房保障的相关机构进行领导和监督。住建部门负责住房计划与决策落实以及职能部门的协调。职能部门分工合作负责履行住房委员会有关保障性住房的规划和决策规定的相关责任。

(2) **产权主体：** 行使责任，管理产权。国有资产管理委员会或国有资产管理公司、集体组织、企业法人、自然人（保障对象）分别或共同对其投资所形成的资产，履行投资人的出资责任，对其资产进行监管，实现保值增值，获取增值收益。

(3) **事业机构：** 执行决策，统一管理。市县建立一个非营利的、管理国有保障

性住房的事业单位，负责保障房的分配和管理；土地储备中心负责提供无偿和优惠的保障性住房土地供应；住房公积金管理中心负责对保障对象提供政策性金融支持；建立全国性的政策银行和中小城市储蓄银行，负责保障房的融资；建立政策性住房抵押担保公司，负责向政策性住房开发公司和中低收入者提供信用担保。

（4）企业单位：社会参与，公司运作。保障房的开发、建设、中介服务和物业管理不是由投资主体（包括政府）直接承担，而是通过委托代理形式由房地产开发公司、经纪公司、物业公司、金融机构（包括政府专门成立的国有企业）提供专业化、社会化和公司化的服务。

4. 建立"良性循环，持续运行"的运行机制

（1）建立"权责对称"的投资体制。第一，建立政府稳定投资安居保障住房的制度。中央和地方政府通过资金、资产和税费减免作价投资廉租房和公租房；通过土地优惠和税费减免作价入股共有产权房（限价房、经济适用房、棚户区改造房等）。第二，设计社会资金投资保障房盈利机制。实行社会资金投资保障房的税费减免、土地优惠、特许经营权让渡、投资盈利补贴，确保投资者等投资保障性住房及租赁经营能够获得稳定的收益。第三，完善保障对象自建和购买共有产权房保障房的制度。通过土地出让金的减免、各种税费优惠、政策性抵押贷款和担保保险，提升保障对象的购买能力，同时确保其作为投资者享受保障房的增益收益。

（2）建立"短借长还"融资体制。对于投资出售的保障房，保障对象通过交付首付和向银行获取抵押贷款，购买（投资）并拥有住房，然后分期付款偿还债务，实现资金平衡。对于投资出租的保障房，是政府直接或者支持企业通过抵押贷款和债券融资向政策性和商业性金融机构融资，开发、拥有并出租公租房给保障对象，利用未来年度的财政投入、资产收益和公租房租金收益，偿还商业贷款，实现外部资金的平衡。

（3）建立"委托服务"的开发及物业管理服务体系。政府或者企业，通过成立专门的房地产开发公司自建公租房；通过协议、招投、特许经营等办法，委托专业房地产开发公司建设公租房；通过市场收购商品房作为公租房；通过协议、招标或者发放许可证，委托中介经纪、评估、规划、设计等公司，从事规划、设计、评估、租售保障性住房。在政府支持下，保障对象成立业主委员会，通过协议、招标或发放许可证，委托国有和民营房地产物业公司从事物业管理。

5. 建立"钱物分离，随市浮动"的分配机制

（1）实行"实物分配与货币分配并举，货币分配与住房租售分离"的保障方式。政府同时分别提供保障房房源（实物保障）和保障补贴（货币保障），让保障

对象根据货币化的标准，或直接利用保障补贴和已划转的保障优惠，租购保障房。

（2）建立"**租补分离，差别补贴**"的租赁保障制度。住房保障机构，一方面，直接提供公租房或收储、认定商品房为公租房；另一方面，向保障对象提供租房补贴，保障对象向住房保障部门申请或备案获得"公租房"，然后缴纳房租。公租房的总房租包括保障对象自己缴纳的房租与政府补贴的房租，与同一地段商品房租金相同。

（3）建立"**显化补贴，明晰产权**"的购买保障制度。对于购买完全产权和有限产权住房的保障对象，政府以土地划拨、税费优惠等方式，提供康居标准住房的市场价格和居民购买力差额的保障补贴，并将补贴显化在住房价格里。将更多的政府优惠和投资作为政府的股权。

（4）建立"**政府兜底，随市浮动**"的保障机制。政府根据基本居住标准、家庭住房承受能力（通过家庭年收入折算，比如8倍），提供市场标准价格与承受能力的差额，提供租售补贴；定期（如2年）根据租售市场价格及其保障对象支付能力变化所导致的差额变动，调整保障的额度。

（5）实施"**统筹配租，公平公开**"的分配办法。在建构住房相关数据信息平台并实现共享的基础上，统筹保障对象需求及住房供给存量及未来计划。借助先进的技术手段进行科学配租和配售；实行保障房源、分配过程、分配结果"三公开"的制度；建立和执行标准的保障房配售、配租的申请、审核、公示等程序；建立严密的保障房分配（租赁和购买）的准入、轮候、退出制度，对其具体内容、基本标准、行为规则等违约行为进行处理。

6. 建立"四方监督，依规问责"的监督机制

（1）**四方监督，相互制衡**。完善上级、同级、内部和社会四方监督的监管领导体制，形成相互制衡的多层次、立体化监管网络。

（2）**分解任务，细化规则**。将总体任务具体落实到各单位、各部门以及具体的执行者身上，确定任务内容、完成时间，以确保任务按时、保质、保量完成，同时也为监督和奖惩提供依据。将执行任务的行为制度和规则进行细化。将有关的法律法规进行细化，以便规范行为者的行为，同时也为监督和奖惩提供依据。

（3）**量化标准，细化办法**。对相关责任主体完成任务程度的奖惩和相关行为主体遵守和违反相关工作规则的奖惩规定具体的办法。对相关责任主体完成任务的程度和相关行为主体遵守和违反相关工作规则的程度规定定量的奖惩标准。

（4）**依法监督，公开监督**。建立四方监督的具体制度规则和目标责任，对责任主体实行四方依法监督，并将监督的结果公开。

（5）**依规问责，依法追究**。指党政主管部门和司法部门根据监督结果等，结合有关责任部门的责任人对目标任务、规章制度、法律法规的完成和遵守情况和奖惩规定，对责任单位和责任人进行问责和处理。

五、构建中国住房的六项支撑制度体系

1. 改革产权制度，确认农地的使用权

将农村一定额度的集体所有的农业用地的使用权确认给农户，无偿使用，有偿转让；将农村一定额度的集体建设用地的使用权分别确认给农户和集体组织，无偿使用，有偿转让，建设用地转让要交土地出让金。将农村一定额度的宅基地的使用权确认给农户，这对一定额度的宅基地和农民住房的使用权变成了事实上的长期权利。超过一定额度实行有偿使用。

2. 完善用途管制制度，依法管理，从严用典

第一，要制定和执行世界上最严格的土地用途管制制度，实行土地利用分区，强化国家的宏观调控职能。提高土地利用规划编制的科学性和实用性；加强土地利用总体规划的整体控制作用；修改《中华人民共和国刑法》等有关刑法法律法规，强化土地执法监督，严肃法律责任，对违法进行土地规划的行为给予刑法制裁；在城镇，集体建设用地的商业、工业和住房开发，必须符合城市规划和土地利用规划。第二，严格规定住房用地的总体比例和保障房用地的具体比例，制定具体的用地年度计划，确保住房用地特别是保障房用地应保尽保。

3. 重构土地产权收益制度，合理分配土地收益

（1）实行租税费并存的收益分配制度。明晰租、税、费关系，明确各产权主体的产权边界，以科学合理的租、税、费标准和水平协调土地利用中各产权主体的关系；实行均等统一的土地租税费制度。对所有企业和单位及个人，不再区分内外资企业，一律实行统一的土地租税政策制度。建立土地出让金的两种收取制度。国有土地的第一次出让使用期满再出让，开始实行分期收取制，即年租制；建立中央及地方土地财政专户和土地收益基金。建立土地收益储备基金制度，城市国有土地经营公司经营获取的土地出让收益，在扣除经营成本后全额上缴财政，缴入专门设立的土地财政基金，促进形成土地出让收入均衡增长的机制。土

地基金依照法律规定，用于住房保障等方面的公共支出。

（2）建立国有土地收益的分成制度。第一，城市土地收益分配实行"三方分成，取用本一"。土地收益由中央地方按比例分成，中央政府分享级差地租1，地方政府分享级差地租2，集体分享级差地租1；土地使用者分享级差地租2。政府建立中央及地方土地财政专户和土地收益基金。城市国有土地经营公司经营获取的土地转让资金和土地增值收益，在扣除经营成本后，按比例分别交入中央与地方的土地财政账户和土地财政基金。指定用于全国与地方保障性住房建设和互助性住房建设补贴。第二，农村土地收益分配实行"三方分成，农户优先"。集体农业用地出租的收益权完全归农户所有；集体建设用地出租的收益由集体和农户按比例分享；宅基地收益则主要归农户所有。宅基地和宅基地上建成的农民住房，理应是农民的重要财产，应当鼓励支持各地探索宅基地和农民住宅流转和抵押的办法，保护和实现农民对宅基地和农民住宅的应有权益。

4. 创新土地交易制度，实现土地使用权交易的充分竞争

（1）完善城镇用地交易制度。保障房等公益性用地实行行政划拨制度，但其优惠和保障的程度显化保障房用地的"市场价格"；完善商品房用地市场的竞争机制。各类用地一律实行招、拍、挂，同时完善招、拍、挂制度。完善商品住房用地预申请制度、土地交易平台、土地出让合同，积极探索招、拍、挂出让方式创新，保持地价平稳合理调整。

（2）改革农村用地交易制度。建立集体农地的承包权交易市场，实现集体农业用地的承包权的自由转让；建立集体建设用地先转变为国有土地再实现自由流转的制度。对手续齐备、建造合法的农村宅基地及其地上房屋，颁发《集体土地使用证》、《房屋产权证》等证书后，允许农村宅基地及地上房屋与城市商品房、房改房一样，合法上市转让。但是农村集体建设用地和宅基地凡是用于出售或转让首先必须将集体土地转为国有土地，集体建设用地上建设的符合城乡规划的住房出售，首先必须将集体土地转为国有土地，补交该由国家收取的土地出让金收益。集体组织利用建设用地实施商品房开发，首先必须实现集体土地转变为国有土地，补交国家收取的土地出让金收入；农民自住房建设的宅基地流转，首先必须实现集体土地转变为国有土地，补交国家收取的土地出让金收入。

（3）改革集体土地征用制度。取消经营性用地的征用制度。凡是符合城乡土地利用规划的集体建设用地（包括宅基地），在所有权由集体转为国有，补交给国家土地使用出让金收益后，可依法进行使用权交易；改革公益性用地的征用制度。公益性用地的集体向国家所有权的转让由行政划拨，但其使用权参照经营性用地

的市场价格有偿转让，并以国有资产的形式，成为使用单位的重要股权，并接受国土资源委员会的监管。严格界定公益性用地的内涵，减少划拨土地的比例。

（4）建立城乡住房用地平衡机制。建立"城乡转移平衡"机制。实行"总量控制，人地绑定，城增乡减，市场交换"的城乡建设用地和住房用地平衡机制。实行随着城市化和人均收入的提升，全国非农用地不变和减少的制度。人口将居住和非农建设用地指标带向新居住地，迁徙人口退出宅基地扩大农业用地，迁徙目的地城市获取一定比例的用地指标作为补偿。一方面向迁徙者提供住房等社会保障；另一方面向迁出地支付一定的土地指标价款，当地政府获取用地指标价款，用于土地平整和农业投资及农业发展基金。建立城乡建设用地指标流通市场，形成农民节约用地、集约居住的利益机制。允许农村居民买土地占用指标，鼓励居民公寓式居住。

5. 完善管理体制：实现三管分离，相互制衡

借鉴国有企业改革的经验，应重新定位政府角色，实行土地所有权管理、土地行政管理、土地经营三者分离的制度。成立独立的国有土地资产管理委员会，作为产权代表负责产权管理；成立多家土地经营公司，负责土地经营；国土资源部负责资源保护和市场监管，实行土地资源的全国垂直监管制度。

（1）完善行政管理体制。实行国家土地资源及土地市场的全国垂直监管，各级国土资源部门负责制度、政策和规划的制定及国土资源保护和市场监管。国土资源部代表国务院负责全国的国土资源规划、农地保护、重大环境土地治理、跨区协调以及全国土地市场的监察等职能。在建立跨区域的土地监察局的基础上，进一步延伸垂直的监管体系，扩大和完善监管职能。省市县政府相关职能部门负责执行辖区的规划。根据辖区社会经济发展需求和供给条件，结合全国规划要求，编制并申报土地资源规划编，执行上级部门批准的规划及其有关方案，负责辖区的土地利用审批工作。

（2）建立土地资产管理制度。成立各级国有土地资产管理委员会，负责辖区公益建设项目土地和辖区企业经营性土地的资产管理。国有土地资产管理委员会作为产权代表，负责国有土地的保值增值。国家国土资源委员会行使全国国有土地的产权代表责任，负责国家公益建设项目土地和国有企业经营性土地的直接管理。地方国土会代表国家国土资源委员会，具体行使辖区公益性和经营性国有土地的产权代表责任，负责维护资产完整和保值增值，接受上级的领导与监督。

6. 建立三大居住用地的区别联动供应制度

（1）完善安居住房用地资源资产化的保障制度。将土地作为公益性资产，通

过行政划拨用于公租房、廉租房用地，但参照市场价格，作价入股，投资开发公共和共有产权的租赁房；将土地作为经营性资产，作价入股，投资开发公共和共有产权的租赁房，其收益用于公租房的还本付息；对安居住房建设进行税费、租金减免，但应作价作为保障房的股权投资。

（2）建立康居住房用地出让收益的反哺机制。康居和乐居住房用地租费税等土地收益，进入财政专户和土地基金后，用于政策住房抵押贷款银行、担保保险机构的投资；用于中等收入家庭的抵押贷款利息补贴和违约担保。

（3）建立"三居"用地的取予联动机制。康居和乐居住房用地等土地收益，作为保障房开发的投资和补贴的基本来源；建立地价上涨的牵制机制。用土地上涨价来补贴因房价上涨超过购买力的差额。当乐居和康居住房用地土地价上涨导致安居、康居住房价格超出安居和康居保障对象承受能力时，其价差的一定比例由经营性用地上涨的出让金补贴。建立商品房开发配建保障房制度，通过开发商直接实现住房用地土地收益再分配。

六、构建中国住房的五项配套支撑体系

实现所有居民"住有所居"的目标，需要修正、构建和完善乐居、康居和安居三大住房供应体系的配套支撑制度和制度环境。

（一）构建"商业性与政策性相融合"的住房金融体系

1. 建立配套三类住房的金融市场体系

第一，健全乐居与康居住房的金融体系。完善商品房开发融资体系，包括信贷、股票、债券、信托、基金以及股权融资等，建立投资基金开发制度。完善商品房消费融资体系，加快发展住房抵押贷款的二级市场。第二，健全安居住房的金融体系。通过制定优惠政策、制定政府长期投资的财务计划以及设计针对商业金融机构的盈利模式，构建"短借长还"的融资机制。

2. 建立配套三类住房的金融机构体系

第一，完善公积金机构与制度。根据不同收入水平建立逆向差别化的公积金存贷制度；成立专门的公积金经营管理公司，具体负责公积金经营业务。第二，建立住房政策银行。在大中城市，国家建立住房政策银行及其分支机构，对保障房的开发和消费进行直接（信贷）和间接融资（债券）支持。第三，建立住房储蓄银行。在中小城市允许进行住房合作社探索，对安居住房和康居住房的开发和消费进行直接（信贷）和间接融资（债券）支持。第四，建立政策性抵押担保和保险机构。为商业性和政策性住房金融机构进行开发和消费的贷款和购买债券提供担保和保险；为商业性和政策性金融机构将保障性住房抵押贷款证券化出售，提供担保和保险。第五，健全商业性住房融资机构。发展商业性住房信托公司，住房（包括安居房）开发和消费的信托业务。建立商业性住房抵押贷款证券化机构，开展商品房抵押贷款证券化业务。

3. 建立配套三类住房的金融政策体系

建立商业性和政策性金融机构从事保障房融资实行税收减免制度。实施住房保障家庭购、建、租保障标准以内的住房融资优惠政策；对高收入家庭购、建、租普通商品房（康居标准）以上的住房融资，分别制定差别累进的财产和利息税收政策进行调节。

4. 完善住房金融的监管制度

应吸取美国次贷危机的教训，制定和完善专门的监管商业性住房和政策性住房金融机构的具体法律法规，建立审慎而严格的金融监管制度，加强对商业性和政策性银行、金融机构以及相关市场主体的道德风险监管，高度重视并采取有效措施解决住房抵押贷款衍生交易带来的信用风险扩散。与此同时，完善住房金融的宏观制度环境。培育微观金融主体，完善金融市场体系，推进利率市场化改革。健全政策性金融体系，构建地方政府的市政债券融资平台，健全私人参与公共服务投融资的制度。

（二）建立"削峰填谷，累进增减"的税收制度体系

1. 实行房地产的税收全覆盖和税收统一

第一，实行税收全覆盖制度。凡是我国境内的房地产，全部纳入征税范围，同时根据性质和用途的不同给予不同程度的减免。第二，实行统一税收制度。实行内外企业纳税税种、税率的统一。取消内资企业增收房产税、土地使用税，外资企业征收城市房地产税的差异，取消"三资"企业不征城建税、教育费附加、耕地占用税的政策优惠。

2. 改革房地产的税制体系和征管机制

第一，改革流转环节税制。在适当时机将现行契税和房地产印花税合并，

取消投资方向调节税。第二，改革持有环节税制。对中上收入阶层持有超过普通商品房标准（人均 50 平方米，户均 140 平方米以上的住房）部分的物业开征房产税，根据用途、价值、面积、套型、使用年限等确定征收额度和税率。第三，改革征管制度。加快税收征管机制转型，建立直接面向人数众多、房产众多的个人房产税纳税人的征管机制。修改《税收征管法》，将纳税人的关注范畴延伸至自然人纳税人，并与企业或单位纳税人同等重视。完善房地产税法，为确保房地产持有人向税务机关纳税提供法律保障，对不履行纳税义务者给予法律制裁。

3. 建立乐居住房消费和投资的税收调节与抑制制度

第一，实行市场计价制度。逐步实行财产登记制度，完善房地产价格评估制度。以经过评估的土地使用权和房产的市场价值，作为房产税的计税依据。第二，实行差别税率制度。不同房产在经济活动中的收益不同，所能承受税负的能力也不同，因此要根据不同房地产的类型设置不同税率。第三，实行累进税收制度。根据持有人住房价值状况，征收差异化和累进制的交易税、契税、土地使用税和个人所得税。对高档商品房根据面积、价值征收高额累进税、房产税。

4. 对安居和康居住房投资、开发或消费实行税费减免

对安居住房的投资、融资、开发和消费进行税收减免；对康居住房的融资和消费进行程度不同的税收减免；实行累退税收制度。根据保障房的性质以及购租对象的收入状况，对保障房开发和消费实行差异化和累退制的交易税、契税、土地使用税、房产税和个人所得税制度。

（三）建立中央与地方"分工合理，权责对称"的财税体制

1. 增加中央政府公共服务的分担份额

逐步形成合理的事权明晰划分方案。第一，实行基础教育等公共服务的"标准统一"，"国家统筹"和"钱随人走"的制度。第二，扩大医疗、养老、住房等国家与地方共担的制度，根据各地财力状况，确定不同的中央与地方的分担比例。第三，建立基本民生事项由中央财政托底制度，根据各地财力缺口确定中央兜底资金的规模和比例。逐步建立全国城乡基本公共服务均等化；与此同时，进一步完善全国性基础设施由中央提供，地方性基础设施由辖区提供的制度。

2. 扩大地方政府税费收入的分成比重

理顺中央与地方财权配置和收入划分。第一，改革资源税、开征房产税，将有关的费收改革成税收，主要由地方分享，充实地方税体系。第二，赋予地方政

府层面对某些税种的选择权和某些地方税的税目、税率等的调整权。第三，调整所得税和增值税的中央与地方的分享比例。第四，增加一般性特别是均衡性转移支付的规模和比例，调减和规范专项转移支付。第五，建立健全地方政府债务管理体系，探索建立地方政府发行债券制度。

（四）完善"初次讲效率，再次显公平"的分配制度

1. 建立合理的收入初次分配制度

第一，完善工资制度。建立工资决定与增长的市场机制；健全工资支付保障机制；制定和推行最低小时工资标准，建立最低工资标准稳步增长的机制。完善公务员和事业单位员工工资制度。第二，完善生产要素参与分配的制度。创造条件增加城乡居民财产性收入，保障技术成果在收入分配中的应得份额，建立健全根据经营管理绩效、风险和责任确定薪酬的制度，完善公共资源与国有资产的全民共享制度。第三，建立收入分配行为的监管机制。实施分配行为全社会全过程地监督，规范灰色收入，取缔非法收入；制定规范的国有企业职工的工资、奖金、股份等制度，建立并完善防止工资拖欠的法规和机制。

2. 完善收入再分配的调节制度体系

第一，完善税收调节制度。建立法人所得税超额累进税率制度。建立综合与分类相结合的个人所得税制，合理调整个人所得税税基和税率结构，提高工资薪金所得费用扣除标准。建立健全财产税制度。建立消费型增值税制度，扩大高档商品和服务的消费征税范围并提高适用税率，取消密切关系普通居民生活的某些已课征消费税。实行中小企业和个体工商户的税收减免制度。建立低收入群体消费的税收优惠制度。第二，完善低收入群体的财政补贴制度。适当提高企业离退休人员基本养老金标准，提高优抚对象抚恤补助标准，扩大城市低收入居民的范围，提高城市居民最低生活保障补助标准。第三，健全社会保障制度。调整财政支出结构，提高公共服务支出比重，加大社会保障投入。第四，完善转移支付分配制度。明确财政转移支付规模逐年增长，建立公众共享发展成果的法律机制。完善保护低收入群体基本消费利益的价格调节制度与政策。探索实名制存款限额差别的利率政策。

（五）建立"就业为基础，权责相对称"的户籍制度

1. 实行有限登记的户籍制度

实施全国统一的户籍登记条件制度，具体包括在当地有稳定的职业工作，提

供纳税证明；投资一定额度，提供纳税证明；有合法固定的住所和生活来源，提供养老保险证明；家庭中有成员已经登记落户。根据以上条件，按照法定权利与法定义务对等的原则，具体城市再结合自身实际，制定各地差异化的户籍登记条件标准。辖区居民享受完全的法定权利，同时应尽完全的法定义务。

2. 实行有限权益的绿卡制度

对于没有达到户籍登记要求的人口和暂时居留辖区的公民，实施分享有限权益和尽责有限义务的制度。优先权利包括临时性救助应无条件给予；原户籍人口同等的选举权、就业权、免费的义务教育和公共卫生服务，同等参加基本医疗保险、基本养老保险和失业保险的制度；有限的社会救助和住房保障权。

七、全面深化改革建立住房基本制度的
"时间表"与"路线图"

全面深化改革，建立住房基本制度，达到"阻力小、成本低、进展快、效率高"的效果，需要审时度势，坚持"统筹布局，分期实施，长短结合，标本兼治，重点突破，整体推进"的方针，制定合适的"时间表"并选择正确的"路线图"。

（一）全面深化改革建立住房基本制度的"时间表"

深化住房制度综合配套改革是一项长期而艰巨的任务，但不能无期限地拖下去，需要制定时间表，实施改革倒计时制。总体上可分两个阶段，用十年的时间完成。

1. 第一阶段（2010~2015年）：建立基本的住房制度综合配套体系

（1）**住房总体制度体系基本形成**：重点建立和完善新的住房产权、分配和消费制度，积极探索和试点新的住房开发、交换制度；重点建立和完善财政、税收等长效调节机制，积极探索和试点金融、土地调节机制，建立和完善多层次住房管理体制。

（2）**住房核心制度体系基本确立**：完成"十二五"规划改革任务，重点建立和完善安居保障制度体系，初步建成有政策调节乐居住房的制度体系；同时积极试点和探索中等收入居民市场与保障相结合的康居住房制度体系。

（3）**住房配套制度体系基本确立**：完成"十二五"规划改革任务，重点推进财税体制、收入分配、行政管理、金融、户籍、土地制度等方面关键环节的改革；同时积极试点和探索财税体制、收入分配、行政管理、金融、户籍、土地等深层次制度改革。

2. 第二阶段（2016~2020 年）：建立完整的住房制度综合配套体系

（1）**住房总体制度体系完全形成**：继续完善新的住房产权、分配和消费制度，重点建立新的住房开发、交换制度；继续完善财政、税收等长效调节机制，重点建立金融、土地调节机制，继续完善多层次住房管理体制。

（2）**住房核心制度体系完全确立**：继续完善安居保障制度体系，重点建立有政策调节的乐居住房和市场与保障相结合的康居住房制度体系。

（3）**住房配套制度体系完全确立**：重点推进财税体制、收入分配、行政管理、金融、户籍、土地等深层次的制度改革。

（二）全面深化改革建立住房基本制度的"路线图"

阻止住房问题的进一步恶化，深化住房制度综合配套改革，需要走"以时间换空间"的路线。首先，果断实施"止血性"临时性行政管制制度。其次，率先进行缺失的核心住房制度弥补，接着平行跟进失序的配套住房制度改革，同时适时推出扭曲的关键制度的改革，不断细化一些较为粗糙的制度。最后，逐步取消临时性行政管制制度。

1. 以阻止恶性循环为目标，果断实施行政管制的制度

通过实施行政管制制度和政策，抑制住房市场局势进一步恶化，为深化住房改革争取时间和空间。第一，对住房市场投机猖獗的城市和地区，实施和完善住房限购、限价以及价格调控的目标责任制等行政管制制度。第二，对土地价格上涨过快的城市和地区，实施和完善土地限价以及价格调控的目标责任制等行政管制制度。第三，对住房价格上涨过快，房贷增长过度的城市，对商业银行实施房贷限额信贷制度。

2. 以弥补制度缺失为目标，率先突破核心制度的改革

通过重点率先弥补核心制度缺失，可以快速校正主体冲动行为，扭转住房市场的失衡局面。第一，将"安居工程"作为核心制度建设的切入点，在大规模保障性住房建设中，迅速构建缺失安居制度体系，然后逐步扩展范围。第二，将开征房产税作为核心制度改革的突破口，在先期试点基础上，快速初步建立有房产税调节的乐居制度体系，然后继续完善。第三，将"康居工程"作为核心制度的新盲点，在先期探索的基础上，逐步建立针对"夹心层"家庭的政府与市场相结

合的康居制度体系。

3. 以攻克制度失序为目标，依序跟进配套制度的改革

结合"十二五"改革发展部署，实施依序整体推进路径战略，建立有序的配套制度体系。一方面，围绕三类住房核心制度的突破，小幅度尽可能快地完善配套制度。包括配套完善与住房保障和住房市场直接相关的财政投入与补贴、税收征收与减免的制度体系。加快探索建立与三类住房相匹配的住房金融市场体系、机构体系、政策体系；建立相关的土地机制。另一方面，结合基础制度的改革，完善配套制度。首先，加快财税体制改革，同时，加快完善行政管理及政绩考核制度；其次，深化收入分配制度改革，深化金融基础制度的改革，在此基础上，深化户籍和社保制度改革；最后，在以上基础上，实施城乡土地产权、使用及管理等基础性制度改革。

4. 以校正制度扭曲为目标，适时推出关键制度的改革

鉴于关键制度改革往往需要较长的法律程序，因此，应在完成制度储备和先行试点的基础上，根据市场环境条件、经济社会发展条件、相关制度改革推进的条件，择机适时推出。第一，深化改革行政管理体制。加快建立住房制度体系，要优先改革和理顺行政管理体制，完善调控的部门和协调机制，完善监管和政绩考核机制，落实调控目标责任制。第二，取消期房销售制度。在住房金融体系逐步完善的基础上，通过先行试点，在房地产市场供过于求、开发商资金相对宽松的时期，取消期房销售制度。第三，改革土地制度。在住房用地价格持续高涨的情况下，尝试推出地价变动的牵制机制；在财税体制和金融制度改革的基础上，改革土地出让金的收益分配制度，实行中央与地方的分成。第四，改革房地产开发制度。在城乡土地制度市场化改革和住房金融体系完善的基础上，将土地开发与住房开发分离，形成基金主导、多元开发的格局。第五，允许部分小产权房合法租售。在改革城乡土地制度征用、有偿转让和用途管制制度的基础上，对于符合城乡建设用地用途规划的小产权房，办理土地国有化手续，补交合理的土地出让金，可以补办完全产权手续，进行合法出租出售。

5. 以克服制度模糊为目标，持续完善具体制度的改革

针对一些合理制度普遍存在的模糊、抽象和粗糙的问题，需要给予持续细化、不断完善、及时调整。第一，在核心制度方面，细化和完善租房市场的相关制度，细化和完善安居住房投资、融资、建设、配租配售、进入退出、资产管理的制度，不断细化和完善康居住房体系的财政补贴、税收优惠制度。第二，在配套制度方面，不断细化和完善金融、财税、土地、户籍、收入分配等具体制度，

不断丰富和细化宏观调控和市场监管的具体制度。

6. 以发挥市场机制基础作用为目标，逐步废止临时性行政管制的制度

将关键市场调节制度的实施与行政管制制度的废除相结合，让市场制度作为临时性管制的接续制度和政策，逐步废止临时性行政管制。第一，将房产税作为限购政策的接续制度，在房产税及时推出、保障性住房建设达到 20% 以上比例且住房市场相对平稳的城市，取消限购令。第二，建立住房用地价格上涨的牵制制度，作为临时性行政限价拍地的接续政策，保障房用地比例达到要求比例以上，地价相对平稳的城市，实行自由竞争的拍卖制度。第三，当包括住房金融在内的金融制度体系相对健全，利率实现完全市场化后，取消市场采取的商业银行信贷额度限制政策。第四，当财税、土地、金融制度体系相对健全合理后，将住房保障制度由"补砖头"转向"补人头"。

参考文献

［1］贺京同、徐璐：《主体行为、预期形成与房地产市场稳定》，《浙江大学学报（人文社科版)》，2011 年第 5 期。

［2］吕江林：《我国城市住房市场泡沫水平的度量》，《经济研究》，2010 年 第 6 期。

［3］梁云芳、高铁梅、贺书平：《房地产市场与国民经济协调发展的实证分析》，《中国社会科学》，2006 年第 3 期。

［4］况伟大：《预期、投机与中国城市房价波动》，《经济研究》，2010 年第9 期。

［5］倪鹏飞：《中国住房发展报告 2010~2011》，社会科学文献出版社 2011年版。

［6］王爱俭、沈庆劼：《人民币汇率与房地产价格的关联性研究》，《金融研究》，2007 年第 6 期。

［7］武康平、皮舜、鲁桂华：《中国房地产市场与金融市场共生性的一般均衡分析》，《数量经济技术经济研究》，2004 年第 10 期。

［8］杨帆、李宏谨、李勇：《泡沫经济理论与中国房地产市场》，《管理世界》，2005 年第 6 期。

［9］袁志刚、樊潇彦：《房地产市场理性泡沫分析》，《经济研究》，2003年第 3 期。

［10］周京奎：《房地产泡沫生成与演化——基于金融支持过度假说的一种解释》，《财贸经济》，2006 年第 5 期。

［11］沈悦、刘洪玉：《住宅价格与经济基本面：1995~2002 年中国 14 城市的实证研究》，《经济研究》，2004 年第 6 期。

［12］张晓晶、孙涛：《中国房地产周期与金融稳定》，《经济研究》，2006年第 1 期。

［13］中国社会科学院财贸经济研究所"中国住房制度改革研究"课题组：《关于深化住房制度改革的总体设想》，《财贸经济》，1997 年第 12 期、1998 年第 1 期。

［14］ 中国社会科学院财贸所课题组:《建立多层次的中国住房公共政策体系》,《财贸经济》,2008 年第 1 期。

［15］ L. E. 戴维斯、D. C. 诺斯:《财产权利与制度变迁》,上海三联书店 1994 年版。

［16］ 丹尼斯·W. 布罗姆斯:《经济利益与经济制度》,上海三联书店 1996 年版。

［17］ G. A. Akerlof & R. J. Shiller, Animal Spirits: How Human Psychology Drives the Economy, and Why It Matters for Global Capitalism, Princeton: Princeton University Press, 2009.

［18］ David Genesove and Christopher Mayer, Loss Aversion and Seller Behavior: Evidence from the Housing Market, The Quarterly Journal of Economics, 2001, 116 (4): 1233~1260.

专题八 深化我国开放型经济体制改革的战略思路与实施建议

赵 瑾 冯 雷 于立新

一、创立我国以内需为导向的对外开放新模式

对外开放的实践表明，一国选择什么样的对外开放模式，是由一国经济发展战略和目标决定的。金融危机后，中央提出"大国经济发展主要是靠内需。只有立足扩大内需，才能使我们的发展立于不败之地"①。为此，要在未来十年确立以内需为主导的经济发展战略，必须创新对外开放模式，建立以内需为主导的对外开放新模式，即以服务业对外开放为重点，实现国内区域经济协调与国际区域经济合作联动发展，促进国内生产要素与国际生产要素大循环和大流动的新模式。

1. 对外开放的原则和方向：坚持和发展"中国特色社会主义"

中国是一个社会主义经济体。中国选择对外开放道路是利用资本主义发展社会主义，不是发展资本主义，更不是发展"国家资本主义"。中国市场化改革的方向不是私有化，也不是削弱国有企业的力量，而是在是否开放以及何时开放的问题上，应该以国家利益为重；在对外开放不同内容和不同领域上，应采取不同的维护社会主义的手段；在开放的成果和绩效评价上，不仅要以是否增强一国综合经济实力为标准，而且更应该以是否坚持社会主义方向，是否加强社会主义主导力和扩大社会主义的影响力为标准。

---

① 李克强：《在改革开放进程中深入实施扩大内需战略》，《求是》，2012 年第 2 期。

2. 对外开放的战略：由以双边合作为主的"平等互利"扩展到以多边和区域合作为主的"互利共赢"

中国对外开放一直坚持"平等互利"的原则。"平等互利"侧重双边合作中通过贸易投资自由化给双方带来的共同利益。在今天经济全球化下多边、区域和次区域开放合作中，对外开放不仅要求在双边经济合作对话下实现"平等互利"，甚至在双方的互惠互利中，给第三方或全球经济带来利益，而且要求在国际多边和国际区域经济合作中，通过经济的相互联系和彼此互动，实现"互利共赢"。

3. 对外开放的目标："以开放促发展、促改革、促创新"与"以开放促转型"并重

对外开放是促进中国加快实现现代化的重要手段。我国经济发展的阶段不同，面临的主要矛盾不同，对外开放对经济发展的作用也不同。继十六大提出"以开放促改革促发展"，十七大提出"实现对内对外开放相互促进"，"十二五"规划提出"以开放促发展、促改革、促创新"，十八大提出"加快完善社会主义市场经济体制和加快转变经济发展方式"之后，新时期我国对外开放的新目标应是"以开放促发展、促改革、促创新"与"以开放促转型"并重。

4. 对外开放的重点产业：由制造业转向服务业

改革开放以来，制造业一直是我国对外开放的重点，并加速使我国成为全球制造业大国。实施扩大内需的经济发展战略，加快服务业发展将成为我国转变经济发展方式和调整经济结构的主攻方向和战略重点，并成为我国扩大内需的最大潜力。为此，未来十年，我国对外开放的重点产业将由制造业转向服务业。扩大服务业对外开放，不仅包括扩大金融保险、贸易、物流、信息服务、商务服务等生产性服务业，促进生产性服务业与制造业的融合，推动我国制造业的转型升级，而且包括扩大医疗、教育、旅游、养老等生活服务业，以满足人们日益增长的消费需求。

5. 对外开放的重点国家（地区）：由发达国家扩展到新兴经济体和发展中国家

改革开放以来，虽然我国实施的是全方位对外开放战略，但无论是对外贸易，还是引进外资，我国对外开放的重点国家都是发达国家。这种不平衡在金融危机中已经显现。目前全球经济发展和财富创造已经由经济合作与发展组织（OECD）转向新兴经济体，南南合作将成为世界经济增长的重要动力。顺应国际经济形势的新变化，在继续将发达国家作为开放重点的同时，应加强对新兴经济体和发展中国家的开放。向新兴经济体开放和发展中国家开放对扩大我国内需的

意义，不仅有利于促进我国实现两种方式转变，解决未来中国工业化发展面临的资源和市场缺口问题，而且有助于在国际范围内加强南南合作，促进南北对话，改革不合理的国际经济旧秩序，建立比较公平合理的国际经济新秩序。

6. 对外开放的区域布局：由"国内区域开放"转向"国内区域协调与国际区域经济合作"联动的发展模式

在以往发展出口导向型经济的条件下，适应外向型经济的发展，我国形成了从南到北、从东到西的地域开放，从制造业到服务业的产业开放。从统筹国内经济发展和对外开放的目的出发，为了释放区域协调发展对扩大内需的潜力，我国应充分利用当代国际区域经济迅猛发展的重大机遇，将自贸区发展战略与国内区域经济协调发展结合起来。即加强环渤海经济圈与东北亚地区的经济合作、长江三角洲与东亚地区的经济合作、泛珠江三角区与东南亚和南亚地区的合作，西部地区与阿拉伯国家、上海合作组织的合作，由参与"国际经济大循环"转向利用国际区域经济合作发展新趋势，促进国内区域经济协调发展的"国内区域经济大循环"，促进国内生产要素与国际生产要素的大循环和大流动。

7. 对外开放的流向：由"单向开放"转向"双向开放"

中国对外开放由单向到双向转变的含义是深远的，也是多层次的。一方面是生产要素的双向开放，如国际商品流动由"积极扩大出口"转向"积极扩大进口"（特别是先进技术装备、关键零部件和重要能源原材料进口）、国际资本流动由"引进来"转向"走出去"、国际技术转移由"引进关键设备和技术"转向"扩大技术出口"。另一方面是市场的双向开放，由"对外开放"转向"对外开放与对内开放并重"、由开拓国际市场转向挖掘国内市场，实行内需主导型发展战略。最终通过"单向开放"向"双向开放"的转变，达到商品、资本、技术和市场的良性循环和互动，促进中国经济的稳定发展。

8. 对外开放的手段：由"政策开放"转向"政策协调"

一国对外开放阶段不同、内容不同，决定采取的对外开放手段、方式也不同。在商品市场开放阶段，影响对外开放的手段、方式主要是关税和非关税壁垒，因而对外开放的手段主要是政策性开放，即通过降低关税和非关税壁垒，对外资实行优惠政策等，促进贸易投资自由化。在服务市场开放阶段，影响服务业对外开放的手段、方式是法律和制度，因而对外开放的手段不仅要求深化涉外经济体制改革、扩大市场准入、完善各项法律规章制度，而且要求在与全球经济融合的过程中，建立国际经济政策协调机制。

9. 对外开放的利益：由单纯追求"经济效益"，扩展到追求包括"社会效益"、"环境效益"在内实现多元平衡的综合效益

以往在以出口为导向的对外开放模式下，我们的目标是千方百计扩大出口，获取贸易顺差，片面追求外资数量的快速增长，忽视了对科技、政治、文化、环境、生态的影响。以创新内需主导的对外开放模式，将超越"经济效益"、更加重视"社会效益"和"环境效益"。如外资引进应注重对我国的环境保护，对外投资应注重提高当地的就业水平等。

10. 对外开放的风险防范：由 WTO 框架保护下的被动应对转向建立国家经济安全体系的主动防范

近年来我国对外开放是在严格履行 WTO 规则下逐步推进的。WTO 五年过渡期安排，使我国在融入全球经济的过程中实现了平稳过渡。过渡期的结束，预示着我国已经脱离了 WTO 的特殊框架保护。服务业的对外开放不仅使我国宏观调控的难度加大，防范贸易风险、投资风险、金融风险的任务加重，而且也将面临经济、政治和文化风险的新挑战。对外开放的风险防范将由以往的在开放中依靠 WTO 规则的特殊保护，转向全面建立国家经济安全体系，迎接经济全球化冲击的主动防范。

二、构建多元平衡的开放型经济体系

十八届三中全会提出了"构建开放型经济新体制"。我们认为，要实现这个目标，需要妥善处理以下三大平衡发展关系。

（一）货物贸易与服务贸易之间的平衡发展

我国货物贸易与服务贸易之间的发展极不平衡。长期以来货物出口增长迅猛，货物贸易长期顺差，显示出较强的国际竞争力；而服务贸易进口规模大于出口规模，虽有增长但长期处于逆差状态。货物贸易已经充分显示出了我国的贸易大国地位，但是在服务贸易方面，与世界上服务贸易大国或强国相比还有很大的差距。货物贸易与服务贸易之间的平衡与国民经济结构的变化趋势还有相当大的差距，发展服务业和服务贸易顺应了经济结构转型的要求。没有服务贸易的发

展，没有服务贸易与货物贸易之间的平衡发展，贸易大国的形象是不完整的，向贸易强国迈进的战略目标也无法实现。货物贸易与服务贸易之间的平衡发展以国民经济结构特征和全球经济服务化的趋势为依据，在这方面我国服务业和服务贸易的发展任重而道远。

1. 服务贸易的发展以国内服务业的发展为基础

货物贸易的发展以制造业为基础，制造业的大发展推动了我国货物贸易在全球货物贸易中的占比已超过 10%。服务贸易的发展以国内服务业为基础，只有服务业发展起来了，服务贸易才会有竞争力；服务业的发展本身蕴涵着巨大的服务贸易商机。

服务业的发展需要引入市场竞争机制，在国内市场发展的同时，适当加快服务业开放领域，鼓励外商投资于运输、金融和分销等生产性服务领域以及教育、旅游、文化和医疗养老等生活性服务领域。从制造业开放的经验来看，外资进入带来的外溢作用有助于本国企业的发展，为相关行业带来资金、技术、管理、人才、市场等生产要素。引入国际竞争，为本土企业提供示范作用，也有助于服务行业标准的国际化。

服务业的发展需要规范的政策与制度环境。合理利用外商投资产业指导目录这一政策工具，引导外商投资于服务业以及合理的区域导向，"营改增"的试点与推广有助于创造服务行业公平的市场竞争环境，避免重复征收，降低服务企业运行成本，在资本运作层面上与制造业衔接。

2. 服务贸易结构不平衡

旅游与运输是我国服务贸易的强项，高端服务业占比则远远赶不上发达国家。跨国公司研发基地向我国的转移、总部经济在大城市的聚集，为高端服务业的发展和贸易创造了条件。在计算机软件等高端服务业中，我国更多的是作为外包承接方向其他国家或地区提供服务出口，较少地作为外包业务的发包方从其他国家或地区进口服务，在出口与进口的平衡方面遵循着货物贸易的发展轨迹，即通过出口的增长带动国内产业的发展，然后在更高的竞争力水平和产业层次上实施进口追赶、合理配置资源的战略。

在生活性服务业方面，养老服务的引进具有非常重要的现实意义。我国人口结构老龄化趋势十分明显，而国内养老机构十分匮乏，相关行业只能说尚处于起步阶段，很不成熟。一方面是养老需求的迅速增长，另一方面是缺乏具有竞争力的养老机构，现有的养老机构服务不尽规范，消费者望而却步。适当引入境外的养老企业，以其成熟的运营模式，通过规模经营，弥补国内市场上养老服务供给的短缺以及养老行业品质结构性失衡的状况，为国内养老企业提供示范作用，通过市场竞争，有助于形成规范化的养老机构服务标准。

3. 服务业和服务贸易的发展路径

服务业的发展以社会分工的细化为前提，尤其是生产性服务业的发展更是如此。发展服务业必须深化企业制造链条上的分工水平，大而全和小而全的企业运营模式通过市场机制逐渐会被淘汰，即使在企业集团内部，制造与服务的分工同样会为企业增进效率，降低成本，创造利润，提高管理水平。同时还应该通过服务业发展政策鼓励适当分离制造业本身所包含的生产性服务职能，为服务业和服务贸易的发展提供生存空间。第一，制订服务贸易发展的产业指导目录；第二，鼓励外商进入生产性服务业，一方面推进国内生产性服务产业的竞争，为本土生产性服务业的发展提供示范作用，另一方面深化国内制造链条上的分工水平，适当分离制造业本身所包含的生产性服务职能；第三，适当引进生活性服务业的外商投资企业，为高端服务的需求提供有效的供给，并带动本土高端生活性服务业的发展。

（二）进口与出口之间的平衡发展

出口的规模扩张与发展速度在过去 20 年中对我国国民经济的增长起到了至关重要的作用。出口的业绩为中国带来了制造大国的口碑。然而，自 1994 年以来，出口大幅度的增长与进口缓慢跟进，造成了我国对外贸易连续 19 年的顺差，长期积累起来的不平衡带来了一系列问题，贸易摩擦频繁，人民币升值压力，资源的过度消耗，环境污染的代价，都给进口与出口的平衡敲起了警钟。从根本上讲，进口与出口的平衡发展不仅仅是贸易领域中的要求，更重要的是国民经济发展战略提出的要求。

1. 进口与出口的平衡发展是实施从贸易大国走向贸易强国战略的基点

实施改革开放、社会主义市场经济的提出、加入世界贸易组织成为我国走向贸易大国的三个阶段性节点。贸易大国地位的获得在严峻的国际经济环境中转瞬成为持续发展的起点，实施从贸易大国走向贸易强国的发展战略是未来相当长一段时间内必须加以推进的内容。从我国的发展实践来看，贸易大国地位的实现依赖于 30 多年来出口贸易的增长，依赖于以国内资源，尤其是劳动力和自然资源，为依托扩大世界市场占有份额的发展模式。随着贸易规模的扩张和国际地位的提升，贸易大国地位已经开始给中国经济发展带来了一系列负面的影响，贸易摩擦频繁发生，人民币升值压力增大，我国对外贸易发展面临的唯一选择就是必须通过提升贸易质量，实现从贸易大国向贸易强国的转变。从本质上讲，实施贸易强国战略是要通过对国内资源与国际资源的合理配置，尤其是对国际资源的有效利用，充分利用国际资源为本国经济发展服务，实现国民经济持续稳定健康的增长。进口与出口还应该在与国民经济同步发展的层次上实现平衡。纵观世界贸易强国的贸易实践，大体保持着对外贸易与经济发展的同步变化，实现了对外贸易服务于经济发展的政策目标。

2. 稳定出口是谋求进口与出口平衡发展的基础

在全球经济持续低迷的情况下，实现进口与出口的平衡不能以压缩出口为代价，要保持出口的增长，这不仅仅是国内经济发展的需要，而且也是我国对全球经济做出的重要贡献。因此，要实现进口与出口的平衡发展，必须先要稳定出口。一方面要持续发掘我国劳动力的比较优势，另一方面要迅速调整出口的商品结构和市场结构，通过对优势要素的培养与整合创造参与国际分工的新格局，包括开发对新兴市场国家的出口，以稳定出口规模，拉动国内经济增长。

3. 稳定加工贸易是稳定出口的关键因素之一

加工贸易的稳步增长在当前条件下是稳定我国对外贸易增长的关键环节，同时也是巩固利用外商直接投资政策的重要手段。实现的主要路径有三：一是要积极地推进加工贸易转型升级；二是要通过延长产业链在国内的拓展和增加国内采购的比重；三是要引导外商投资企业向中西部转移，扩张加工贸易的区域分布，创造新的发展模式。

4. 发掘进口在国民经济发展中的积极效应是谋求进口与出口平衡发展的关键

在出口的综合利益逐渐出现弱化的情况下，进口对国民经济增长的积极作用具备了制度层面上的拓展空间。一是外汇储备的规模早已不是对外贸易追求的目标，为满足国内的进口需求提供了实施的必要条件；二是设计组合政策手段，改进技术贸易体制，调整技术创新观念，鼓励适用技术进口，提升我国制造业整体的基础技术水平；三是适应内需增长在规模和质量上跃上新台阶的要求，适当降低奢侈品进口的门槛与管制，重点放在那些国内无法提供的高端或名牌消费品的进口上，为消费资金进入生产经营循环开辟新的路径。

（三）加工贸易与一般贸易之间的平衡发展

加工贸易在我国对外贸易发展中发挥着重要的作用。加工贸易与一般贸易的平衡发展应该成为新时期我国贸易政策追求的目标之一。

加工贸易的历史作用在于为我国的对外开放提供了一个滩头阵地，沿海地区的经济发展离不开加工贸易的发展，农业劳动力转移离不开加工贸易的发展，把握 20 世纪末国际分工大变革的机遇也离不开加工贸易，加工贸易为我国的改革开放做出了重要的贡献。然而，在急剧扩大贸易规模的同时，贸易摩擦也在不断地积累和升级，我国加工贸易在全球价值链上的低端地位，使得我们的贸易增长没有获得合理的贸易利益，加工贸易一方面要实现转型升级，另一方面还必须与一般贸易实现平衡发展。

1. 加工贸易与一般贸易的平衡是我国参与国际分工战略目标调整的需要

要素条件是一国参与国际分工的基础。改革开放之初，我国参与国际分工最具竞争力的是丰富的劳动力资源，加工贸易以最便捷的方式实现了这一要素优势，推动了我国融入国际经济循环的进程。人口红利随着国民经济的发展逐渐式微，参与国际分工的战略目标必须加以调整，寻求参与国际分工获取最大的综合经济利益。贸易规模的增长让位于国际分工地位的提升，让位于全要素参与国际分工的需要。加工贸易与一般贸易的平衡发展需要植根于我国参与国际分工的地位和条件的变化。

2. 加工贸易与一般贸易的平衡发展是我国利用外商直接投资战略目标调整的需要

外商直接投资是我国改革开放过程中与加工贸易共生的经济现象。就贸易问题来看，早期的外商直接投资企业一方面受到外销比例规定的限制，另一方面由于国内市场潜力尚未得到开发，基本上都是以国际市场为主的。利用外商直接投资主要是为了我国劳动力要素更快地参与国际经济循环，推动贸易的增长。随后的利用外商直接投资，开始注重借助其非贸易方面的优势，外资企业的技术转移、管理模式、国际渠道、企业制度变迁、品牌效应越来越具有吸引力。同时，外商直接投资本身的投资目标结构也开始发生变化，以我国国内市场为投资目的的分量越来越重，外资企业向我国内地转移的现象日趋明显，外商投资企业的业务模式中加工贸易的比重开始下降。外商投资企业作为推动我国加工贸易发展关键因素的作用开始弱化，成为推动加工贸易与一般贸易平衡发展的一个重要因素。这一趋势顺应了我国在后国际金融危机时期，以内需驱动为主，调整经济发展战略的选择。

3. 加工贸易与一般贸易的平衡是加工贸易转型升级发展本身的需要

加工贸易转型升级内容丰富，从本质上讲，是要在规模发展的基础上，以质量效益为推手发展加工贸易。一是要提升加工贸易参与的全球价值链的分工环节。我国的加工贸易企业不能长期停留在微笑曲线的谷底，要顺应我国在参与全球价值链的优势资源结构发生变化的背景下，通过资本、技术、管理、人才、渠道、品牌的积累，向曲线的两端延伸，占据加工贸易链条的研发与设计，通过自主创新掌握关键生产的技术和设备，创建自主品牌和独立的销售渠道。二是要提升加工贸易的附加值。分工环节的提升必然带来附加值的提升，它是我国参与国际分工格局调整的必然结果。提升加工贸易附加值的关键路径之一是加大国内采购的力度，延长国内加工链条，这将有助于加工贸易向一般贸易的转化。三是要在加工贸易发展中关注资源与环境问题。从优势要素的结合来看，加工贸易的发展是发挥我国劳动力比较优势的结果；从国际产业转移的角度来看，我国加工贸易的发展本身就是发达国家向包括我国在内的发展中国家转移淘汰产业或落后产业的结果，这些产业往往会对承接国家或地区的环境产生负面影响，会过度消耗承接国家或地区的资源。通过制定并及时调整加工贸易发展的产业指导目录，包括中西部地区外商投资优势产业项目的产业引导政策，保障加工贸易的发展不会超出我国自然环境和资源能够承受的程度。四是要在加工贸易的发展中积极顺应国际产业转移规律，适时地淘汰落后产业，或配合"走出去"战略的推进，把那些我国不具有或已经逐渐失去比较优势和竞争优势的产业转移出去，调整我国加工贸易的产业结构。

4. 创造平等的竞争环境推动一般贸易的发展是实现加工贸易与一般贸易平衡发展的重要途径之一

在推动加工贸易转型升级的同时，还要积极推动企业改变业务模式，向一般贸易方式转化，以提高我国对外贸易的自主性。尤其重要的是，应该关注一般贸易方式与加工贸易方式的平等竞争环境。就加工贸易方式而言，保税运行的特点使之较一般贸易方式具有更大的运行成本优势。应研究支持一般贸易发展的政策，借鉴、创新加工贸易保税政策的思路，给予一般贸易企业"缓缴增值税"的政策，即对一般贸易企业采购的用于生产出口产品的物品所包含的增值税部分给予提前抵扣（可以采取建立一般贸易发展基金的方式提供资金来源），使之获得与加工贸易企业进口料件保税的同等政策环境。这也有助于鼓励加工贸易企业的国内采购以及在资金积累、技术创新、掌控国际销售渠道后，向一般贸易方式的转化。

三、深化涉外经济体制改革，实现多元平衡发展战略

（一）深化服务贸易体制改革，实现货物贸易与服务贸易平衡

服务贸易将在创新开放模式，转变经济发展方式，以及平衡中国对外贸易中发挥巨大作用。但目前来看，我国服务贸易管理体制中多头管理、权责不清、条块分割、各部门协调困难等问题非常突出，不能有效发挥"集中力量、统筹管理"的优势。服务贸易 12 个大类，165 个子项，部门种类繁多，而且新兴服务贸易种类层出不穷。现有的主管部门（商务部服务贸易司）对迅速丰富和发展的服务贸易体系难以实行统一协调的管理，加之各服务部门协调困难，如教育、文化、医疗等服务部门就不属于服务贸易司管辖，造成管理效率低下等问题。现行体制机制严重制约了我国服务贸易的发展，因此未来必须进行全方位的改革创新，加快落实服务贸易管理简政放权，转变职能，释放改革红利。

1. 服务贸易体制改革目标与战略

改革的首要任务及核心目标定位于"如何推动服务贸易管理体制的改革创新"。我国服务贸易管理体制改革目标应分近期、中期和远期来设计。鉴于此，我们提出拟在未来 3 年内，成立中国经济社会综合管理体制改革委员会统筹全面改革，建立国务院服务贸易发展促进委员会，统筹服务贸易发展改革促进事项；未来 5 年内，筹建类似成熟市场经济国家的服务业及服务贸易政府管理外围机构，由政府、学界和行业中介组织代表企业，来共同参与到服务业及服务贸易的政策规划制定过程中来；未来 8 到 10 年内，从中央到地方创建"小政府，大社会"的服务贸易管理体制。从目前开始，要加大服务贸易政策支持力度，完善支持服务贸易发展的财税、金融、海关、结售汇等政策，进一步扩大营业税改征增值税的行业领域和范围，并三年或五年一期考核政策实施效果，以增强政策的有效性、灵活性及可持续性。

2. 服务贸易体制改革方向

当前，我国对外贸易结构失衡问题愈发严峻，货物贸易"一家独大"，而服

务贸易严重滞后的局面严重阻碍对外贸易的可持续发展。同时，我国货物贸易与服务贸易的相互促进作用并不显著，货物贸易对服务贸易发展，特别是对服务贸易出口的带动作用尚未充分发挥。货物贸易进一步拓展所需的高端优质服务基本上通过从外国进口实现，没有形成对服务贸易发展的有效支撑。因此未来必须理顺两个关系，即"服务贸易与服务业的关系"、"服务贸易与货物贸易的关系"。在"十二五"期间，要着重强调服务贸易与服务业、服务贸易及货物贸易的相互促进平衡发展，服务贸易要对服务产业结构调整与货物贸易层次提升发挥显著的带动作用，在进一步扩大服务业对外开放的同时，有序引导中国服务贸易企业"走出去"。通过服务贸易"商业存在"模式，实施从"中国制造"到"中国服务"的开放型经济战略转型，以及对外经济发展模式升级。

根据上述目标，近期我国深化服务贸易体制改革，促进服务贸易与货物贸易平衡发展的具体措施包括：

（1）**成立国务院服务贸易发展促进委员会。**针对服务贸易管理体制混乱的问题，要积极推进体制机制改革，加快落实简政放权，建立服务贸易核心管理机构，成立国务院服务贸易发展促进委员会，统筹规划并适时调整制定中国服务贸易发展战略及体制改革方案。另外，需转变重视货物贸易，轻视服务贸易的传统观念，确立战略共识，避免多头管理的混乱局面，为服务贸易发展提供政策制度保障。同时，要有序推进户籍制度、社保制度、土地制度及中介服务组织的改革，并与中国经济社会综合管理体制改革委员会形成配套。另外，我国目前严重短缺统筹政府公共服务职能完善的专门性改革机构，未来必须要从制度上对公共服务供给、公共服务责任、公共服务均等化以及公共服务法律建设等方面进行全面的改革和创新。

（2）**建立健全市场化的服务贸易统计指标体系。**目前，由于服务贸易统计数据的收集过于依赖申报制度，统计手段局限于 BOP 统计，以及没有专门的法律法规对不规范的统计行为进行约束等原因，造成我国服务贸易统计数据严重失真。因此未来必须加强服务贸易统计调查工作的法制化和规范化管理，加强服务贸易立法，做到服务贸易统计有法可依。确立有效率的服务贸易统计主体，建立由国家统计局垂直领导的、专业化的、封闭的统计管理体制，并尽快实现与国际标准的完全接轨，着力构建相互独立、功能互补的 BOP 统计与 FATS 统计二元结构。同时，借鉴发达国家在服务贸易统计数据收集过程中的先进方法，改善国际收支间接申报工作的一系列问题，建立健全市场化的服务贸易统计指标体系。

（3）**简化行政审批程序，降低服务业和服务贸易进入门槛。**针对服务贸易相关政策安排不当的问题，未来需简化行政审批程序，防止行政审批"边减边增"、"虚减实增"等问题。政府应率先从东部沿海地区完善中央政府与地方政府的事权分配，明确有利于服务贸易发展的制度政策安排，对于促进服务贸易发展的优惠政策要根据行业和区域特点进行制定，切忌"一刀切"，对政策的实施也要做到定期评估，适时调整。改变国有垄断企业"大而全"的发展模式，进一步细化社会分工，要实施有利于制造业和服务业分离的有效措施，推进服务业和服务贸易的专业化发展。针对服务产业市场竞争不充分等问题，调整利益结构，改变政府干预市场过多的固有利益格局，处理好政府与市场的关系，确定政府干预与市场主导的边界，打破服务市场与服务行业的行政性垄断，充分发挥市场为主导配置资源机制的作用。激发市场创造活力与内生动力，降低服务业和服务贸易进入门槛，积极引导民营资本向服务业和服务贸易领域的投入。

（4）**夯实服务业基础，以生产性服务业、服务外包、文化创意服务贸易为突破口，促进服务贸易整体发展。**服务贸易的发展必然与服务业紧密联系在一起，特别是生产性服务业，可以将服务贸易与制造业和货物贸易有机地结合在一起，实现相互间的协调发展。因此，要继续推进服务业结构优化升级，大力发展金融保险、物流运输、信息服务、文化创意和展会等生产性服务业，提升服务业结构升级，不断强化服务业的国际竞争力，最终转化为服务出口，为服务贸易奠定坚实的产业基础。大力发展服务外包，充分发挥其吸纳高学历人才就业的作用，并以此作为培养服务贸易高端人才的平台；同时要合理发展生活性服务贸易，借以改善居民生活水平和品质。要加强对服务贸易干部队伍的培养，在鼓励服务贸易发展时，政策除了向服务贸易项目、产业或企业倾斜外，也要拿出一定比例的资金来强化服务贸易政府职能部门管理干部队伍的培养，定期组织主管部门的工作人员参加服务贸易相关培训，赴发达国家或地区进行考察，学习先进的管理理念等。

（5）**高度重视服务贸易的引领和带动作用，以服务贸易来提升货物贸易的技术水平和附加值。**金融危机之后我国货物出口遭遇寒冬，暴露了我国货物贸易附加值低、产品竞争力不高等问题，这些问题可能导致我国几十年以来货物贸易的高速增长难以为继，也不利于我国提升在国际分工产业链中的地位。未来需要依赖如通信、建筑、金融、信息等与货物贸易联系十分紧密且附加值很高的服务业，发挥服务环节在提升产品附加值过程中的作用，充分发挥服务贸易的知识溢出效应，从而带动中国制造业产业链加速升级，进而实现货物贸易的转型与可持续发展。

（6）加快服务创新，推动服务创新与技术创新相结合，有效实现服务贸易与货物贸易平衡发展。服务创新是指服务主体、服务内容和服务理念等方面的创新，在与货物贸易联系紧密的服务贸易部门中，服务创新能很大程度上提升产品制造过程中的技术创新，而技术创新又能够为服务创新创造基础。因此，未来要做到服务贸易与货物贸易并重、服务创新与技术创新并重，既要促进服务贸易与货物贸易自身的转型升级，又要推动服务创新与技术创新二者比较优势的动态演进与有效组合，使二者的协同作用发挥最大，最终切实推动服务贸易与货物贸易平衡发展。

（二）深化进口管理体制改革，实现进口与出口之间的平衡

1. 进口与出口的平衡发展是以内需为主拉动经济增长的重要转折点

出口的稳定增长为进口与出口的平衡发展创造了条件，进口的有效跟进，可以缓解我国国内市场供求结构的失衡状况。能源的失衡、资源的失衡、环境的失衡已经成为我国经济增长中的隐患，启动内需，拉动经济，需要扩大能源、资源及环境产品的进口；高端消费品市场的失衡，同样需要通过适当的进口规模来解决。进口与出口的平衡发展是我国实施内需驱动的经济发展战略的必要条件与转折点。

除了自身平衡之外，进口与出口还应该在与国民经济同步发展的层次上实现平衡。纵观世界贸易强国的实践，不论经济周期的发展阶段如何，对外贸易的发展起伏与经济发展的波动基本上都保持着同步的变化步伐，通过进口实现了对国内外两种资源的合理配置，贸易发展尤其是进口贸易的发展服务于经济发展的宏观政策目标。

2. 实现进口与出口平衡发展的两步走战略

第一步，力争在 3~5 年内实现进口与出口在规模上的基本平衡，在政策层面上加大对中小出口企业的支持力度，稳定出口部门的广泛基础，保障出口增长的潜在能力，为启动内需提供制度运行的空间；第二步，力争在 10 年左右的时间里，充分发挥进口在国民经济增长上的积极作用，实现进口与经济增长的动态平衡。充分利用全球金融危机环境因素以及我国经济增长对全球经济的影响，寻求突破美国等西方发达国家向我出口高新技术产品的限制，以推进高新技术产品进口为主要抓手；在重要资源类产品的国际市场上，掌握定价及交易的话语权；引入高端消费品的竞争机制，创建本土的高端消费品品牌，实现本土高端消费品与进口品共同满足国内市场需要的格局。

我国当前进口管理体制改革的三个重要方面：

（1）**大宗商品进口管理体制改革的市场化取向。**一方面，适当调整我国大宗商品管理体制，发挥专业部门的业务优势，严格实行资质管理，谨慎开放进口经营权，稳定进口市场秩序。另一方面，要着力构建大宗商品国内流通体制，与进口管理体制改革对接，按照大宗商品对国民经济发展普遍存在的重要意义，在流通体制上游环节保持相对集中的经营管理模式，在中下游环节引入市场机制，鼓励竞争以提高市场效率。

（2）**放宽或放开高端消费品进口作为进口管理体制改革的新亮点。**高端消费品市场供求失衡，国内市场对高端消费品需求旺盛，国际品牌的市场号召力强劲，其国内市场价格高于国际市场价格的现象值得重视。在我国迈向中等发达国家的进程中，从满足不同层次消费需求的角度来看，放宽或放开高端消费品进口，有助于提高人们的生活质量；从鼓励市场竞争的角度来看，放宽或放开高端消费品进口，对推动我国自有高端消费品品牌建设也有重要的意义。借鉴我国改革开放的区域推进经验，一方面可以扩大海南省实行免税购物的品种和消费额度，另一方面可以选择其他省区扩大这一特殊消费政策的范围。

（3）**鼓励适用技术进口，夯实制造业发展的基础。**适用技术的进口具有投入低、门槛低的优势，对于我国制造业的整体技术水平和产品质量水平具有重要的提升作用。制定国家层面上的适用技术发展战略与政策支撑体系，有助于提升制造业基础技术平台，有助于自主高端技术的研发与创新，最终实现我国在高新技术及相关产业方面的突破。鼓励适用技术进口需要调整我国技术发展思路，高新技术的引进是必要的，具有跨越发展的重要意义，但是，也要认识到没有广泛的适用技术或制造业的基础技术平台，高端技术的发展难以为继，也会陷入高端技术持续进口而难以在进口高端技术的基础上实现创新突破的怪圈，徒然耗散国力。

（三）深化技术进出口管理体制改革，实现技术进出口平衡

1. 技术贸易已成为科技、经济与贸易发展重要推动力量

当今世界技术贸易快速增长，技术贸易规模大约每 5 年翻一番。技术贸易已经成为国际贸易中增长最快的特殊领域。当今，国际技术贸易发展迅速，目前技术贸易已成为国际贸易的重要组成部分，是反映一国潜在科技、经济、军事实力的重要指标。知识经济时代，技术贸易在经济发展、科技进步中发挥着日益重要的作用，而且其在国际商业竞争和国际政治经济关系中的地位日益提高。技术贸易是技术创新内生化、实现经济循环和可持续的重要保障。知识产权战略的落实

重心在于实现技术产业化实施、技术可贸易化。我国要尽快改变技术贸易逆差地位，获得国际技术贸易利益，必须要做活国内技术贸易，促进技术创新，提高创新生产力和创新先进性，逐步积累国际技术贸易的综合优势。

2. 实现技术贸易自由化是最基本的战略目标

中国技术贸易战略目标是我国技术贸易早日实现自由化，到 2020 年由目前的逆差地位转变成为顺差地位，成为世界技术贸易的中心和技术研发的前五强；技术贸易成为推动贸易和经济增长的重要动力来源之一，改善贸易结构，促进外贸及经济发展方式的战略转变；技术贸易要成为自主技术创新的重要推动力量，大幅度提升科技进步对经济增长的贡献率，推动我国迈入创新型国家行列。

3. 削减制度和政策管制是技术贸易自由化基本思路

为实现技术贸易战略目标，中国要自我削减贸易管制措施，减少政府干预，减轻政策限制因素的不利影响，采取技术引进与自主创新相协调、技术引进与技术出口相互促进战略，以技术出口带动设备和服务出口，提高技术引进消化吸收再创新能力，增强出口竞争优势，加强知识产权保护，增强技术自主供给能力，打破外国技术贸易封锁，以技术创新驱动经济社会发展，促进创新资源高效配置和综合集成，把全社会智慧和力量凝聚到创新发展上来，更好利用和配置国际国内两个市场的技术资源，把经济社会发展方式调整到依靠科技进步的发展道路上来的战略思路。

4. 全方位促进技术贸易自由化

为实现技术贸易战略目标，实施技术贸易战略思路，以下五点有关技术贸易体制机制的改革方案值得考虑。

（1）**改革技术引进管理体制**。技术引进首要的是打破自我管制，完善技术引进政策，增强技术引进企业自主权，减少政府干预和审查审批，免去技术引进的用汇购汇申请等审查，减少人为干预和设限，积极提高技术引进自由度和便利化，鼓励内资企业引进关键和核心技术，加快技术更新改造，让市场在技术资源配置中发挥基础性调节机制。

健全技术引进促进体系。财税政策要体现对企业技术引进和再创新的激励，增强技术引进对自主创新能力的提升效果，发挥技术引进对自主创新的推动作用，增强创新型国家技术基础与能力。我国科技政策、贸易政策和产业政策要协调好技术引进与自主创新关系，提高引进技术的水平和实效，降低技术引进对自主创新的冲击，要继续提高引进技术的吸收掌握运用能力，提高引进技术的效率和利用水平。

赋予企业技术引进的自主权。在技术引进和创新项目立项以及供应商选择决策中，企业是决策者，政府机关不应越俎代庖。我国要重视现有实用技术的运用，提高技术利用效率，这就需要扩大技术贸易。各地要建设技术交易所，组织年度知识产权及技术贸易展览展会，充分挖掘互联网和电子商务作为开展技术交易平台的潜力。

优化技术引进结构，提高技术引进的质量和效益，进一步扩大技术引进的规模。提高内资企业引进技术的比重。打破以成套设备为主的技术引进局面，降低关键及成套技术设备进口所占比重。继续提高专利技术、专有技术、技术咨询服务引进的比重，积极引进成熟实用技术和低碳技术。完善技术引进的知识产权咨询服务体系。

促进技术引进来源、主体和方式多元化。长期以来欧、美、日等西方技术强国一直对中国实行技术出口管制，尤其是军事技术及物品的出口，以保持对华科技、军事和经济优势。近年来西方民用技术对华出口略有松动，但总体上技术出口管制和技术封锁没有实质变化。对此，我国在加强自主创新力度的同时，需要通过引进技术、引进外资、引进技术人才、吸引国际专利申请、国际市场兼并、技术项目国际招标、二手国际技术市场、技术情报跟踪收买等多种来源和渠道获得有价值的技术。创新技术贸易模式，促进技术引进方式多元化，更多采取技术服务、技术咨询、技术许可、技术转让、专利申请、跨国并购、技术文件及技术著作进口等方式。在与外国跨国公司加强技术贸易的同时，扩大与国外掌握先进技术的小企业进行技术贸易。在现有美、日、欧、俄传统技术贸易伙伴基础上，拓宽视野、来源和渠道，打破西方对华技术贸易封锁，促进技术引进来源、主体和方式多元化。

（2）改革技术输出体制和扶持促进政策。强化企业的研发主体地位，优化"产、学、研"相结合的自主创新体系建设。大部分国家和地方资助的科研项目选题要由企业提出，大幅度减少来自非企业实践需要的立项。"产、学、研"共同开展课题研究和协同创新，科研成果优先由参与企业实施，加快研发成果运用和产业转化。进一步提高研发投入占 GDP 的比重，加强基础性、战略性技术研发投资，建立企业强大的独立自主的技术研发能力。

改革技术出口管理体制和扶持促进政策。加大财税激励企业科技研发的投资力度，增强企业科技创新能力，支持企业形成和增强技术输出的竞争力，发挥技术贸易为创新驱动经济发展战略服务，构建与创新型国家相适应的技术出口战略、政策体系与政府服务支撑体系。除了保障国家安全、维护国家技术优势、符合国家相关法律政策所必要的战略技术出口控制之外，政府应取消不必要的审批限制政策，赋予企业技术出口的自主权和自由度。商务、科技和产业管理部门要高度重视技术及其产品、服务的出口激励和扶持，做好促进政策的制定与落实。

优化技术出口结构。加大海外专利申请资助力度，大力支持海外企业构建国际专利联盟和技术标准，加快优势技术成果的转化运用速度，积极发展多样化专利许可，向外国输出中高端先进技术。同时，积极扩大成熟的技术和传统的工艺加工技术出口，积极向技术落后国家输出、援助、传播，扩大中国技术影响力。

提高技术出口的带动效果，发挥对技术设备出口和海外投资的带动作用。当前中国与西方高科技产品国际竞争力日益接近，中外高技术差距进一步缩小，中国需要促进出口市场多元化，消除外国市场歧视，扩宽技术出口渠道，创新技术出口方式，增强技术出口竞争力，推动技术出口以带动技术设备及服务出口，带动对外直接投资扩张，把扩大技术出口和高科技产品出口作为改善贸易结构、转变外贸发展方式、提高出口附加值的重要手段。

完善技术出口服务支撑体系。我国要参与制定国际技术标准、技术法规，利用现有技术标准，打破发达国家的长期垄断格局，提高我国技术在国际市场的相容性和出口竞争力；拆除国际技术贸易封锁的种种壁垒，加强国际技术战略联盟，降低技术贸易风险和贸易成本；驻外商务人员要及时关注和报告技术需求信息，深度参与国际技术贸易活动，扩大我国技术的国际影响力。

(3) 改革和完善知识产权制度。推进知识产权制度适时调整和完善，优化知识产权制度，促进专利制度、技术标准、技术法规的衔接与协调，推动自主创新、技术贸易和国际技术合作协调发展，促进科技发展与经济发展、文化发展相配合，形成相互促进的机制。

加强知识产权执法保护，为技术贸易、技术服务、技术投资和国际技术合作提供产权保护保障，逐步建立内生机制，特别是建立起由知识产权充分保护支撑的内生自主创新机制和知识市场化体制机制，形成自主创新、技术贸易和对外科技合作的激励机制，促进技术转化、转让和推广应用，节约和利用资源，提高效率。

(4) 完善引资、引智与引技相结合的体制。允许境内外投资者的技术入股占比、技术研发投资更大的自由度。完善利用外资政策，改变以市场换技术战略，把引资与引智、引技结合起来。鼓励外商投资企业扩大技术进出口贸易，把外资企业作为我国与国际开展技术贸易和交流的重要渠道之一，促进技术贸易渠道、主体和方式多元化。把外资企业创新纳入国家创新体系之内，鼓励外资企业扩大在华专利申请，继续提高利用外资的质量和水平。同时加强监管，清查虚假技术贸易和技术入股，严格审查跨国公司借技术引进可能转移利润和避税的基础信息。

（5）**实施人才强国战略**。改进技术引进方式，把引进专业技术人才看作引进技术的另一种形式。充分开发利用国内国际人才资源，积极引进智力和用好海外人才，同时通过不同形式和渠道输送人才，赴国外学习、参与科研和海外公司工作。

对于国家急需的关键技术，除了加强组织科研攻关之外，我国要利用企业、机构的国际人才引进，进行技术咨询服务，通过讲学、学术讨论等技术交流方式，甚至运用西方惯用的技术间谍手段加以解决。

完善专业技术人才流动政策和外籍专家政策。在全国树立尊重科学、尊重法律、尊重人权新风，首先用好用尽国内人才，允许人才自由流动和交流；同时，大力吸引各类派出留学人才回国工作，邀请海外华人学子回国参观讲学。人才使用上不分内外、不分国籍，积极解决回国留学人员的现实困难。

我国要继续扩大聘请国际技术专家来华开展学术活动，放宽外国友好专家入籍、入职和签证政策，增强对外国专家的吸引力，并给予回国留学人员、外国专家更大的进出境自由度。

（四）深化加工贸易体制改革，实现加工贸易与一般贸易平衡

改革开放以来，我国加工贸易顺应国际分工的发展趋势，从无到有，从小到大，已成为对外贸易的"半壁江山"和主要贸易方式之一，在吸纳就业、促进技术进步、优化产业结构、密切祖国大陆与台、港、澳经贸关系以及实现区域经济发展等方面做出了积极的贡献。

同时，加工贸易在其发展过程中，也出现了一些弊端和不协调之处。诸如，由于处在国际分工产业链的低端，我国加工贸易基本上是贴牌生产，技术含量和附加值较低，增长数量与增长质量不平衡，由于交通成本等原因，加工贸易企业在区域发展上还不平衡；由于粗放型生产，一些加工贸易产品生产与营造良好的生态环境不平衡等。

由于国际金融危机和劳动力成本上升等因素，近年来我国加工贸易已出现增长缓慢的趋势。据统计，2010~2012 年，我国加工贸易进出口总值为 11577.6 亿美元、13052.1 亿美元和 13439.5 亿美元，同比增长 27.3%、12.7%和 3%，分别

占当年我国进出口贸易总值的 34%、35.8% 和 34.8%，^① 即使从数量上看，也不足以构成我国对外贸易的"半壁江山"了。

但是，尽管加工贸易目前发展缓慢，且还存在许多问题，我们认为，加工贸易符合我国国情，是我国参与国际分工的客观存在，今后仍将是我国利用国际国内两个市场两种资源、增加就业岗位、提高产业发展水平、增强国际竞争力的重要方式。在新的形势下，根据中国的具体国情和国内外经济发展的现实，我国仍然需要发展加工贸易。我国加工贸易的发展不能因噎废食，而是需要痛定思痛，加快加工贸易的转型升级，并制定一个中长期的发展战略。

1. 我国加工贸易发展的战略目标

目前及今后十年，在国内外经济的大背景下，加工贸易发展战略目标是：作为我国涉外经济体制改革中的重要环节之一，应进一步提高加工贸易增值率，通过延长国内产业链以及提高产品技术含量和附加值，增加国内收益；应拥有自主品牌和自主知识产权，以推动外贸发展方式转变；应促进区域经济协调发展，把加工贸易发展与实现工业化、城镇化、农业现代化发展结合起来，与扩大就业、改善民生结合起来，切实完成好十八大报告中提出的"促进加工贸易转型升级"的战略任务。

2. 我国加工贸易转型升级的实现路径

事实上，早在 2003 年 10 月 14 日，中共十六届三中全会《决定》就指出："继续发展加工贸易，着力吸引跨国公司把更高技术水平、更大增值含量的加工制造环节和研发机构转移到我国，引导加工贸易转型升级。"也就是说，促进加工贸易转型升级是中共十六届三中全会以来党中央提出的一项重要任务。近十年以来，我国加工贸易转型升级有所发展，特别是广东等地已总结出一些较成功的经验；重庆等地在中西部承接加工贸易转型升级中也做出了显著的成绩。^②

理论和实践表明，我国加工贸易转型升级的实现路径为：

从国家层面上看，主要是：①在产业发展上，产业链由短向长转变，即促进加工贸易配套体系向研发设计、创立品牌、生产制造、营销服务产业链上下游延伸，延长加工贸易国内增值链。②在区域布局方面，由东部沿海地区主导向东中西部协调发展转变，即遵循市场经济规律，按照中国国情和各地区的实际情况，

---

① 数据来源：根据商务部网站数据整理。
② 2012 年，重庆市加工贸易的进出口值为 173.1 亿美元，同比增长 1.5 倍；总值增幅位居全国第二。数据来源：重庆市对外贸易经济委员会网站。

继续发展传统优势劳动密集型加工贸易，培育和建设一批加工贸易梯度转移重点承接地及承接转移示范地，引导加工贸易由发达省区（或发达省区内发达地区）向欠发达省区（或发达省区内欠发达地区）有序进行梯度转移。③在贸易方式方面，进一步加大来料加工向进料加工转变，即推动来料加工企业转型，减少来料加工贸易，进一步扩大拥有自主经营权的进料加工贸易。④在管理方式方面，加工贸易企业增量由区外为主向区内为主转变，发挥并完善海关特殊监管区功能，引导增量入区发展，促进区内外加工贸易协调发展。

从企业层面上看，主要是：①在产品质量上，产品加工由低端向高端转变，即逐步由以简单加工组装为主向高水平、精加工为主转变，提高产品技术含量和附加值，把产品做好、做精致，符合国际标准，使加工贸易企业拥有更多的自主品牌和自主知识产权。②从市场需求看，加工贸易企业可从单一外贸型向内外贸一体型转变，即按照内外需的市场导向进行加工贸易，其产品既可满足外需，又可合法转内销，使企业真正以市场需求调节产品的内外贸走向。③在投资方式上，条件成熟的加工贸易企业可由境内加工向境外加工转变，发展向外直接投资，实施走出去战略，在境外设立加工贸易企业，在增强企业国际化经营能力的同时，增加当地就业，实现"双赢"。

3. 深化加工贸易体制改革，促进加工贸易转型升级

（1）建议在商务部设立加工贸易司。鉴于加工贸易发展在我国经济发展中的重要地位，目前加工贸易转型升级又面临重要的战略机遇期，其不仅涉及对外贸易，而且与海关、工业、就业、金融、区域经济以及社会保障等方面密切相连。我国加工贸易业务领域广，对外联系多，管理头绪多，现仅在商务部机电和科技产业司内设置加工贸易处，面对全国 3000 余万加工贸易从业人员及其管理人员，既与其所管辖的领域极不相称，也不利于加工贸易转型升级的发展。事实上，我国有不少省区的商务厅都设有加工贸易处。为加强对加工贸易转型升级工作的推动，实现有效、系统的管理，建议调整相关机构，在商务部设立加工贸易司。

加工贸易司的主要职能是：制定国家加工贸易发展战略、中长期规划以及加工贸易方针政策，督促各省加工贸易发展政策的落实监督其组织实施；制定并完善加工贸易商品分类管理，协调国家产业政策和贸易政策，及时调整加工贸易禁止类、限制类商品目录；负责指导、协调加工贸易企业转移，引导加工贸易企业开拓国际市场，推动加工贸易转型升级；指导加工贸易企业创立品牌，加强知识产权培训教育，依法对加工贸易企业进行业务监管；负责加工贸易项下产品的进口关税配额管理，以及专项资金管理；指导协调全国出口加工区、特殊监管区业

务工作；负责全国加工贸易统计工作，对加工贸易统计数据进行综合分析；承担与加工贸易相关的协调工作。

（2）**加强加工贸易企业中自主品牌和知识产权的管理**。调研数据表明，加工贸易企业中"三资"企业申请专利的数量较高：一是应注意研究合资、合作企业内中方专利权的合法归属问题。二是对加工贸易国有、民营企业要加强品牌和专利意识的培养，积极创新、注册品牌和申请专利。三是应采取鼓励措施，促进加工贸易企业积极申请国际专利，主动占领国际市场。四是加强对加工贸易企业自主品牌和知识产权的统计工作。

（3）**加强加工贸易企业的人力资源建设**。一是对管理人员的教育培训，二是对技术工人的教育培训。理论和实践均表明，人力资源是企业转型升级的重要支撑，实现加工贸易转型升级主要靠人的素质提高，各级政府应在企业管理培训和技术培训方面给予指导与资金支持，社会组织、研发机构和高校也可与企业联合培训，形成就业、培训的良性机制，培育一支业务精良的技术工人队伍和高素质管理人员队伍。我们在调研中发现，在加工贸易企业中，本科以上学历的管理人员和技术人员都发挥了各自很好的作用；产品的精致与否首先取决于人的管理素质和职业素质的高低。

（4）**坚持举办每年一度的加工贸易产品博览会**。2012年6月在广东东莞召开的首届加工贸易产品博览会，共有来自全国28个省市的1300多家加工贸易企业参展，近5000家采购企业超万名专业采购商到会，取得了很好的成效，深受加工贸易企业的欢迎。加工贸易产品博览会搭建起国内外产供销的平台，使产品信息对称，促进了商品交流和质量提高。建议把加工贸易产品博览会做成系列展会，做成品牌，形成制度，每年召开，年年创新。

我们认为，在我国加工贸易发展战略目标、实现路径和制度保障的协调落实中还应注意到，作为货物贸易的两种贸易方式——加工贸易与一般贸易之间需平衡发展。在我国加工贸易转型升级之时，还要关注企业根据市场需求改变业务模式，即可向一般贸易方式转化，以提高我国对外贸易的自主性。创新加工贸易保税政策思路，尝试以"生产出口产品的国内采购部分"缓缴增值税的方式（提前退税制度），为一般贸易方式提供与加工贸易进口部分保税的同等政策效力，鼓励加工贸易企业在资金积累、技术创新、掌控国际销售渠道后，向"微笑曲线"两端延伸。当然，企业以加工贸易方式还是以一般贸易方式从事对外贸易，最终取决于国际市场的需求。

（五）深化投资体制改革，实现"引进来"与"走出去"的平衡

1. 深化利用外资体制改革，提高利用外资质量

（1）**我国利用外资基本情况与趋向。** 改革开放 30 多年来，我国在吸引外资方面，由无到有，由小到大，对于促进我国经济持续、高速发展，促进产业优化和升级，提高经济综合质量，增进人们福利等方面，发挥出举足轻重的作用。目前，我国利用外资已经连续多年保持在年利用总额超千亿美元水平。近几年来，受全球金融危机和欧债危机等因素影响，我国利用外资水平处于调整之中。但从全球角度看，我国已成为世界最具吸引力的投资对象国之一，利用外资总额一直名列世界前两位，成为名副其实的利用外资的大国。

随着我国经济体制改革的深入和经济发展方式的加速转换，迫切需要将原有的重数量、轻质量的引资模式转换到集约型和效益型轨道上来，通过提升引入外资的整体质量和综合效能，促进和加速我国经济转型和结构优化。吸引外资方式正在由注重"引资"转换到注重"选资"方向上来。从中国未来 5 年至 10 年利用外资的总体规模来看，由于我国经济仍然处于较高的增长水平，对外资不但在质量上而且在数量上都有着持续和较旺盛的需求，未来 5 年，在全面提高并利用外资质量的基础上，年利用外资规模有望提升至 1200 亿美元。未来 10 年，年利用外资规模完全可能突破 1500 亿美元的台阶，达到 1600 亿美元的水平。

（2）**我国利用外资基本战略的定位与导向。** 根据十八大精神，我国利用外资战略的基础是：全面提高开放型经济水平，实行更加积极主动的开放战略，健全和完善互利共赢、多元平衡、安全高效的开放型经济体系。利用外资战略的基本定位是：从着力引进外资向着力引进技术和管理转变，从偏重引进向注重消化吸收创新转变，从注重政策优势向综合环境优势转变，从注重规模效益向注重质量效益转变。实施利用外资战略的导向是：在加快转变对外经济发展方式的基础上，强化利用外资政策与产业政策的协调与联动，提高利用外资综合优势和总体效益，推动引资、引技、引智有机结合。着力培育开放型经济发展新优势，在更大范围、更广领域、更高层次上参与国际经济技术合作和竞争，防范国际经济风险，加快转变外贸增长方式和结构，立足以质取胜、实施内外联动，求得互利共赢，在新的国际竞争条件下形成新的核心竞争力。创新开放模式，促进沿海内陆沿边开放优势互补，形成引领国际经济合作和竞争的开放区域，培育带动区域发展的开放高地。强化创新驱动，提高引进消化吸收再创新能力。

（3）**利用外资体制改革及促进战略。** 利用外资必须充分突出科学发展这一主

题和加快转变经济发展方式这一主线，推动利用外资从注重规模速度向注重质量效益转变。加快利用外资体制改革进程，全面优化招商引资环境，实行更加积极主动的开放战略，进一步拓展广度和深度，更有效地实施互利共赢的开放战略。

第一，提高利用外资质量，全面提升开放型经济水平。加速促进引进外资模式由数量型和粗放型向质量型和集约型转换。逐步扩大金融、保险、科研、教育、文化、医疗、电信、物流等领域的开放范围和水平。提高利用外资的综合优势和总体效益，鼓励外商投资高新技术产业、信息技术产业、新兴产业、现代服务业、节能环保产业，促进我国经济结构调整和产业升级。构建开放的创新体系，培育开放型经济发展的新优势，加快引进和利用国际创新资源，推进引资、引技、引智有机结合，提高引进吸收再创新能力。打造利用外资的核心竞争力，大力吸引国际知名跨国公司在华设立地区总部、研发中心、财务管理中心、采购中心、结算中心等功能性机构，促进和带动引资城市的国际化水平提升国际影响力的提高。

第二，转变政府职能，推进利用外资管理体制改革。深化利用外资投资管理体制改革，推进政企分离、政资分开，建设职能科学、结构合理、运转高效、行为规范的服务型政府。简化外资行政审批，推进网上审批和格式化审批。修订外资统计制度，完善外资评价体系，修正和充实"外资三法"（外资企业法、中外合资经营企业法、中外合作经营企业法）。建立外资并购安全审查监测系统，规范外资并购行为。营造公开、透明、平等的政策环境、法制环境和市场环境。

第三，进一步完善利用外资政策体系，将利用外资政策与产业调整政策相衔接。转变利用外资的模式和理念，加快调整和完善利用外资的各项政策，将利用外资的政策体系与我国的产业政策取向、经济结构调整方向紧密结合与衔接起来，充分发挥利用外资对经济发展方式和外贸发展方式转换的能动性。根据"十八大"制定的产业调整方向和目标，及时修订和补充《外商投资产业指导目录》，确立明确和严格的禁止、限制的政策界限及予以支持和鼓励的政策导向，积极引导外资的产业流向，发挥利用外资的综合优势，提高利用外资的总体效益。

第四，将利用外资与我国区域平衡发展战略进行有机对接与紧密结合。根据国家区域发展总体战略和主体功能区战略，把扩大对外开放，有效合理利用外资与区域协调发展结合起来。促进沿海内陆沿边开放优势互补，充分发挥各地区比较优势。继续鼓励东部地区自主率先发展，加快推动外资产业结构优化升级，提升参与全球分工的层次，率先实现利用外资由"量"到"质"的转变，打造引领国际经济合作和竞争的开放区域。另一方面，不断加大中西部地区的政策支持力度，将更多的外资吸引到西部大开发、振兴东北老工业基地、促进中西部崛起中来，并以这些地区的省会城市和中心城市为基点，着力培育带动本地区发展的开放高地，带动整个地区的经济全面、快速和跨越式发展。

第五，加大利用外资力度，促进国有企业改革的深化。通过引进外资，注入市场竞争新因素和体制改革新因素，着力激发各类市场主体发展的新活力。继续鼓励国有大中型企业采取多种方式利用外资进行资产重组和技术更新改造，盘活现有存量资产，优化结构，提高增量水平，增强国有企业活力、控制力和影响力；通过利用外商直接投资带来的先进管理方式、经营理念、营销策略，促进国有企业和民营企业的体制创新和制度改革，快速提升国际化经营能力。

第六，规范在华跨国公司行为，维护国家经济安全。在利用外资中，根据"兴利去弊，为我所用"的原则，一方面，进一步健全和完善利用外资的法律体系、政策体系和服务体系，切实保障外商投资企业经营管理自主权，保护外商企业的知识产权，维护投资各方的合法权益。另一方面，要高度重视个别跨国公司在华行贿、非法避税、转移价格、垄断经营、转移污染、忽视安全等行为，彻底清除外资企业所享有的"超国民待遇"的规定和地方政策。加强对外资并购的产业引导。研究制定有关外资并购项目的核准管理办法，切实保障国家经济安全。制定商业秘密法、反贿赂法等，使之相互协调配套。对商标法、税法、价格法等相关法律进行修订和补充，以更适应新形势对引进外资的新需要。

2. 深化对外投资体制改革，加快实施"走出去"战略

根据国际经验，目前我国经济发展阶段预示着已经进入资本输出的快速增长期，全球金融危机和欧洲债务危机的持续蔓延也为我国加快"走出去"提供了良好机遇，而且国企和民企的快速成长以及充足的外汇储备也为加大对外投资力度提供了可能和必要条件。

（1）我国对外投资现状及走势分析。2012 年我国对外直接投资实现了连续 11 年的增长，达到 772.2 亿美元，再创历史新高，超过德国和日本，名列全球第 6 位。截至 2011 年底，我国有超过 1.35 万境内投资者在国（境）外设立企业，总计 1.8 万家，对外直接投资存量为 4247.8 亿美元，企业遍布 177 个国家（地区）。2011 年末我国境外企业资产总额近 2 万亿美元。境外企业就业人数达 122 万，其中雇用外方员工 88.8 万人，来自发达国家的雇员有 10 万人。但总体来看，中国企业"走出去"还处于初级阶段，中国对外直接投资仅占全球对外直接投资总量的 1.5%，与中国经济总量以及中国对外贸易、吸引外资相比，规模仍然较小。未来几年，随着中国企业"走出去"步伐加快，中国对外直接投资与合作的潜力十分巨大。

在当前全球经济增速普遍放缓的大背景下，发达国家和发展中国家都希望借助外来投资提振本国经济，特别是爆发主权债务危机的欧洲国家和希望尽快融入全球化的非洲国家愿望更为迫切，客观上为中国企业兼并收购国外优质资产、扩大海外投资、实现市场多元化提供了机遇。中国要延续加入世贸组织以来的辉煌成就，并在新一轮国际竞争浪潮中再次抓住当前机遇，就必须大力支持企业"走出去"。

从未来 5 年和 10 年中国"走出去"的规模看，在对外经济发展方式转变取得明显效果，"走出去"步伐明显加快，"走出去"的平衡性、协调性、可持续性明显增强的基础上，利用 5 年时间，实现对外直接投资与吸引外资总额动态平衡，年投资规模争取达到 1200 亿美元左右，进入全球投资大国行列，成为资本净输出国。未来 10 年的对外投资规模，有望超过 2000 亿美元，资本输出与技术输出协同发展，进入全球对外直接投资前 2 位，名列世界投资强国之列。

（2）新时期我国"走出去"发展战略的基本定位。目前，受金融危机、欧洲债务危机的影响，世界政治经济格局继续发生深刻变化，中国经济进入了重要转型期。综合判断国际国内形势，中国对外投资与合作，正迎来难得的战略机遇期。为中国企业"走出去"提供了快速甚至跨越式发展的空间和条件。

为提高开放型经济水平，适应经济全球化新形势，加快转变对外经济发展方式，我国未来 10 年"走出去"发展战略内容应包括以下内容：在加快"走出去"步伐，进一步扩大投资合作规模的同时，推动投资合作朝着优化结构，拓展深度，提高效益方向转变；形成多形式、全方位、多领域的合作格局；按照市场导向和企业自主决策的原则，增强企业国际化经营能力，引导各类所有制企业有序开展境外投资与合作，增强企业国际化经营能力，包括在全球范围内配置人才、技术、资源、品牌、营销渠道等要素的能力，培育一批包括国有与民营企业在内的世界水平的跨国公司；以政府和行业组织为主体，健全和完善境外投资与合作的服务体系和投资环境，在政策、法律、金融、保险、外汇、财税、人才、信息、市场预测、风险预警、诉讼和应诉援助、出入境管理等方面构建成龙配套的服务保障体系。

（3）加快实施"走出去"战略的促进对策。根据国际世界经济全球化和一体化的发展趋势，全面深化对外投资体制改革，确立企业的对外投资的主体地位，推动政府职能向创造良好投资环境、为企业提供优质公共服务方向转变。以改革为动力，加快实施"走出去"步伐，实现生产要素的全球范围内调剂与配置。以资本输出为动力，促进贸易发展方式转换，推进中国由贸易大国走向贸易强国。

第一，深化对外投资管理体制改革，加快政府职能转换。 结合我国行政体制的全面改革，加快对外投资管理体制改革的进程，重点有三：一是进一步转变政府职能，更多地运用法律手段、经济手段并辅之以必要的行政手段，实现宏观指导和宏观规划的科学性和前瞻性，提高政府宏观管理水平和服务能力；二是加快对外投资与合作的自由化进程，简政放权，放宽管制，逐步改审批制为备案制或登记制；三是促进对外投资与合作管理的便利化，简化办事环节和手续，实行一站式服务及网上申报和各类批准文书网上发放，提高办事效率。

第二，进一步健全和完善对外投资与合作的促进和支持体系，优化对外投资环境。 从政府层面上加快以下四大体系的建设：一是健全和完善对外投资与合作的法律体系，对现有相关法律进行梳理、修正和补充，与 WTO 相关规定相适应，与国际投资规则相衔接，为企业走出去提供综合性、体系化的法律促进环境；二是健全和完善对外投资与合作的政策支持体系，在财政、税收、金融、外汇等方面制定更加积极的促进政策，通过政策体系的合力效应，调动企业对外投资与合作的积极性；三是加快对外投资与合作的风险防控体系的构建，建立健全风险预警机制和应急处理机制及风险补偿机制；四是构建国际协调体系，构建更为紧密的国际间双边和多边合作机制，加强高层互访、沟通和协调，综合运用政治、经济、军事、文化等手段，积极、全面参与全球经济治理，维护世界和区域和平、保障国家利益和企业利益。

第三，推进行业组织改革和打造功能齐全的涉外经济市场中介队伍。 按照国际惯例，加快对现有种类贸易投资行业组织进行改组改造，与政府行政系列完全脱钩，办成真正对外投资企业的联合组织，强化行业组织的自治、自律和协同功能，提高企业特别是中小企业"走出去"的组织化程度，在政府与企业间搭起传达企业声音，维护企业利益的桥梁和纽带。大力发展涉外的法律、会计、统计、信息、推介、咨询等中介服务组织，最大限度调动社会服务组织的主动性、积极性和创造性，在促进企业"走出去"中提供多功能、全方位的社会化服务。

第四，深化国有企业改革，增强国际化经营能力。 建立国有企业改革与国际化经营相互促进机制。加快国有企业的现代企业制度建设，健全公司治理结构。国有企业在"走出去"过程中，通过与国际资本相互融合，与全球知名大型跨国公司相竞争与合作，不断完善自身体制与机制，增强国际化经营能力，掌握跨国经营的基本规律，熟悉国际投资与合作的基本技巧和惯例。同时，通过国际化经营，锻炼出一批国际化人才队伍，打造出自主的世界知名品牌，增强产品研发、市场营销能力、风险防控能力、跨国管理的能力，增强企业国际竞争力和可持续发展能力。构建一批国有独资、合资、合作、国有控股的具有世界水平的跨国公司，确立国有企业在绿地投资、跨国并购、国际资源、能源收购及权益投资等大项目的主力军地位。

第五，着力鼓励、支持、引导非公资企业发展。鼓励和支持民营企业开展跨国经营，利用民营企业的产权清晰、机制灵活、国际化融合度高、对市场机会和风险敏感性强等特点，将民营企业打造成"走出走"的生力军。一方面，对民营企业实行更为完善、更为有力的倾斜性的财政、税收、金融、担保等政策，减轻企业负担，增强企业造血机能；另一方面，打破垄断，为民营企业营造更公平、更宽松和更平等的发展机会，营造出民营企业做大做强的经济生态环境。形成一批具有相当国际影响力的民营性跨国公司。鼓励中小民营企业间、中小民营企业与大型国有或民营大型企业间进行横向或纵向联合与协作，结成多种形式的经济联合体和企业集团，实现大中小企业协同性的"集群式"发展。

第六，促进企业文化与当地文化融合，强化企业社会责任意识。对外投资企业首先要搞好"走出去"的前期市场调研、风险预测、投资规划等方面工作，避免投资的盲目性和随意性；其次，加强企业员工的教育培训工作，全面了解东道国的相关法律、宗教信仰、风俗习惯，做到知己知彼；再次，企业"走出去"后，全面实施属地化经营策略，逐步融入当地社会，与社区居民、工会、媒体、政府、新闻机构等建立密切关系，树立起遵纪守法、诚信守约的良好企业形象；最后，强化企业的社会责任意识，将企业文化以及中国政府所倡导的互惠共赢理念、和谐理念、生态文明理念贯彻到企业日常经营管理之中，主动履行社会责任，造福于当地社会，不仅使企业"走出去"能够落地生根，而且能够茁壮成长。

（六）加快实施多层次、多样化自由贸易区战略，实现参与经济全球化和区域一体化平衡

在经济去全球化和WTO"多哈回合"谈判受挫现实形势下，区域经济一体化与自由贸易协议谈判却异常活跃。世界已经组建众多区域经济组织，各种形式自由贸易区鳞次栉比，所产生的贸易转移效果明显，对非成员的贸易壁垒高筑，引起的地缘政治影响深远。当前，美国主导全球贸易规则和格局的意图明显，美国正在亚太地区加紧谋求构建TPP协议，美欧准备商谈跨大西洋自由贸易区协议，试图树立打造新一轮更高标准的世界贸易规则新标杆。为了积极应对全球自

由贸易区发展大趋势，我国也把加快实施自由贸易区战略提到国家战略层面，适时回应时代和国家发展的战略要求。

1. 构建多层次、多样化的自由贸易区，适应国际形势和国家发展战略需要

中国实施自由贸易区战略的目标是积极构建多层次、多样化的自由贸易区，有效参与经济全球化和区域一体化进程，形成双边、多边以及区域合作良性互补关系和最优制度安排，消除成员之间贸易投资的边界障碍，实现成员间市场一体化，促进国际经济环境优化，适应我国国内社会经济发展水平、速度以及国家整体外交战略需要，促进我国对外经济贸易稳步发展，全面拓展我国对外贸易、投资、金融、科技以及文化活动的国际空间，提高区域合作和自由贸易区实施的经济效果，提升我国参与全球经济治理的能力，提高抵御国际经济风险的能力。

在实现经济功能之外，同时要发挥实施自由贸易区战略对我国外交和国家安全的积极效果，贯彻我国国际政治、外交和安全在自由贸易区发展上的战略意图。

加快国内改革开放和观念转变，加强外交沟通取信伙伴。实施自由贸易区战略的基本思路是由内而外、科学取舍、务实推进、互惠互利。国内改革开放是加快实施多层次、多样化自由贸易区发展战略的最大动力。首先要加快改革开放进程，尽早破除一切阻碍构建多层次、多样化自由贸易区的体制机制以及政策障碍。其次加强外交沟通，促进国家间信任，推动伙伴相向而行，依照我国战略布局科学取舍伙伴，成熟一个就推动商签一个，按照既定战略步骤一步一步扎实推进，积极推动自由贸易区谈判、商签与实施进程。最后，科学评估自由贸易区构建效果，全面落实协议条款，提高自由贸易区管理水平，充分挖掘多边贸易体制所不能提供的更大贸易投资潜力。

顺应经济全球化和区域经济一体化以及自由贸易区迅速发展的时代要求，放弃国际地缘政治、军事对峙、价值观差别等一切成见，坚定追求实利决心，在积极支持多边贸易体制的同时，与世界上主要经济合作伙伴开展战略经济对话与沟通，探索建设自由贸易区的潜在利益和付诸实施的可行性，减少经贸摩擦，促进贸易和投资自由化便利化，实现互利共赢，构建我国参与多层次、多样化自由贸易区的对外经贸发展新格局。

参与多边国际合作组织安排的自由贸易区协议需要根据成员发展差异性及其意愿建立自由度层次适当的、各成员都能接受的自由贸易区协议。与发达国家的双边自由贸易区协议要达成较高层次和水平自由度的贸易与投资协议，与发展中国家伙伴的双边自由贸易区协议层次和水平要随双方自愿。

2. 科学制定和实施多层次、多样化自由贸易区战略措施

（1）加快国内改革开放进程。美国正在推动的跨太平洋战略经济伙伴关系协定谈判和准备启动的跨大西洋自由贸易区谈判在劳工标准、环境保护、知识产权保护、服务业开放、贸易便利化、公共采购政策、针对国有企业的中性竞争政策等一系列新规则对我国国内体制改革、制度设计和对外开放步伐都提出严峻挑战。

我国要修法严格企业用工标准，对于雇用未成年人、劳动条件、安全保障、加班、休假、劳动歧视、工会、党团社会组织等做出明确规定，打击拖欠农民工工资和损害权益的行为，改革户籍制度，促进人口和劳动力流动，保障就业机会公平，维护劳动者权益。

按照国际先进标准，继续提升我国环境保护法法律水准，严格执法，促进美丽中国建设。改革和修订有关知识产权保护法规，把知识产权立法执法看作完善市场机制发挥市场调配资源作用的重要组成部分，推动经济转型升级和创新型国家建设。

关于服务业开放、贸易便利化、公共采购政策都是短期内可以做到的，当前不必提前实现，应当视谈判结果而定。这些领域推进深度改革开放对我国发展均具有积极意义。现行政府采购体制存在明显的低效率，充斥贪腐。推进市场化改革、政府减少干预市场是关键。继续减少货物贸易配额管理，提高贸易便利化和自由度，与国际体制及做法一致对我国长远发展是有利的。

国有企业改革是一项艰巨任务。我国与一些地区组织或国家的自由贸易区谈判僵持不下，久拖不决背后有部门利益、少数国有企业寡头利益的阻碍。改革开放进程和国家发展利益受到利益集团严重的威胁。我们应参照美国、法国、日本等国家国有企业转型的做法，积极推进国有企业社会化、股份化、竞争中性化，规避国有企业大而不能倒的风险，抑制少数国有企业劫持国家的冒险，消除国有企业自身固有的诸多弊端。这些改革开放举措对我国既是挑战，也是外部倒逼推动改革发展的机遇。

（2）改革重建设、轻管理的传统工作模式，巩固和提升已有自由贸易区的实施效果。我国外交部门和对外商务部门不仅要加强自由贸易区建设的商签努力，而且要加强自由贸易区协议落实和利用的管理工作，定期对已经实施的自由贸易区效果进行客观的科学评估，总结经验教训，不断提升我国已有自由贸易区的实施效果。

每个自由贸易区实施效果的评估要从每个成员利益角度进行科学合理分析，

不能只看自身利益，更不能不顾自身利益。每个自由贸易区成员都能从中互利共赢，才能持久保持自由贸易区的活力和可持续性。实证显示，中国—东盟自由贸易区的建立与实施效果显著，促进了双边贸易与经济合作，未来应继续提升合作水平和层次，充实合作内涵。亚太经合组织（APEC）合作对话的功能更多些，经贸合作层次较低，对我国贸易影响并不显著。当前 APEC 存在的意义受到了 G20 平台的严峻挑战，也许未来 G20 达成自由贸易区的潜力很大。

我国政府要加强企业自由贸易区宣传、培训和引导，让企业最大限度受益于实施自由贸易区战略，继续巩固实施效果较好的自由贸易区，磋商改进实施效果不满意的自由贸易区协议，磋商解决成员间权利义务不对等问题，消除承诺的壁垒，降低贸易成本，推进对外贸易、投资和国际合作深入发展。

（3）加强基于上海合作组织和金砖五国的经济合作功能，积极探索与周边邻国商谈达成双边或多边合作的自由贸易区协议。优先安排多边国际合作组织成员间自由贸易区协议。中国要把推动上海合作组织和金砖五国机制实现自由贸易区安排作为实施自由贸易区战略首要任务，在上海合作组织和金砖五国的经济合作中要发挥核心作用，向成员国以及观察员国提供非对等的市场开放，并提供一定的技术及经济援助，提供低息信贷融资优惠，加快我国与周边邻国高速铁路、公路、管道以及电信网络等基础设施的互联互通，促进资金、人员以及文化教育交流，巩固睦邻友好，深化互利合作，努力使自身发展更好惠及周边国家。近期内把实现上海合作组织区域内基础设施互联互通作为务实合作的首要目标，落实承诺提供的 100 亿美元贷款，同各方加强配合研究设立面向上海合作组织区域内经济技术合作基金，推进上海合作组织开发银行组建工作。

其次深化同印度、俄罗斯、哈萨克斯坦、孟加拉、朝鲜、蒙古、韩国、日本等周边国家的睦邻友好和务实合作，加快与周边邻国双边自由贸易区协议进程，搭建多层次合作平台，实施一系列重大合作举措，维护地区安全与和平稳定，促进共同发展繁荣。中印建立双边自由贸易区的潜在利益非常巨大，两国应建立对话与互信机制，申明大义，积极探索领土争议解决途径，排除各种障碍，早日建成自由贸易区。加快中日韩自由贸易区商签，中日韩自由贸易区协议商签可以采取分步走方式，中韩或中日双方率先达成自由贸易区协议，尽快达成一个初步的、低水平的协议，以后逐步推进，有效应对美国推动 TPP 协议的不利影响。中日韩三方的权利与义务必须对等，可以进行利益互换，让协议落到实处，消除日韩非政府组织力量的不利影响。我国要积极与朝鲜、蒙古探讨建立自由贸易区的制度安排，加强对朝鲜和蒙古经济、社会、政治外交的影响。

（4）积极探索与其他地区合作组织或国家开展自由贸易区建设的谈判，达成多样化、多方式、多层次的自由贸易区协议。中国应加强与拉美、非洲、中东地区的区域组织合作，加强南南合作，重视与这些区域合作组织建立层次适当、方式多样的自由贸易区安排，甚至非对等的自由贸易区安排。在 APEC 基础上我国积极倡导和推动亚太自由贸易区协议，或许可以与美国在亚太争夺经济、政治地缘板块的主导权。

中国要积极加强对欧盟、加拿大、美国、澳大利亚、以色列、瑞士、挪威等发达国家的商务外交沟通，努力达成层次较高的双边自由贸易区协议，进一步加强与主要贸易伙伴的经济联系。随着北极航道开通，缩短航程时间，降低运输成本，世界贸易和经济重心将会北移，中国要尽早与加拿大、美国、北欧国家或欧盟进行外交商谈缔结自由贸易区协议，展现我国改革开放融入世界自由经济体系的意愿。

中国要深化同新兴市场国家和发展中国家的务实合作，与墨西哥、埃及、土耳其、伊朗、古巴、委内瑞拉等国家协商，根据双边意愿达成层次不同、形式多样、方式适宜的自由贸易区协议。

（5）务实整合大中华区域内自由贸易区，稳步提高自由贸易区层次。中国大陆要进一步深化和细化与香港、澳门、台湾所建立的自由贸易区协议，不断提高开放层次，扩大协议覆盖的范围和发挥的功能，不寻求对等开放条件，推动两岸交通和基础设施互联互通。随着四方互信水平的逐步提高，要不断加深大中华区域经济整合层次，把几个自由贸易区协议变成一个自由贸易区协议，最终成为一个国内统一市场。

中央和地方政府要积极清理不利于自由贸易区协议落实的法规和政策措施，加快落实与台港澳自由贸易区协议相关的改革开放步伐。发挥各方同为多边体制成员身份的正面效果，提升区域经济一体化程度。

专题九 深化我国服务业体制改革的战略思路与实施建议

夏杰长　李勇坚

一、我国服务业体制改革面临的主要挑战

近些年，我国服务业体制机制改革不断深化，服务业管制和垄断有所削弱，服务业行政审批逐渐减少，服务业行业协会的积极作用正在有效发挥，金融机构、资本市场、铁路投融资体制、国有文化新闻出版体制机制等领域改革都有一定突破。服务业税收、价格、收费等改革深入推进。特别是 2010 年实施的国家综合改革试点和 2011 年在上海率先实施的部分现代服务业营业税改征增值税试点工作，激发了服务业发展的体制活力，为现代服务业大发展创造比较公平竞争的体制环境。但总体看，服务业体制改革滞后，已经成为服务业发展的最大障碍。

1. 体制机制僵化，市场化程度不高，市场机制作用没有充分发挥

按照最一般的理解，制度是一个社会普遍接受的游戏规则，是为决定和约束人们的相互关系而设定的"契约"。美国著名的制度经济学家道格拉斯·C. 诺斯通过对经济增长现象的思考和对美国经济增长的实证分析，提出了制度因素对经济增长的巨大影响，他甚至认为：即便在技术没有发生变化的情况下，通过制度创新也可以提高生产效率，实现经济增长。从这个意义上讲，制度是影响经济增长、交易成本和经济效率的最重要因素。健全的市场机制与规范的市场秩序是发展现代服务业的基本条件。农业和制造业提供的是看得见摸得着的有形商品，而服务经济中交易的主要对象通常表现为一项权利而不是实物，它更加依赖知识、

创新、人力资本、声誉、品牌等高级生产要素和无形资产，所以服务业发展需要更加完善的市场机制和制度。在餐饮、商贸批零、旅游等传统服务业之外，我国许多现代服务业领域的体制机制和政策安排，比如准入机制、服务标准、行政监管、定价机制还是具有较浓厚的计划经济色彩，市场机制的基础性作用远没有发挥出来。正是这种不合理的制度安排，造成了本应该具有广阔市场潜力的现代服务业缺乏足够的发展动力和活力，竞争力严重不足。

造成我国服务业体制机制僵化且市场化程度相对不高的原因是多方面的，行政审批环节过多且多头管理是其最主要的原因。据国家发改委等联合调研组（2006）对服务业前置审批项目的不完全统计，除涉及国家法律 17 部、国务院行政法规 33 部、国务院政策文件 20 件，涉及中央和国务院有关部门的部门规章、文件 106 件。各地方依据这些法律、法规和规章、文件制定的地方性规定就更加繁多。由于这些法律、法规和规章、文件不能随着现代服务业新业态、新问题、新形势的变化而及时修订或废止退出，自然也就成为现代服务业发展与改革的障碍因素之一。再加上由于上下级之间沟通问题、部门之间利益问题，各政府部门之间的政策条例、管理办法也有诸多不衔接和不配套之处，也为服务业企业正常运行带来很多干扰。如此过滥的行政审批、僵化低效的管理，已经成为服务业发展与改革的最大障碍之一。减少行政审批，还权于市场是服务业领域下一步改革的重要议题。

2. 工业企业"服务内置化"现象比较严重，社会分工程度较低，制约了服务业发展的市场需求

市场经济的一个重要特征就是强调分工与交易。分工是技术进步、效率提高和经济增长的重要条件。但长期以来计划经济思想根深蒂固，我国的工业企业组织大多是"大而全、小而全"，大量的服务业或服务环节被内置在工业企业内部，为数不少的工业企业依然处于自我封闭、自我服务、自我循环阶段，依旧采用传统的生产模式，即由工业企业内部提供其所需的服务生产和服务产品。工业企业外包服务不多且涉及面窄，即便有一些服务外包，也主要以产品生产为主，多是单一功能或是生产经营的某个环节，而与产品制造相关的物流、规划咨询、研发设计、金融租赁、商务服务、采购营销、人力资源等现代服务业占全部支出的比重偏小。这样的结果，使得大量本应市场化、产业化、社会化服务的现代服务业变成了工业企业自我提供的服务，既严重压抑了现代服务业的市场需求，也降低了服务业效率和供应质量，毕竟工业企业不是专业的服务供应商，做服务业不是其擅长的事情。

3. 服务业的政府规制不到位，影响了服务效率和质量

关于政府规制，现有文献中一般认为政府应当提供一个有效、综合的政策保证，从而促进服务业发展，西方经济学家一般倾向于对服务业放松管制。尼克利特（Nicoletti）和斯卡尔皮塔（Scarpetta）（2003）通过模拟研究和跨国比较指出政府规制对于服务业的影响巨大。特别是对于 ICT 服务部门如批发、金融、保险和商业服务的规制可能损害新经济的外部性，对生产力的增长造成负的外部性。布兰特（Brant，2003）认为不合适的限制性规制损害了企业的动力，特别是限制服务部门的增长。各国政府在制定服务部门规制时，应当在经济增长的框架中考虑问题。例如金融、通信以及交通运输服务已经成为商品生产的主要投入要素，这些要素构成了产品成本的绝大部分，服务投入效率成为影响公司竞争力的重要因素，又如教育、培训以及医疗卫生服务更是成为整个经济增长率提高的关键原因，而具体的服务政策导向将会直接影响这些部门的生产率水平，因此各国政府部门在制定产业政策时应结合本国实际情况相机而择。

由于服务业提供的是无形的产品，供求双方信息不对称比较严重，规制及规制改革对于服务业的发展尤其重要。需要进行微观规制的产业绝大部分都集中在服务业，例如公共运输业、电信服务业等。此外，还有一些服务行业其产品性质具有严重的信息不对称，例如医疗服务业、教育服务业等。这些行业也需要政府部门进行微观规制。但是，从现有的政策架构看，政府对服务业进行微观规制缺乏一个基本的理念与明晰的政策思路，规制的对象和方法都出现了偏差，其结果导致很多需要政府规制的服务业不但没有健康发展，反而严重短缺、价格快速上涨、服务质量低下。

4. 服务业部分行业严重垄断，降低了服务业市场竞争力

行政垄断在我国许多经济领域都存在，但以现代服务业领域为甚，比如金融、电信、铁路、民航、教育、新闻出版传媒等就是典型的行政垄断行业。这些行业普遍产权不明晰，竞争力不强，效率不高。比如金融行业，目前，国有金融企业的金融资产大概占整个金融资产的95%。2011 年银行的毛利是 26000 多亿元，净利是 10400 多亿元，按照银监会的统计，比 2009 年增长 36.3%。与之形成鲜明对照的是，实体经济企业的运营却日益艰难，所获金融服务严重不足。而且，国有银行利润的快速增长是在老百姓的储蓄存款长期负利率、资产贬值的情况下实现的，这与金融垄断是分不开的。

20 世纪 70 年代末的改革开放到现在，我国政府对服务业实施的是渐进性改革政策。在改革的顺序上，首先，实施自由化价格，放松对相关服务行业价格的管制，鼓励企业根据供求关系和市场竞争情况自主定价；其次，实施市场结构改革政策，即允许部分社会资本和境外资本进入特定行业；最后，实施产权改革，通过股份制、民营化或者与外资合资、合作经营等方式，对某些行业的国有服务企业进行产权结构改造，允许多种所有制并存。而在服务业即将成为国民经济第一大产业的背景下，在未来一段时期内，我国服务业政策的着力点在于营造服务业发展的良好环境，其重点就在于打破垄断、完善规制。

5. 事业单位改革滞后，抑制了服务供应，降低了服务供给效率

产业化、社会化、专业化是服务业发展的方向，但我国长期以来把不少服务业交给事业单位来提供，没有把它剥离出来交给专业服务机构来做，这在很大程度上影响了我国服务业的发展规模和效率。我国的事业单位承担了较多的公共服务或准公共服务职能，但也有一些本可以产业化或市场化的服务业也存于其中。其中比较典型的有各种应用开发性科研机构、职业培训机构、社会中介机构、一般性艺术表演团体、新闻出版机构乃至部分宾馆、招待所等，理应市场化的服务领域依然没有走向市场，很大程度上影响了市场供应，挤占了服务资源。此外，由于事业单位多年来没有打破大锅饭体制，没有建立起相应的激励约束机制，由这些事业单位提供服务产品的效率是不高的，它们没有足够的动力提供高质高效的服务产品，也基本不对提供低质低效的服务产品行为承担责任。

6. 产业组织结构不合理、企业治理结构不完善

从我国服务业的产业组织结构来看，要么是准入门槛偏低，政府干预严重，造成无序竞争，经营混乱，要么是独家垄断，效率低下。以会计服务业为例，根据中国注册会计师协会行业管理信息系统最新显示数据，截至 2012 年，全国共有会计师事务所 8128 家，注册会计师 99085 人，非执业会员 98089 人。目前，中国注册会计师协会个人会员人数近 20 万人，全国具有注册会计师资质的人员超过 25 万人，但收入达千万元以上的只占少数。与此相对应的还有，我国注册会计师职业服务市场的资格种类多达 20 余种，难以形成综合服务。再加上政府对市场介入过度，干扰了市场的正常竞争秩序，使得我国会计服务市场优胜劣汰的机制难以形成，影响了服务质量。从而导致无序竞争，经营混乱。由于大家都在抢市场，行业自律难以形成，丑闻也层出不穷，同样的问题在律师、广告等服务业中也存在。而铁路运输、邮电通信等产业则呈现出独家垄断之势，服务质量难以提高，经营质量低下。另外，目前有不少专业服务机构虽然名义上已经脱离政府，但实际上还依附于政府部门，没有形成有效的内部治理结构，竞争力较弱，在日趋激烈的专业服务国际竞争中处于不利地位。例如，上海现有 24 家规

模较大的展览公司，大多没有建立现代企业制度，机制不灵活，责、权、利划分不明晰，办展的国际化和专业化程度不高，企业治理结构不完善，使服务业发展缺乏活力。

二、我国服务业体制改革突破的着力点：打破垄断、完善规制

1. 严格界定服务业发展中的政府和市场边界，避免"越位"和"缺位"，更加主动、更大力度地发挥市场机制的作用

服务业涉及的范围很广泛，既有属于公共品性质的公共服务业，也有市场化经营的服务产业，还有介于这两者之间的准公共服务。我国服务业发展过程中时常遇到政府与市场关系的不协调问题：一是"越位"，即管了许多不该管的；二是"缺位"，即该管的没管或者没管好。总体看，是政府越位较多，政府总想当"大家长"，包揽了许多本应该由市场机制发挥作用的领域和功能。政府包揽的太多、行政干预力量太重，是许多服务行业严重垄断的直接原因。理论上讲，政府主要职责定位在以下三个方面：制定规则、保障公平、宏观引导。即只做裁判员而不是裁判员和运动员兼而有之，确保不同市场主体公平有序竞争；提供基本公共服务，承担社会底线；制定宏观政策，引导产业发展方向。就服务业而言，目前最紧迫的是政府要从那些可以产业化的服务行业中退出来，比如文化艺术、广播影视、新闻出版、教育、医疗卫生、社会保障、体育、知识产权、检验检测等行业和领域中能够实行市场化经营的服务，政府尽可能不要直接投资，要引导社会力量增加市场供给。

我国服务业发展既有国外服务业发展历程和发展趋势中的一般共性，又有作为发展中国家的市场转轨的特殊性。我国服务业的发展滞后和结构不合理，很大程度上是由于服务业体制改革不到位、市场机制没有发挥配置资源的主导作用、不具备有利于服务业发展的体制环境造成的。与改革初期相比，我国市场机制已日渐完善，放松经济规制、实行市场准入制度改革的条件日趋成熟。加快服务业市场化取向的改革步伐，充分发挥市场竞争机制的作用理所当然是深化服务业体制改革的核心和主线。

市场经济是公平竞争的经济。要公平竞争，各市场主体就必须站在同一个起跑线上。建议分步骤放松对现代服务业中投资项目的行政审批，推进投融资体制改革，以此打破市场壁垒，实现要素的自由流动。同时，改变服务业部分行业垄断经营严重、市场准入限制过严和透明度低的状况，按市场主体资质和服务标准，逐步形成公开透明、管理规范和全行业统一的市场准入制度。积极鼓励非国有经济在更广泛的领域参与服务业发展，在市场准入、土地使用、信贷、税收、上市融资等方面，对非国有经济实行与国有经济同等的待遇，形成与国有经济企业相竞争的局面，增强市场机制的作用，提升服务业产业的竞争力。

企业是市场经济的主体，是市场竞争的主体。国有经济是我国大型服务企业的主要组织形式。市场化改革的关键是要加快国有大型服务企业改革的力度。从宏观上讲，要加快服务业国有经济布局的战略性调整，做到有进有退，有所为有所不为；从微观上讲，要按照产权清晰、权责明确、政企分开、管理科学的要求建立现代企业制度，重点是对国有服务业大中型企业进行规范的公司制改革。除少数企业外，要通过规范上市、中外合资、相互参股等形式，逐步改制为多元持股的股份有限公司或有限责任公司，建立起激励约束相容的公司法人治理结构。在此基础上建立新的企业内部运行机制，推动各类企业管理方式、管理模式创新，促进主辅分离，推进企业内置服务外包，改变"大而全、小而全"的状况，降低经营成本，提高企业效率。

价格机制是市场机制的核心，是要素流动与市场竞争的"引导者"。要根据现代服务业发展的内在要求和市场供求状况，逐步放松服务价格管制，尽可能减少非市场定价，推进市场定价。对某些必须管制的服务价格，也要提高定价的透明度，应当允许有些差别化定价，或有指导性的市场定价。

2. 打破服务业的垄断，积极促进服务业公平自由竞争

服务业内部行业繁多，各个行业性质千差万别。有些服务行业（如电信）具有自然垄断性质，还有些服务行业具有外部性（如教育业）等。但是，从政策的一个总体趋势看，就是逐渐消除进入壁垒，基本实现进入退出的自由化。在一些目前行政垄断严重的行业，如电信、金融、保险、铁路运输、航空运输、广播电视、出版传媒等垄断性行业中，除个别涉及国家安全和必须由国家垄断经营的领域外，都必须大刀阔斧地改革。目前的改革举措主要在于允许原有国有企业"分拆"之后的企业之间开展竞争。这显然只是浅层次的改革，改革的重点是放宽服务业市场准入，引进竞争机制，允许进入和允许竞争并重，尤其是要准许新的市场主体进入。激活民间企业投资，允许非国有市场主体进入本行业是政府改革行

政垄断行业的重要举措。只有民间资本广泛参与市场竞争，才能提高效率，改善服务，增进国民福利。对一些短期内完全开放进入有难度的行业，也要采取切实措施，尽可能实行"政企分开、政资分开、政事分开"。在非自然垄断性业务部门要积极引入市场机制，解除过多过滥的行政监管，开展公平竞争，提高服务效率。即使是目前行政垄断不严重的行业中，也不应设置过多的准入障碍，以促进在位企业提高效率。

十八大报告在所有制理论上的重大突破是提出保障不同所有制主体依法"平等使用生产要素，公平参与市场竞争，同等受到法律保护"的"三个平等"为核心内容的不同市场主体公平竞争理论。中共十八届三中全会更是提出了要"积极发展混合所有制"。这些要求体现在服务业发展政策方面的核心内容是：

（1）放宽市场准入。国家"十二五"服务业规划明确指出："凡国家法律法规未明令禁入的服务业领域，全部向外资、社会资本开放，并实行内外资、内外地企业同等待遇，各类投资者均可以独资、合资、合作等方式进入。各类服务业企业在登记注册时，除国家法律法规规定外，各部门一律不得设置或变相设置前置性审批事项。"这一原则应该是我国服务业准入机制改革的基本指导思想，必须有力贯彻实施。长期以来，我们对服务业对市场准入设置了种种障碍。一个重要的原因是对市场准入的基本理论缺乏深入研究甚至有些误解。现有的对服务业准入高门槛或实施行政垄断的理论基础是"国家经济安全"或者"国家安全"。而事实证明，在政府制订的过程中，对"国家经济安全"或者"国家安全"缺乏基本的定义，其内涵与外延都非常模糊，导致了该概念的滥用，服务业垄断被无限放大。因此，在进行推进服务业自由化的过程中，需要加强对基本理论的研究，对"国家安全"与"国家经济安全"等关键与核心概念给出明确的定义，并确定其内涵与外延，且随着经济发展对其进行动态修改。

（2）尽可能取消所有制限制。目前，在许多垄断行业中，国有资本"一家独大"的现象比较普遍，非国有资本所占比重有限，这种严重不对称的格局导致了在市场竞争方面，国有资本较之非国有经济企业具有压倒性的"竞争优势"，而这种竞争优势并非市场能力差异带来的，主要是其高度垄断所致。所以，在非基本公共服务领域，要尽可能打破垄断、取消所有制限制，除了引入外资外，也要为民营企业等多种市场主体创造公平竞争的环境，提供平等竞争的机会，形成政府投资、民间投资、利用外资等多元化投融资机制，并逐渐提高非公有制经济在服务业中的比重。

（3）逐步放开非基本公共服务领域，充分发挥市场配置资源作用。严格界定基本公共服务和产业化、社会化服务，扭转事业单位承办产业化、社会化服务的格局，从而壮大服务业的市场需求。还要加强研究适合新型服务业态和新兴服务产业发展的市场管理办法，以顺应新兴服务业大发展的基本要求。

3. 改革服务业投资体制，优化服务业投资结构，提升投资效率

自1993年开始，服务业投资占全部投资的比重就已超过了50%，远高于同期服务业增加值的占比。服务业在整体上并没有表现出"投入少、产出高、见效快"的特征。从发展趋势看，在20世纪80年代，为了使服务增加值增长1元，需要投入3元左右的资本。然而90年代，这个数据增加到了5元以上。这说明从动态上看，服务业越来越具有资本密集的特征。从服务业投资内部结构特征看，交通运输仓储邮政业、房地产业都具有非常高的投资，约占服务业全部投资的60%以上。从投资主体来看，服务业投资仍然主要以国有投资为主。服务业14个大类行业中，除批发和零售业、住宿和餐饮业、房地产业、租赁和商务服务业、居民服务业和其他服务业5个行业外，其他9个行业国有投资均占50%以上，其中交通运输仓储和邮政业、水利环境和公共设施管理业、教育三个行业国有投资占80%以上。

（1）要对现有的投资审批体制进行改革。我国现有的投资审批体制，仍对服务业有着较多的限制。例如，对铁路、高速公路、快递、房地产等诸多服务行业的投资方面，仍存在着大量的政府审批现象。现有的投资审批体制是一种对市场投资决策的扭曲，因为投资审批者并不对投资结果负责任，而审批的标准、原则、程序等又不够透明。这也是造成服务业投资效率低下的重要原因。从未来发展看，应对现有的投资审批体制进行全面清理，除了政府投资的项目之外，民间投资项目的审批应该全部予以取消。

（2）要大力鼓励服务业的民间投资。在破除垄断的基础上，要金融、土地、财政等多种政策手段，积极引导民间资本投入到服务业中。

（3）通过税收等多方面的政策，鼓励投资方式的多样化。在服务业投资中，除了由建设单位直接投资进行基本建设和技术改造之外，还应鼓励采用项目融资、股权投资、项目并购、租赁投资、BOT等国际上比较广泛采用的多种投资方式。尤其是要对这些新型投资方式的税收政策进行整合，使各种投资方式的税负大体均衡。

（4）积极推进和完善现代服务业领域"营改增"的试点工作，鼓励更多的社会资本投向现代服务业。2012年，上海、北京等地相继进行了部分现代服务业"营业税改征增值税"的试点工作。总体上看，这项改革是有利于促进专业化分

工和促进现代服务业发展的，从试点推广情况看，也是有利于减轻现代服务业企业的负担的。但是，也有些服务业企业的负担不降反升。"营改增"试点中部分行业税负不减反增是有其特定原因的，因为按照目前的增值税条例，绝大多数服务业企业的可抵扣进项税额较少。在制造业企业生产过程中物质资料所占的比重较大，但在服务业企业中大量的经营活动做倚靠的并非是物的消耗，而是非物质性的"知识"和"劳务"产品，即主要依靠人力资本和无形资产为中间投入。因此，建议尽快将无形资产、人力资本等非物质投入纳入增值税的进项税额抵扣范围，从而切实减轻现代服务业企业的税收负担，以吸引更多的社会资本投向现代服务业。

4. 破除土地垄断，降低服务业的投资成本

服务业用地土成本高是不争的事实。服务业门类众多，行业千差万别，把服务业用地都归为商业用地，从而采取高地价的做法是不尽公平的。比如，物流、研发等现代服务业，既具有营利性，也具有一定公共平台性质，是典型的准公共品。如果采取土地歧视政策，这些服务业企业难以承受，只能艰难度日，勉强运行。此外，由于受"重工业轻服务业"的传统思维影响，许多地方政府在安排土地用途时，几乎都将工业用地需求置于优先地位，从而导致服务业用地需求严重不足。据浙江省发改委课题组提供的数据，2010 年上半年浙江省累计供应工矿仓储用地为 4342.1 公顷，占土地供应总量的 36.0%；而商服及房地产用地（除住宅）为 848.5 公顷，仅占土地供应总量的 7.0%。

当前，建设用地实行统一国有供给制，以及工业用地与服务业用地价格之间的巨大差异，都提高了服务业的投资成本，限制了服务业的投资发展。具体措施包括：试点土地创新开发模式，降低投资成本。对部分服务业用地试点年租金制；试点集体土地或划拨土地原所有权人合作开发持有型物业；土地资产证券化等。在符合城市规划、土地利用总体规划前提下，充分利用集体建设用地流转政策，鼓励现代服务业项目利用集体建设用地进行开发建设。支持以划拨方式取得土地的单位利用工厂厂房、仓储用房、传统商业街存量房产、土地资源兴办信息服务、研发设计、文化创意等现代服务业，土地用途和使用权人可暂不变更。

5. 强化监管、完善激励，建立激励—约束相容机制

信息不对称在服务业生产和消费领域表现得尤为突出。政府对其生产和消费行为、对服务市场进行有效约束和监管，建立公平与透明的监管体制，是极为重要的职责。制定标准是有效监管的前提。政府或其行业协会要担当起标准制定者的重任。监管还得有法可依、有规可循。因此，政府要对服务业市场制定行之有

效的法规制度。监管还必须透明公正平等：即要尽可能做到信息公开、执法公开、处罚公开；对所有企业一律平等对待，适用同一标准，不能因某一种特殊身份而对某一些企业实施特殊政策，对另一些企业进行歧视；对需要政府定价的服务行业，其定价过程要引入投标机制确定价格。在信息不对称的电子商务市场、家政服务、钟点工市场、医疗保健市场、美容市场等方面，需要强化市场监管，强化打击不正当竞争行为，促进企业树立品牌意识，提高服务质量，尽可能做到供应者和消费者的信息对称，为服务消费提供信誉保证，引导居民服务消费，促进消费升级。

有效的激励机制是服务业快速高效发展的重要因素。服务业发展最主要的动力是创新，而创新又主要依赖于人力资本和知识。加大对人力资本的投入，提高服务业领域人力资本素质，尊重服务业从业者的个性和创造性，包容其"不寻常"的思想火花，切实保护其知识产权，对现代服务业企业比照高技术企业各种政策优惠，鼓励更多高素质人才流向现代服务业领域。在制造业中，规模经济效应体现得比较明显，但在服务经济中大量的创新却来源于中小企业，因此，要建立起专门针对中小企业技术创新的制度支持体系，激发中小服务业企业的创新活力，从政策上鼓励中小企业更多地支出用于研发行为。

6. 提升服务业微观规制水平，维护市场竞争秩序

在市场经济条件下，鼓励自由竞争和加强市场监管都是不可或缺的。在服务业市场化的目标下，并不是政府对服务业微观市场放任不管。相反，服务市场化将使政府承担更多的责任，尤其是在市场监管方面，需要政府提供更多的系统化的支持。

（1）区分政府的监管责任与提供责任。在市场经济背景下，政府是公共服务的最主要的提供者。但是，并非所有的公共服务均由政府或国有企业提供。这里的关键问题是区分政府的监管责任与提供责任。对于国防、政府服务等，政府负有义不容辞的提供责任。而对于其他具有公益性的服务业，如邮政、义务教育、科研、公共文化等，虽然需要由政府来提供，但这种提供也有两种方式：一种是政府直接投资设立事业单位，并由这些事业单位直接向社会提供公共服务业，这种模式的典型就是义务教育。在我国，义务教育均由政府投资设立学校，并提供运营经费，然后由学校直接向社会提供免费义务教育服务。另一种是政府向非营利性甚至是营利性机构购买相应的服务后，再将这些服务提供给社会。从未来的改革方向看，后一种方式应该成为政府提供服务的发展方向。

（2）树立正确的监管理念。政府对服务业进行微观规制过程中，要区分市场

监管、行政垄断与国有化等基本的理念。对于存在严重信息不对称、自然垄断等特殊情况的服务行业，需要政府加强监管。但是，这种监管既不是简单地进行行政垄断，也不是单纯的国有化，而是以市场化的手段，对服务质量、服务提供方式等进行监督。即使为了避免资源浪费而进行行政垄断的行业，也要保持可竞争状态，尤其是要给予民营资本平等进入这些部门的机会。

（3）建立公平与透明的监管体制。从政府的视角看，大部分服务业负有监管责任。即政府对服务提供者的资质、服务提供质量、服务价格、服务提供时间等直接进行监管，并同时对市场准入问题进行监管。这样做是一方面是为了避免服务提供者利用信息不对称或垄断地位提高服务价格、降低服务质量、排斥其他服务者进入；另一方面是为了避免资源的浪费。这种监管体制要做到以下几点：通过透明化、法制化的监管，对所有企业一律平等对待，适用同一标准，不能因某一种特殊身份而对某一些企业施用特殊政策，对另一些企业进行歧视；在市场准入方面，应该对所有市场主体开放；对存在严重信息不对称的服务业，要建立统一的质量标准；对需要政府定价的服务行业，其定价过程要加大竞争性（如引入投标机制确定价格）、透明度。

（4）强化打击不正当竞争行为，促进企业树立品牌意识，提高服务质量。在这方面，解决一些行业的"政企不分"问题可能也是一个关键。比如，在一些发挥市场中介功能的行业中，为了确保经济鉴证中介真正成为独立、公正的鉴证服务市场主体，政府就应该彻底割断政府主管部门与经济鉴证中介事务所的任何隶属关系和挂靠关系，或者其他利益输送关系。再比如，在金融行业，政府应从金融安全、建立健全金融服务市场、防止发生系统性金融风险等目标出发，切实加强对金融机构的监管，而不是简单地处罚金融违规行为。

（5）确保服务公平。很多服务行业提供的服务，在现代社会被认为是实现社会公平的基本要求。也就是说，出于社会伦理价值观的要求，所有社会成员无论是否具备支付能力，都应当能够享有这种服务。典型的例子如基础教育、基本医疗卫生服务；甚至在一些人看来，基础电信服务、基本的交通服务等具有公共福利性质。在国有企业经营这些服务（如邮政服务、基础电信服务、公共交通服务）时，政府可以通过行政命令的方式，实现普遍服务。在市场化的背景下，政府应建立完善的普遍服务机制，使这些服务可公平获得。包括：对企业的退出加以规制，即为了满足普遍服务的需要，要求在位企业不得放弃其部分亏损地区的经营；建立普遍服务基金；通过财政与税收手段保证普遍服务的提供等。

7. 坚持服务业对内对外双向开放，以开放促进改革，以改革带发展

中国政府在加入 WTO 时，对服务贸易的 12 个领域承诺了 9 项，在 160 多个分领域中承诺了 104 项，接近发达国家的平均水平（108 个）。随着服务业对外开放水平的不断提升，我国服务业利用外资水平也不断提升。2012 年，服务业实际使用外资 538.4 亿美元，占全国总量的 48.2%，超过制造业 4.5 个百分点，服务业成为了利用外资的第一大部门，利用外资客观上进入了"服务经济时代"。这一根本性的转变，使我国原来建立在以吸引制造业外资为主导的开放思路得以重新检视，并积极进行调整以应对这种变化，表现为以下四方面：

（1）直面吸引外资的国际竞争。在服务业利用外资方面，我国的优势并不如制造业那么明显。例如，我国在人力资源方面，较印度等国存在明显差距。2010年第六次全国人口普查表明，我国 60 岁及以上人口占 13.26%，其中 65 岁及以上人口占 8.87%，远远高于印度，更高于越南等国家。而且，各国为了吸引外资，在开放上的步伐也正在加大。例如，为了吸引更多的外资投资于服务业，印度于 2011 年通过了一项争议多时的法案，采取了包括放宽零售业海外投资相关法规，准许沃尔玛及其他国际超市和百货商场连锁运营商持有印度合资公司 51%的股权等重要举措。巴西财政部 2011 年 12 月 1 日宣布，将外国人投资基础设施领域债券的金融交易税由 6% 降至 0。面对激烈的国际竞争，我国需要重新审视在经济、政治等各方面的优势，直面吸引外资的国际竞争。

（2）积极发挥我国的服务需求市场优势，积极引进国外先进服务企业，为我国产业升级做贡献。随着先进技术和管理理念在生产中的广泛应用，成熟的规模化生产不再是资源配置的主要方向，而是为生产提供服务的领域成为效益产出的主要领域。随着生产性服务业在生产过程中重要性的不断提高，其规模也随之不断增加，目前生产性服务业已是世界经济中增长最快的行业，发达国家以通信、金融、专业服务业、物流等生产性服务业占总服务业的 50% 以上，而且是外商直接投资的重点领域。我国应充分发挥制造业高速发展所带来的对外生产性服务的需求，积极引进国外的先进服务企业，利用其为我国制造业升级转型提供支持。

（3）完善我国的法治水平、知识产权保护等软环境。研究表明，服务业比制造业更加依赖于良好的法治水平、高效透明的政府管理、高水平的公共服务。因此，我们应积极清理各种不利于服务业发展的法律法规，不断提升公共服务水平与政府管治水平，大幅提升司法公正与效率，积极采取各种知识产权保护措施，为吸引高水平的服务业投资创造良好的环境。

（4）更加积极灵活的开放政策。首先，要完善全面开放的格局。一方面深化

沿海地区的开放，另一方面扩大内陆开放、加快沿边开放。其次，要积极重视各种无形产品的开放，如文化产品市场的灵活开放、金融领域的稳步开放。最后，要积极推进各种试点。如推进数据自由交换的"数据自由港"试点等。

从经济史的角度来看，区域经济的对外开放与区际市场开放（市场一体化）近似可以视作相互衔接的两个阶段，区际开放有利于区域经济的产业集聚、产业结构提升等"纵深"发展。例如，美国经济史学家林德斯托姆的研究揭示，在19世纪初，美国的区域开放带有强烈的国际化先行特征，随后区际开放快速发展，人力与物质资本等要素的流动在区际间呈现"墨汁效应"迅速扩散，最终呈现出"虹吸效应"，导致区域要素集聚和产业结构提升，形成区域的竞争优势。张颖熙和夏杰长（2013）利用1993~2010年的省级面板数据，并采用工具变量两阶段最小二乘法（2SLS）和系统动态面板（GMM）实证角度考察了省际开放程度对地区服务业增长的影响机制和影响效果。研究结果发现，短期内，区际开放程度的提高对服务业增长没有起到积极作用，但在长期内，随着区际开放程度的不断提高，它对服务业增长的作用将由负转为正，即区际开放与服务业增长之间存在U型曲线关系。此外，在影响服务业增长上，对外开放与区际开放之间存在显著的互补关系，即对外开放水平的提高有助于促进区域间的开放，从而推动地区服务业增长。中国加入WTO尤其是履行对WTO的各项承诺，不仅对区域层面的对外开放起了积极效应，而且也对区域之间的开放起了一定的推动作用。这一研究表明，服务业对外对内双向开放是互动互促的关系，我国服务业开放战略必须坚持双向开放的基本原则，不能"厚外薄内"。

纵观我国服务业发展、改革和开放的历程，服务业对外开放让大家都很积极，引进外资效果也普遍成为衡量地方领导的政绩之一，但是服务业对内开放则比较薄弱。对内开放程度低的一个重要原因就是重要的服务业基本被国有经济垄断经营，服务要素不能够在不同所有制之间自由流动。所有制垄断的症结在于对民营资本的歧视政策，不愿意"肥水流入他人田"，许多高利润服务企业基本不允许民营资本进入，即便允许进入也设置了很高的门槛。

区域垄断是对内开放不足的另一个原因。我国目前的中央与地方财政关系没有很好的协调，既有财政体制引发的地方保护主义现象比较严重，不让非本地服务要素或资源进入，服务业要素自然就不能在地区间自由流动。打破地域限制，鼓励地区间服务要素自由流动，在更广阔的区域优化服务业要素资源的配置，提高服务要素效率，增强地区间竞争程度，鼓励各地区在服务业要素流动中寻找自己的比较优势，形成各自的特色服务业，是下一步服务业改革和开放不可或缺的重要内容。

8. 逐步消除城镇化的制度障碍，借力城镇化助推服务业大发展

国内外实践表明，城市是现代服务业发展的主要平台，现代服务业发展的规模和结构在很大程度上取决于城市规模和城镇化质量。这是因为，在城镇化进程中，大量农民转化为城镇居民，职业角色也从农业生产者转变为第二、三产业的劳动者。相比较农村人口，城镇人口的收入水平和消费能力相对较高，这将极大地带动消费结构的优化和服务需求的增加。[①]在城市，自给性服务明显减少，一方面表现为传统服务业的稳步增长，另一方面则表现为对金融保险、文化创意、信息技术、物流辅助、鉴证咨询等现代服务业的需求大幅提升，服务业的内部结构明显优化。此外，城镇化带动的城市基础设施和公共服务体系的不断完善也改善了现代服务业发展的外部环境，相对成熟的要素市场集聚了现代服务业发展所需的各种先进生产要素，如科学技术、人力资源等，成为现代服务业发展的坚实土壤。

当前我国正处于城镇化加速发展阶段。2011 年末城镇人口比重首次超过50%，但总的来看，我国城镇化水平依然滞后，不仅远低于发达国家，而且也低于世界平均水平[②]。未来我国城镇化的增长空间依然很大。新型城镇化不仅意味着城市规模的扩张，还要求与城市的资源环境承载能力相适应，在城镇化建设中彰显节能、环保。现代服务业建立在较高的技术水平和创新能力之上，不仅自身具有资源消耗小、环境友好的特征，其与制造业的融合发展还有助于集约、智能、绿色、低碳的生态文明理念渗透到制造业内部，为企业采用先进的生产经营方式提供技术支持，如 IT 技术的应用和推广改善了生产和交易效率，供应链管理降低了流通过程中的物耗。金融、商务等高端服务业往往也是集聚在大城市发展起来的，它们的大发展客观上增强了城市的辐射力和控制力。在转变经济发展方式、提升经济竞争力的同时，现代服务业发展也将整体提升城市的资源环境承载能力。

由此可见，城镇化为现代服务业的发展提供了一个重要的载体或平台；而现代服务业的发展又有助于缓解城镇化带来的就业压力，也有利于提升城市的载能

---

① 根据《中华人民共和国 2011 年国民经济和社会发展统计公报》资料计算，2011 年末城镇人口占我国总人口的 51%，但城镇社会消费品零售额却占到全国社会消费品零售总额的 87%；农村人口占总人口的49%，其社会消费品零售额仅占全国的 13%。

② 据统计，发达国家城市化率一般达到 80%，收入水平与我国相近的一些发展中国家城市化率也在60%以上。

力、辐射力和控制力。两者是相辅相成、融合共生的关系。在推进我国新型城镇化过程中，一定要强调现代服务业的助推和支撑作用。

城镇化的进程主要取决于经济发展状况和工业化发展的阶段，但也与政府政策与制度环境息息相关。我国严重的二元经济固然与历史形成的城乡社会经济发展差距相关，但严格的城乡分离的制度与政策也在很大程度上强化了二元经济格局。因此，要适度加快我国城镇化进程，就必须推进改革，加强制度创新。城镇化是一个系统工程，需要通盘考虑，未来一段时间，要对包括户籍制度、农民身份转变制度、劳动就业制度、土地流转制度、社会保障制度、行政管理制度、城镇建设投融资体制、市镇设置的法律制度等直接影响城镇化的制度安排进行改革和创新，以城镇化来带动服务增长和服务就业总量的提高，从而推进服务业的快速发展和服务业结构升级。

三、服务业体制改革和服务业政策创新相结合，释放服务业生产力

体制改革是一项中长期的制度变迁，我们当然期待通过服务业领域的制度变迁来释放服务业发展潜力，但是在迈向"服务经济时代"进程中，采取科学而有力的政策措施特别是创新性的政策举措在促进我国服务业大发展方面也是必不可少的。从这个意义上讲，制度改革和政策促进是我国服务业又好又快发展的双重动力：体制改革是最大限度释放服务业生产力的根本动力、政策创新则是服务业快速发展的助推器。

1. 创新服务业大发展的财税政策

在国家财力不断增长的情况下，财政投资应适当向服务业倾斜并引导其他社会资本投向服务业。当然，财政资金对服务业的投入必须按照公共财政和市场经济的要求，遵循"有所为、有所不为"的原则，充分发挥其"四两拨千斤"的作用，重点投向关键领域、薄弱环节、外部性显著的服务行业或业态。当然，发展服务业单纯依靠政府投资是不够的，应逐步由政府一元化投入转变为政府、企业、个人、社会多元化的投入。为此，必须打破行业垄断，降低门槛，简化手续，广泛动员外资及民间资本等各种社会力量投入服务产业。

完善政府采购制度，促进服务业发展。我国政府采购不但占财政支出比重较低，而且结构也很不合理，主要是公共工程的招投标和办公用品的采购，服务类的采购比重畸形，政府采购应适度扩大规模，向工程类特别是服务类拓展和倾斜。我们必须改变以前那样重货物类采购轻服务类采购的格局，也要把更多的服务业领域纳入政府采购的范围，引进市场竞争机制，面向全社会服务行业公开、公正、公平招投标，从而扩大全社会对服务业的市场需求。

通过财税政策引导金融保险服务业、软件与信息服务业、科技研发业、现代物流业、工业设计业、管理咨询业、商务服务业、检测认证业、法律服务业等高端服务业优先发展，优化服务业内部结构，推进服务业现代化。建议依照 2009 年财政部、国家发展和改革委员会、国家税务总局等《关于技术先进型服务企业有关税收政策问题的通知》（财税〔2009〕63 号）对服务业进行分类，明确知识密集度和技术含量较高的现代服务业企业参照高新技术企业管理，实施优惠和倾斜的税收政策。

现代服务业具有附加值较高、专业性较强、人力资本层次多样的主要特点。高端、合格、实用的多元化人才是服务业高质快速发展的重要前提。高等教育当然是培养人才的主力军，但是并不意味着要高等教育培养清一色的高精尖人才，也需要大力发展职业教育为现代服务业培养适用型人才。在严峻的劳动就业形势，特别是结构性失业较严重的背景下，努力培养有"一技之能"、"一技之长"的专门人才尤为重要。应统筹财政性教育资金，同等对待职业技术教育和高等教育。要发挥财政资金、税收优惠导向作用，积极引导社会资本投入职业教育，推动职业教育大繁荣。结合收入分配和社会保障制度改革，对低收入家庭就读职业教育给予一定的补助，引导就学向职业教育倾斜，提高全社会的就业能力和就业水平。

积极稳妥推进现代服务业营业税改征增值税试点工作。1994 年的工商税制改革，确立了我国增值税与营业税平行征收的流转税制格局，对货物（有形动产）及部分工业性劳务征收增值税，对交通运输、邮电通信、金融保险、文化体育等第三产业劳务及销售不动产和转让无形资产征收营业税，两税平行征收，互不交叉。这一征税格局对现代服务业发展造成了极为不利的影响。因为对服务业本身而言，营业税绝大多数情况下是对营业收入全额征收，纳税人外购项目成本不能抵扣，不可避免地会存在重复征税，进而扭曲企业的经营和投资决策。

目前，增值税已经成为我国主体税种，但现行增值税是以制造业的行业特点为基础的，若将其简单地复制到目前征收营业税的服务业，显然过于简单。因为服务业的生产经营过程与制造业有着根本的区别。制造业的生产主要依赖原材料、燃料、动力、半成品等物质资料。在现行增值税制度下，进行抵扣后，征税对象基本就是产品的增值额。但在服务业中，大量的生产经营活动并非主要依靠物质消耗，而是"品位"、"创意"等非物质性的人力资本、无形资产的消耗。如果服务业当中的劳动力成本无法进行抵扣，就可能使得部分现代服务业的负担较改革前更重，这显然违背了改革的初衷。为了鼓励现代服务业的发展，建议必须尽快将无形资产、人力资本等纳入进项税额抵扣范围。对现代服务企业购买的专利技术等知识产品，不论是否从试点纳税人那里取得，均允许其抵扣进项税；由于劳动力成本的抵扣在增值税"凭票扣税"制度下难以操作，可考虑在企业所得税方面给予优惠；创新抵扣方式。允许现代服务业对存量固定资产按折余价值计算抵扣进项税。

此外，这次"营改增"改革方案对服务出口免税政策没有明确。我国的服务产品是含税出口的，与其他对服务业征收增值税的国家相比，我国服务业在国际市场中处于劣势。要提高我国服务业特别是现代服务贸易的国际市场竞争力，必须尽快研究出台服务业的免抵退税具体办法和实施细则。

2. 创新支持服务业发展的金融政策体系

（1）建立完善多层次、多元化金融服务体系。鼓励发展天使投资、创业投资，支持融资性担保机构发展。通过多层次资本市场体系建设，满足不同新兴服务业的融资需求。需要强调的是，大量民营服务业在发展初期普遍是小型甚至是微型企业，建议借鉴韩国的经验，设立"服务业特别基金"，为符合国家产业政策的小型微型服务企业发展提供资金支持，破解融资瓶颈。还要针对服务业特别是小微型服务企业抵押物较少、经营规模不大的特点，逐步建立起有利于服务业和小型微型企业发展的"草根金融"体系，比如探索发展服务业小型、微型企业的联保贷款业务等。

（2）积极稳妥推进金融创新。金融是服务业的重要组成部分，即支持服务生产，也可以通过金融创新，比如消费金融业务就可以让人们提前消费，扩大服务消费需求。许多服务业的核心资本是人力资本，没有多少可以抵押的实物资产，迫切需要金融提供适合的融资方式助其起步和发展。在发展现代服务业过程中，金融创新有许多方式和途径。比如，拓宽金融机构对现代服务业企业贷款抵押、质押及担保的种类和范围，允许服务企业以"知识产权、商誉、品牌、企业家形象"等无形资产抵押，适度提高抵押的权重，在控制金融风险的前提下加大金融机构对现代服务业的支持力度，破解服务业融资难的"瓶颈"；积极发展包括中小企业集合债券、短期融资券、中期票据等各类债务融资工具，为现代服务业企业提供灵活的融资方式。此外，要逐渐完善海关管理办法，加大对服务贸易的外汇管理支持力度，促进服务贸易便利化，推动服务业积极有序扩大对外开放。

3. 创新支持服务业发展的土地管理政策

土地管理政策是现代服务业促进政策中的一项重要内容。2007 年《国务院关于加快发展服务业的若干意见》和 2008 年《国务院办公厅关于加快服务业若干政策措施》都提出了"调整城市用地结构、合理确定服务业用地比例，对列入国家鼓励类的服务业在供地安排上给予倾斜"等意见。这些意见很好地引导了服务业快速发展，作用较为显著。但毕竟这只是一些原则性的意见，还需要研究更有针对性和操作性的政策意见。服务业主要在大中城市发展，而大中城市又是土地最为紧张的地区，随着经济建设规模越来越大和城镇化进程越来越快，发展服务业与土地紧缺的矛盾日益凸显。这就需要创新一些土地管理政策，包括积极支持以划拨方式取得土地的单位利用工厂厂房、仓储用房、传统商业街存量房产、土地资源兴办信息服务、研发设计、创意经济等现代服务业，土地用途和使用权人可暂不变更；在符合城市规划、土地利用总体规划前提下，充分利用集体建设用地流转政策，鼓励服务业项目利用集体建设用地进行开发建设；建立灵活的土地出让机制，发挥土地收储的调控性作用，对园区或集聚区内的重点项目及列入鼓励类的新兴服务业重大项目，在供地安排上，具有优先选择权，实现对服务业发展用地有效供给。

4. 营造有利于服务业发展的软环境

服务业具有无形性、多样性和信息不对称特点，道德风险和逆向选择的可能性更大，良好的信用环境是服务业发展的重要基础支撑。只有健全社会信用体系、加强服务业信用管理、尊重和保护知识产权、制定和实施服务业标准，才能降低服务产品和服务行为的交易成本、提高交易效率，实现现代服务业快速、健康、有序发展。

人才是现代服务业发展的关键。现代服务业一般是知识密集型和技术密集型产业，最主要的"投入"就是人力资本。培养、引进高素质的现代服务业人才是政府义不容辞的责任。改革传统的人才培养方法，重点发展特色职业教育，支持各类高等教育、职业教育和培训机构开展复合型、技能型人才的学习与培训。按照"不求所有，但求所用"的原则，积极推进技术入股、管理人员持股、股票期权激励等新型分配方式，建立人才柔性流动机制，鼓励更多的高端服务业人才向现代服务业企业或园区聚集。

　　信息基础设施也是现代服务业发展的重要软环境和软要素，要通过完善信息基础设施建设加强现代服务业对其他产业的渗透与融合。信息技术设施的速度、成本、通达性等对现代服务业和产业升级发展至关重要。信息技术设施具有明显的外部性，美国、印度、爱尔兰等信息技术设施发达的国家无不通过强有力的国家扶持政策来实现其超前发展的。对我国而言，加强信息技术基础设施建设，可以从以下两个方面着手：一是要加大对信息基础设施建设的投入力度，以提高信息传输速度、增强网络容量、降低使用成本、解决兼容性以及交互性问题。二是切实贯彻落实《国务院关于印发进一步鼓励软件产业和集成电路产业发展若干政策的通知》（国发〔2011〕4号），制定信息基础设施领域高技术服务企业认定标准，结合行业技术经济特点，对企业研发投入、高技术产品销售收入占比、就业人员学历职称要求等方面由科技部、财政部和国家税务总局做出具体规定，确保从事信息基础设施的企业能够全面享受现有的税收优惠政策措施，以吸引社会资本更多地投向信息基础设施建设。

参考文献

　　［1］［美］道格拉斯·C. 诺斯：《制度、制度变迁与经济绩效》（中译本），格致出版社、上海人民出版社，2011年。

　　［2］夏杰长：《推动我国服务业大发展》，《中国人大》，2012年第8期。

　　［3］李勇坚、夏杰长：《服务业是节约投资的产业吗？——基于总量与ICOR的研究》，《中国社会科学院研究生院学报》，2011年第5期。

　　［4］张颖熙、夏杰长：《区域市场开放与地区服务业增长——基于省级面板数据的动态分析》，《产业经济研究》，2013年第8期。

　　［5］浙江省发改委课题组：《当前服务业发展面临的体制政策障碍及其对策建议》，《浙江经济》，2011年第2期。